Das Pferdebuch für junge Reiter

Pferde kennen, pflegen, reiten

Geschrieben von
ISABELLE VON NEUMANN-COSEL

Illustriert von
JEANNE KLOEPFER

Fotografiert von
JEAN CHRISTEN

der Deutschen
Reiterlichen Vereinigung GmbH
Warendorf

Für Sarah, Valerie und Hanni

Bibliografische Information der Deutschen Nationalbibliothek

Die Deutsche Nationalbibliothek verzeichnet diese Publikation in der Deutschen Nationalbibliografie; detaillierte bibliografische Daten sind im Internet über http://dnb.d-nb.de abrufbar.

© Erste Auflage 1985 und © komplette Neuauflage 1999 **FN**verlag der Deutschen Reiterlichen Vereinigung, Warendorf.
Das Werk ist urheberrechtlich geschützt. Die dadurch begründeten Rechte, insbesondere die der Übersetzung, des Nachdrucks, der Entnahme von Abbildungen, der Funksendung, der Wiedergabe auf fotomechanischem oder ähnlichem Wege und der Speicherung in Datenverarbeitungsanlagen bleiben, auch bei nur auszugsweiser Verwertung, vorbehalten. Die Vergütungsansprüche des § 54, Abs. 2, UrhG werden durch die Verwertungsgesellschaft Wort wahrgenommen.

9. Auflage 2011

Fotonachweis
Titelfoto und Inhalt: Jean Christen, Mannheim

weitere Fotos von: C.T. Nebe, Ladenburg: Seiten 94, 116 und 148;
Werner Ernst, Ganderkesee: Seiten 67, 68, 91 und 93;
Provinzialverband westfälischer Reit- und Fahrvereine e.V.: Seiten 86 und 251;
Eberhard Holin, Werl: Seite 99 oben;
Sabine Bachmann, Glashütten: Seite 99 unten;
FNverlag, Warendorf: Seiten 168/169 (aus: Pferdetafeln Set 1), 217 (aus: Betriebswirtschaftslehre), 250 (aus: Kleines, Großes, Kombiniertes Hufeisen – So klappt die Prüfung) und 253 (Archiv)
Marianne Schwöbel, Rehburg-Loccum: Seite 90

Zeichnungen und Illustrationen: Jeanne Kloepfer, Lindenfels

Gesamtgestaltung: mf-graphics, Marianne Fietzeck, Gütersloh

Lithographie: D&L Reichenberg GmbH, Bocholt

Druck und Verarbeitung:
Media-Print Informationstechnologie GmbH, Paderborn

ISBN 978-3-88542-331-7

Über dieses Buch

Wenn du mich kennen lernen willst, dann blättere um – ich bin schon unterwegs ins Buch!

Wer liest denn schon ein Vorwort?

Hallo, liebe Leser,
möchtet ihr gern ein Vorwort lesen? Nein? – Ich hab es geahnt. Trotzdem würde ich euch gern etwas über dieses Buch erzählen, bevor ihr euch in alle Einzelheiten vertieft. Langweilig soll dieser Anfang natürlich auf gar keinen Fall werden. Aber das wird Leo schon zu verhindern wissen... Eigentlich ist Leo ein Shetland-Pony. Aber da habe ich manchmal so meine Zweifel. Er ist einfach zu schlau!

Teamwork für dieses Buch: ganz links die Grafikerin Jeanne Kloepfer, in der Mitte der Fotograf Jean Christen und rechts die Autorin Isabelle von Neumann-Cosel.

Über dieses Buch

Übrigens, mein Name ist Leo

Als die ganzen Texte für dieses Buch endlich geschrieben, alle Fotos aufgenommen und alle Zeichnungen fertiggestellt waren, hätte ich mich gern so richtig gefreut. Aber irgend etwas fehlte noch an dem Buch – ich wusste nur noch nicht so genau, was!

Gewiss, kein Buch ist perfekt, kein Autor, keine Grafikerin, kein Fotograf und natürlich auch kein Pferd und kein Reiter vor der Kamera. Aber alle Beteiligten hatten sich die allergrößte Mühe gegeben...

Vor allem Leo. Wie gesagt, eigentlich ist er ein Shetlandpony. Aber ich habe ihn schon länger im Verdacht, lesen und schreiben zu können. Wie anders könnte ich mir sonst erklären, dass mir beim Lesen meiner eigenen Texte immer wieder einfiel, was so ein freches Pony zu mancher Erklärung sagen würde. Und so habe ich Leo schließlich selbst zu Wort kommen lassen.

Zum Glück beherrschen manche Menschen die Pferdesprache – und einige verstehen sogar Spaß!

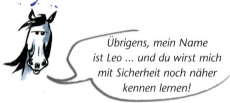

Übrigens, mein Name ist Leo ... und du wirst mich mit Sicherheit noch näher kennen lernen!

 Das Engelchen steht nur dann neben einer Zeichnung, wenn nicht auf den ersten Blick klar ist, welches die richtige und welches die fehlerhafte Abbildung ist.

Von dem Augenblick an war alles ganz einfach. Angestiftet von Leos Ideen zeichnete Jeanne Kloepfer zu jedem Kapitel eine Karikatur. Und Leo konnte selbst überall seine frechen Kommentare abgeben. Es darf nämlich auch gelacht werden in diesem Buch! Alles übrige findet ihr beim Lesen leicht selbst heraus.

Was auf diesen Zetteln steht, solltest du dir gut merken. Du brauchst es
- für den Umgang mit dem Pferd
- für dein tägliches Reiten
- für die theoretischen Prüfungen zum Kleinen, Großen oder kombinierten Hufeisen, zum Basispass Pferdekunde und zum Reitpass

 Das Teufelchen steht neben jeder Zeichnung, die zeigt, wie man etwas falsch macht.

Das Pferdebuch für junge Reiter

Die Aktiven: jugendliche Reiterinnen und Reiter aus dem Mannheimer Reiterverein mit ihrer Ausbilderin

Inhalt

Die ersten Schritte zu Pferde
1	Reiten lernen – wo und wie?	8
2	Die ersten Reitstunden	12
3	Sitz und Hilfen des Reiters	17
4	Leichttraben und Galoppieren	23
5	Selbstständig reiten	29

Mit Pferden umgehen
6	Aufhalftern, anbinden, führen	35
7	Die Pferdepflege	44
8	Der Stalldienst	52
9	Satteln und Auftrensen	57

Pferde kennen lernen
10	Wildpferde und ihre Vorfahren	65
11	Der Körperbau des Pferdes	70
12	Die Gangarten	75
13	Die Sinnesorgane	80
14	Pferdezucht und Pferderassen	85
15	Ponyrassen	95
16	Die Haltung	104
17	Das Zusammenleben der Pferde	109

Vom Anfänger zum Fortgeschrittenen
18	Das Dressurviereck und die Hufschlagfiguren	113
19	Das Zusammenwirken der Hilfen	119
20	Stellung, Biegung, einfache Lektionen	125
21	Der Aufbau einer Reitstunde	133
22	Aufbau eines eigenen Trainingsprogramms	139
23	Spiele mit Pferden	145

Geländereiten
24	Der erste Ausritt	149
25	Geländereiten, Regeln und Bestimmungen	157
26	Unfälle, Erste Hilfe, Giftpflanzen	162
27	Wir planen einen Wanderritt	170

Springen
28	Bodenrickarbeit	174
29	Springtraining	181
30	Hindernisse aller Art	186
31	Ungehorsam beim Springen	191

Probleme mit Pferden
32	Das Scheuen	195
33	Unarten im Stall	199
34	Ungehorsam beim Reiten	205

Das eigene Pferd
35	Das richtige Pferd finden	213
36	Fütterung und Gesundheitskontrolle	220
37	Die Verantwortung für das eigene Pferd	226
38	Die Trennung vom eigenen Pferd	230

Ausrüstung
39	Zweckmäßige Reitkleidung und Zubehör	234
40	Sattelzeug	238
41	Zubehör rund um das Pferd	243

Die ersten Prüfungen
| 42 | Steckenpferd, Hufeisen-Prüfungen, Basispass und Reitpass | 249 |

Wenn du Fragen hast … 254

Leseplan für Pferdefreunde

Natürlich kannst du das Buch von der ersten bis zur letzten Seite lesen. Du kannst, aber du musst nicht! Es gibt viele Möglichkeiten, in dieses Buch „einzusteigen". Du kannst dein Lieblingsthema oder das Kapitel mit der interessantesten Überschrift heraussuchen. Du kannst einfach blättern. Die kleine Zeile am oberen Rand jeder Seite verrät dir, bei welchem Thema du gerade bist.

Jedes neue Kapitel beginnt mit einem Comic. Welchen magst du am liebsten?

Wenn du ganz genau hinschaust, kannst du auf den Bildern im Buch sicher einige wiedererkennen.

Achtung, Pferdevirus

Du kannst die Fotos gründlich anschauen. Blättere eine Seite zurück! Dort findest du alle jungen Reiter und Reiterinnen, die an diesem Buch mitgewirkt haben.

Leichter als die Reiter sind die Pferde zu unterscheiden. Welches gefällt dir am besten? Welches Pferd würdest du gern selbst einmal reiten? Und welche Übungen würdest du gerne mitmachen?

Aber Achtung: es könnte sein, dass solche Phantasieritte ungeahnte Folgen haben. Vielleicht steckst du dich mit dem Pferdevirus an. Dieser gefährliche Erreger lässt dich an einer unheilbaren Begeisterung für Pferde und Reiten erkranken. Ein Gegenmittel ist bis heute noch nicht erfunden worden...

Lies alles, was ich zu sagen habe – den Rest kannst du dir schenken!

Kapitel 1

*He, ihr Zwei!
Normalerweise wird
von unten aufgesessen!*

*Kein Reiter
fällt vom Himmel*

1 Reiten lernen – wo und wie?

Übung macht erst den Meister

Es gibt eine Menge Bücher – du kennst sicher auch eines – die erzählen ungefähr folgende Geschichte: Ein kleines Mädchen lernt einen bösen, wilden und gefährlichen Hengst kennen. Es zähmt ihn heimlich, kann ihn zum Erstaunen aller Erwachsenen plötzlich reiten und gewinnt am Ende ein Reitturnier oder großes Rennen.

Diese Geschichten sind schön, aber leider erfunden. Wer reiten können will, muss zuvor reiten lernen; das geht nicht ohne viel Zeit, Geduld, Anstrengung und Mut. Es gibt viele Möglichkeiten reiten zu lernen: in einem Reiterverein auf vereinseigenen Schulpferden, auf einem Ponyhof, bei Freundinnen und Freunden, im Urlaub, auf einem Reitlehrgang, in der Nachbarschaft. Vielleicht hat sogar jemand in deiner Familie ein eigenes Pferd oder Pony – aber dieser Glücksfall ist selten. Wenn du eine Stelle zum Reitenlernen suchst, musst du selbst erst die bestmögliche herausfinden. Ein Patentrezept kann ich dir dafür leider nicht verraten. Aber es gibt einige Überlegungen, die dir die Wahl erleichtern können.

Die ersten Schritte zu Pferde

Reiterabteilung von Groß bis Klein

Zusammen reiten

Reiten macht zusammen mehr Spaß. Reitet dein Freund, deine Freundin, reiten Klassenkameraden, Geschwister, Bekannte? Schließ dich selbst an andere an oder begeistere jemanden dafür mitzumachen. Du wirst vielleicht überrascht sein, wie viele Jungen und Mädchen in deinem Alter sich für Pferde interessieren!

Ohne Unterricht geht es nicht. Bei deinen ersten Reitversuchen muss immer jemand dabei sein, der genügend von der Sache versteht: am besten ein ausgebildeter Reitlehrer oder eine Reitlehrerin, mindestens aber ein erfahrener Reiter. Auch brave Pferde und Ponys merken sofort, wenn jemand mit ihnen umgeht, der nichts vom Reiten versteht: also keine Experimente allein unternehmen!

Pferd oder Pony

Jeder muss selbst entscheiden, ob er auf Pferden oder Ponys reiten lernen will. Für Kinder unter zwölf Jahren eignen sich Ponys zu Anfang besser, weil sie sich von kleineren Reitern besser sitzen und leichter dirigieren lassen. Kinder können viel eher selbstständig mit Ponys umgehen, denn sie entsprechen ihrer eigenen Körpergröße. Aber sie sind kein Spielzeug! Ponys wollen genauso ernst genommen werden wie große Pferde, brauchen eine gute Ausbildung und müssen ab und zu von guten Reitern geritten werden, damit sie nicht verlernen zu gehorchen. Auch zum Ponyreiten gehört Reitunterricht! Ponys, die Kindern als Versuchskaninchen dienen, verlieren schnell den Gehorsam und gewöhnen sich Unarten an: sie lassen sich schwer lenken, bestimmen überall selbst das Tempo, wehren sich beim Putzen und Satteln, lassen sich auf der Weide nicht einfangen, verweigern beim Springen und vieles mehr. Aber Ponys sind nicht – wie manche glauben – von Natur aus dickköpfiger und ungehorsamer als große Pferde.

Nimmt mich hier jemand etwa nicht ernst? Der soll mich erstmal kennen lernen!

In einer FN-Reitschule wird dir eine fachgerechte Reitausbildung geboten.

Gute Schulpferde

Wer auf einem Großpferd reiten will, sollte selbst schon so groß sein, dass er das Pferd lenken und beherrschen kann. Schulpferde, die an Reitschüler ausgeliehen werden, müssen viele Anfänger auf ihrem Rücken erdulden. Sie sind meist schon sehr abgestumpft. Es kostet viel Kraft, sie vorwärts zu treiben und zu dirigieren; Kinder können das oft nicht schaffen. Ein Verein, bei dem du reiten lernen willst, sollte gut ausgebildete Schulpferde haben. Erkundige dich genau, schau zu, probier es selbst aus: auch beim Reitunterricht gibt es gute und schlechtere Angebote.

In diesem Buch werden große und kleine Pferde gleich ernst genommen, denn die Regeln für das Reitenlernen gelten für ein Pony genauso wie für ein Großpferd. Wenn von Pferden die Rede ist, sind Ponys ausdrücklich mit eingeschlossen.

Wozu die Buchstaben FN nützlich sind

Viele Kinder wünschen sich Reiterferien. Aus der Entfernung fällt die Wahl noch schwerer als bei der Suche nach dem richtigen Reitstall. Es gibt sehr viele Angebote, und sie lassen sich oft erst an Ort und Stelle prüfen. Eine kleine Entscheidungshilfe können die Buchstaben FN bieten. Die Abkürzung FN kommt aus dem Französischen und bedeutet „Deutsche Reiterliche Vereinigung". Das ist die höchste Organisation für Pferdezucht und Pferdesport; sie ist auch für die Ausbildung der Reitlehrer verantwortlich. Deswegen solltest du dir als Ausbilder einen Reitlehrer suchen, der eine Prüfung vor der FN abgelegt hat.

Wenn du einen Fachmann suchst – frag mich!

An manchen Urlaubsorten kann man Pferde für einen Ausritt ausleihen. Wer noch nie geritten ist, sollte das keinesfalls tun! Ein bisschen Angst zu haben ist nicht feige, sondern vernünftig: selbst die kleinsten unserer einheimischen Ponys, die Shetlands, sind stärker als ein Mensch. Wer zum ersten Mal auf ein Pferd steigt, sollte überhaupt nicht allein reiten. Am besten wird das Pferd vom Reitlehrer an der Longe, einer langen Leine, im Kreis geführt; gute Reitvereine bieten für Anfänger solche Longenstunden an. Besteht keine Gelegenheit für Longenunterricht, dann sollte das Pferd zuerst geführt werden, bevor du es allein lenken kannst.

Beobachte Pferde, so oft sich die Gelegenheit dafür bietet.

Wie man ein richtiger Reiter wird

Jeder Reitanfänger fühlt sich zuerst etwas unsicher. Gegen die Angst hilft, Pferde besser kennen zu lernen, sie zu versorgen und selbstständig mit ihnen umzugehen. Lass dir zeigen, wie man ein Pferd putzt, wie man füttert und mistet, sattelt und auftrenst. Nimm dir Zeit, Pferde zu beobachten – es macht Spaß und du kannst dabei erstaunliche Entdeckungen machen. Vielleicht hast du schon einmal den Spruch gehört: Reiten lernt man nur durch Reiten. Tatsächlich braucht man sehr viel Übung, um ein guter Reiter zu werden. Aber zu einem richtigen Reiter gehört noch mehr: er versteht auch etwas von Pferden. Er kennt ihre Eigenschaften und ihre Eigenheiten und vergisst nie, dass zum Reiten immer zwei gehören: er selbst und sein Partner, das Pferd.

Wähle deine Reitgelegenheit richtig aus! Vergleiche: Wie sind die Pferde, der Unterricht? Reiten macht zusammen mehr Spaß. Suche eine Gruppe, zu der du gern gehören willst oder begeistere andere, mitzumachen. Zum Reitenlernen gehört auch, Pferde versorgen und betreuen zu können. Nur so wirst du ein Pferdekenner.

Raufkommen ist schwieriger als Obenbleiben

He, heißer Tipp: Ein Bein muss über meinen Rücken!

2 Die ersten Reitstunden

Aufsteigen

Gleich zu Beginn der ersten Reitstunde stellt sich das Problem: wie kommt man überhaupt aufs Pferd hinauf?

Schau dir die rechte Seite genau an: Es gibt mehrere Möglichkeiten, richtig aufs Pferd zu steigen. Von einem erhöhten Standort aus – einem Stein, einer Treppe, einer Bank, einem Mäuerchen – ist es am einfachsten.

Dabei ist es keine Schande, nicht allein aufs Pferd hinaufzukommen, besonders, wenn die Reiterbeine noch kurz, die Pferdebeine dagegen lang sind.

Wenn du das erste Mal aufsteigen willst, lass dich ruhig hinaufheben. Auch das will gelernt sein.

Du brauchst dich nur in Höhe des Sattels dicht neben das Pferd zu stellen und das linke Bein anzuwinkeln. Mit deinem Helfer verabredest du ein Kommando (zum Beispiel „Eins, zwei, drei, hopp!") und federst ein bisschen mit dem rechten Bein, bis du auf „hopp" hochspringst. So hat es dein Helfer leichter; auf diese Weise kann dich sogar jemand aufs Pferd heben, der kleiner ist als du. Lass deinen Oberkörper senkrecht und führe das rechte Bein mit Schwung über den Pferderücken.

Die ersten Schritte zu Pferde

Linke Hand in der Kammer, rechte am Sattelkranz

Kleiner Trick mit großer Wirkung – so ist es einfacher.

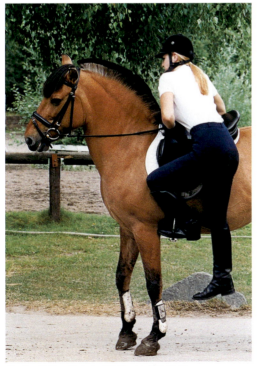
Großer Reiter, kleines Pferd – so klappt es.

Sich helfen lassen will gekonnt sein. Probiere es aus!

Vor dem Absitzen heißt es: Füße aus den Bügeln!

Zum Abspringen brauchst du genügend Schwung.

Richtig absitzen

Zum Absitzen musst du als Allererstes beide Füße aus den Steigbügeln nehmen. Dann führst du beide Beine über dem Sattel oben zusammen und springst nach links ab. Wenn du mit den Füßen von vorn nach hinten etwas Schwung holst, geht es leichter.

Die erste Longenstunde

Am besten gelingen die ersten Reitversuche an der Longe. Das ist eine lange Leine, an der das Pferd im Kreis geführt wird. Du kannst dich dabei ganz auf das richtige Sitzen konzentrieren.

Karl May erzählt eine Geschichte von Old Shatterhand, der einen wilden, ungebärdigen Mustang (ein amerikanisches Wildpferd) zureitet. Er drückt dabei so fest mit beiden Beinen zu, dass er sich nicht nur auf dem wild tobenden Pferd festhalten kann, sondern dass diesem durch den starken Schenkeldruck schließlich sogar die Puste ausgeht...

Egal, ob diese Geschichte gut oder schlecht erfunden ist (was denkst du?) – in deiner ersten Reitstunde solltest du keinesfalls dem Vorbild von Old Shatterhand nacheifern. Die Beine sind nämlich nicht zum Festhalten da! Setz dich auf dem Pferd zu allererst in Ruhe gerade hin. Gerade meint immer: aufrecht auf dem Rücken des Pferdes und genau quer zum Pferd. Rutsch im Sattel so weit nach vorn wie du kannst und versuche, dich zu strecken, den Kopf hoch zu tragen (dabei geradeaus gucken) und die Beine so lang wie möglich hängen zu lassen. Trotzdem sollten sie in ihrer ganzen Länge Kontakt zum Pferdekörper haben. Das geht am besten, wenn man die Oberschenkel so dreht, dass die Kniescheiben nach vorn und nicht nach der Seite schauen.

He, fang im Schritt nicht an zu schaukeln!

Sitzen im Schritt

Zunächst wird Schritt geritten. Du wirst staunen, wie viel Bewegung der Pferdekörper dabei mitmacht. Es ist zwar einfach, im Schritt nicht herunterzufallen, aber schwierig, gerade und ruhig sitzen zu bleiben. Halte dich deswegen ruhig fest, am besten im Halsriemen oder im sogenannten »Angstriemen«.

Ist dein Oberkörper bei den ersten Schritten des Pferdes ein bisschen nach hinten ausgewichen? Das passiert den meisten Reitschülern. Versuche, wieder genau senkrecht zu sitzen und konzentriere dich auf die Bewegung des Pferderückens. Sie schaukelt dich in drei Richtungen: vor und zurück, rechts und links, auf und ab. Du kannst herausfühlen, dass es leichter ist, ruhig zu sitzen, wenn du Bauch, Brust und Rücken möglichst gut streckst.

An der Longe geht es immer im Kreis herum, schau dabei über das äußere Pferdeohr und mache deine innere Seite ganz lang. Zieh dich im Sattel ein bisschen nach vorn – abstützen ist ein Fehler. Sobald du dich sicherer fühlst, spür mal, ob die Knie nicht ein bisschen hochgerutscht sind. Dagegen hilft nur eines: die Beine locker hängen lassen, aber nicht wegstrecken. Versuche, Fühlung mit dem Pferdekörper zu halten, ohne dich festzuklammern.

Bauch und Brust lang, Schultern breit – so wird dein Oberkörper stabil.

Wichtiger als jede andere Übung ist es, Vertrauen zum Pferd zu finden.

Halte dich anfangs im Trab ruhig fest. Wenn du dich sicher fühlst, ist das Loslassen gar nicht schwer.

Muskelkater und blaue Flecken? Da weiß ich was: ein warmes Bad und – weitermachen!

nach hintenüberlehnen. Der Oberkörper soll senkrecht bleiben. Wenn du die Bügel verlierst, ist das bestimmt ein Zeichen für hochgezogene Knie. Reite anfangs oft ganz ohne Bügel – die stören dich höchstens.

Sitzen im Trab

Der Trab schüttelt dich ganz regelmäßig ein bisschen aus dem Sattel und lässt dich wieder hineinplumpsen. Auf dem Kreisbogen – dem Zirkel – wirst du außerdem noch ein wenig nach außen geworfen. Zieh dich erstmal im Sattel wieder nach vorn und versuche, das innere Knie möglichst weit nach unten zu drücken – so fällst du nicht nach außen.

Auch der Trab lässt dich abwechselnd nach rechts und links rutschen. Spürst du deine beiden Gesäßknochen? Sie müssen möglichst fest im Sattel bleiben. Auch wenn du dich jetzt mit aller Kraft in den Sattel hineinziehst, darfst du dich nicht

So ist der Sitz richtig: gerade, senkrecht, ruhig. Bauch und Rücken lang, Schultern breit. Beine hängen lassen!

Versuche, die Bügel unter der breitesten Stelle des Fußes genau quer zu halten. Stecke den Fuß nicht zu weit durch und balanciere den Bügel auch nicht auf der Fußspitze.

Die ersten Schritte zu Pferde

Sitzen wie im Bilderbuch

3 Sitz und Hilfen des Reiters

Der richtige Sitz

Wenn du schon ein paar Mal geritten bist, wirst du es gar nicht so schwierig finden, dich oben auf dem Pferd zu halten. Man gewöhnt sich ganz gut an das Schaukeln, an die Bewegungen des Pferderückens im Schritt und Trab. Allerdings – wenn du dich im Spiegel sehen könntest, würdest du bemerken, dass du noch ganz wacklig sitzt, bei jedem Schritt, jedem Trabtritt ein wenig hin- und herrutschst. Die größte Schwierigkeit fängt nämlich erst an: auch in der Vorwärtsbewegung des Pferdes ruhig und gerade sitzen zu bleiben. Vielleicht kommt dir der Gedanke, dass es nicht so wichtig ist, genau nach Vorschrift auf dem Pferd zu sitzen; Hauptsache, man fällt nicht herunter! Warum soll man sich eigentlich anstrengen, bloß um zu lernen, eine Haltung wie im Bilderbuch einzunehmen?

Es gibt einen entscheidenden Grund: Nur wer richtig sitzt, kann sicher lenken und das Tempo beherrschen. Mit Ziehen am Zügel ist es nämlich nicht getan...

Sitze immer aufrecht, gerade und quer zum Pferd! Ellbogen, Hand und Pferdemaul sollen eine gerade Linie bilden.

Richtig sitzen – richtig reiten

Probier ruhig mal aus, wie das Pferd reagiert, wenn du dein Gewicht extrem nach einer Seite verlagerst. Für das Pferd sitzt der Reiter dann am angenehmsten, wenn er immer gerade und aufrecht an der richtigen Stelle im Sattel (im Schwerpunkt) sitzt und mit den eigenen Rücken- und Bauchmuskeln mitarbeitet. Sie verhindern, dass man vorn- oder hintenüberfällt. Schwieriger ist es schon, zu merken, ob man seitlich verrutscht. Besonders auf einer gebogenen Linie legen sich viele Reiter in die Kurve (sie kommen mit ihrem Oberkörper zu weit nach innen) oder sie versuchen, sich vermehrt nach außen zu lehnen.

Diese Fehler kannst du vermeiden, wenn du deine innere Hüfte deutlich nach vorne schiebst und deine innere Körperseite lang machst. Zieh dich notfalls mit der inneren Hand weit nach vorn in den Sattel hinein (Oberkörper gerade lassen) und nimm deine eigene äußere Schulter auf dem Zirkel mit nach vorne in die Bewegung hinein. Beide Gesäßknochen sollen ganz fest am Sattel bleiben! Zuerst tun dir sicher die Arme weh, aber allmählich geht es leichter. Versuche, immer nur eine Hand zum starken Festhalten zu gebrauchen und die andere gleichzeitig ein bisschen auszuruhen. Wenn du dich sicher fühlst, löse mal eine Hand und lass sie locker hinter deinem Oberschenkel hängen.

Ob es auch freihändig geht? Natürlich! Aber übe das freihändige Sitzen nicht zu viel. Höchstwahrscheinlich lernst du dabei nämlich, dich mit den Beinen festzuhalten, und das ist ein großer Fehler.

„Beine zu" heißt für mich: „Renn los!"

Die ersten Schritte zu Pferde

Aus dem Gleichgewicht geraten – und dabei das Gefühl für die Mitte verloren

Aus dem Gleichgewicht geraten – und dabei seitlich eingeknickt

Im Gleichgewicht

Wie macht ein Reiter dem Pferd überhaupt begreiflich, was er von ihm will? Mit seinen „Hilfen"; so nennt man in der Reitersprache die Möglichkeiten, auf das Pferd einzuwirken. Eine wichtige Hilfe, die dir vielleicht gar nicht einfällt, ist dein eigenes Gewicht. Stell dir einmal vor, du müsstest mit einem schweren Sack auf dem Rücken

Benimm dich lieber nicht wie ein Sack auf meinem Rücken!

herumlaufen und dieser Sack rutscht bloß ein bisschen nach links oder rechts! Wahrscheinlich wirst du schnell das Gleichgewicht verlieren, wenn es dir nicht gelingt, den Sack richtig abzustützen.
Reiten ist vor allem ein Spiel mit dem Gleichgewicht. Deswegen siehst du guten Reitern oft gar nicht an, wie sie auf ihr Pferd einwirken!

Aus dem Gleichgewicht geraten – und dabei nach hinten gekippt in den Stuhlsitz (oben) oder nach vorne gekippt in den Spaltsitz (unten)

Lange Beine
Warum es so wichtig ist, sich nicht mit den Beinen festzuklammern? – Weil die Beine, genauer gesagt, die Unterschenkel, auch Hilfen des Reiters sind. Wer sich mit den Schenkeln festhält, büßt diese Hilfen ein. Auf dem Foto oben siehst du, wie das Bein des Reiters liegen soll: so lang wie möglich, aber mit leicht gewinkeltem Knie. Bis du dein Bein allerdings in der Pferdebewegung so halten kannst, vergehen noch viele Reitstunden.

Auch mit den Unterschenkeln kann man dem Pferd Hilfen geben. Bevor du allerdings den richtigen Schenkeldruck lernen kannst, musst du üben (üben und nochmal üben), das Bein bei jeder Bewegung des Pferdes im Kontakt mit dem Pferdekörper zu lassen ohne zu klammern. Das geht nur mit langem, also möglichst (natürlich nicht ganz!) gestrecktem Bein, das flach am Sattel und am Pferdekörper anliegt. Das ganze Bein ist nach innen gedreht, die Kniescheibe zeigt nach vorn in Richtung Pferdekopf – nicht nach außen. Am besten legt du dein Bein gleich nach dem Aufsitzen richtig hin: Strecke es erst ein bisschen nach hinten und drehe es dabei so weit wie möglich nach innen. Dann schiebe es vorsichtig wieder vor in die richtige Position. Auf diese Weise schieben sich die Muskeln an der Innenseite der Oberschenkel ein bisschen zurück. Diese Muskeln darfst du beim Reiten nie anspannen und auch nicht dein Hinterteil!
Wer Angst hat, klemmt oft automatisch mit den Beinen. Wenn dir das passiert, dann halte lieber an und entspanne dich ganz bewusst. Denn ein angespannter Reiter ist für das Pferd unangenehm – so werden deine Probleme größer statt kleiner.

Wetten, dass ich merke, wenn du Angst bekommst?

Die ersten Schritte zu Pferde

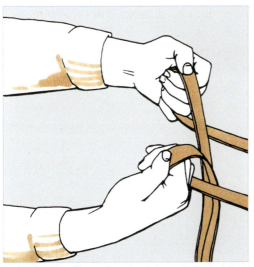

So ist die Zügelführung korrekt. Achte auf die dachförmig aufgelegten Daumen!

Durch leichtes Eindrehen der Hände nimmst du Kontakt mit dem Pferdemaul auf.

Vorsicht mit den Zügeln

Probiere erst einmal aus, die Fäuste wie zur Zügelführung aufzustellen: aufrecht, mit leicht gewölbten Handgelenken, die kleinen Finger sind sich etwas näher als die Daumen, die Finger fest, aber nicht krampfhaft geschlossen, die Daumen wie ein Dach aufgelegt.

Achte darauf, dass die Zügel nicht verdreht sind. Sie führen gerade vom Pferdemaul zwischen kleinem Finger und Ringfinger in deine Hand und oben zwischen Zeigefinger und Daumen wieder aus der Hand. Das Zügelende hängt zwischen deinem rechten Zügel und dem Pferdehals frei herunter.

Willst du die Zügel nachfassen, dann nimm erst einmal beide Zügel in eine Hand und greife dann mit der freien Hand vor die andere. Das will geübt sein – es muss nicht auf dem Pferd sein! Willst du die Zügel verlängern, lass sie einfach ein kleines Stückchen durch deine Finger rutschen.

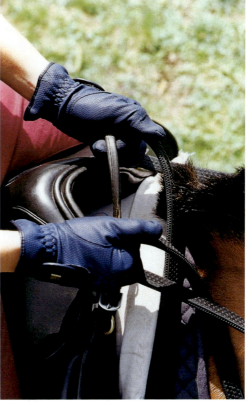

So kannst du mit den Zügeln in den Angstriemen greifen, wenn du dich mal lieber festhalten willst.

So kannst du dir die richtige Gertenhaltung erleichtern: fasse sie nicht unbedingt am Griff, sondern etwas unterhalb in ihrem Schwerpunkt an. Ein Martingalschieber, den du einfach über die Gerte schieben kannst, verhindert das lästige Rutschen durch die Hand.

Wohin mit der Gerte?
Beim freien Reiten wirst du vermutlich bald eine Reitgerte brauchen. Sie dient nicht etwa dazu, ein Pferd zu schlagen, sondern die Schenkelhilfen zu unterstützen… Solange deine Hilfen noch nicht korrekt sind, kommst du auf vielen Schulpferden mit einer Gerte besser zurecht – vorausgesetzt, sie sind daran gewöhnt. Es gibt Vierbeiner mit panischer Angst, geschlagen zu werden...
Benutze zu Anfang eine nicht zu lange Gerte, höchstens einen Meter lang. Hat die Gerte eine Handschlaufe, dann streife oder schneide sie ab, sie stört nur.
Die Gerte wird zusammen mit den Zügeln in die Hand genommen, sie liegt schräg über der Mitte deines Oberschenkels. Anfangs benutzt du sie am besten mit der jeweils inneren Hand. Bei jedem Handwechsel wechselst du auch die Gerte. Das musst du unbedingt üben!
Nimm zunächst beide Zügel in die Hand mit der Gerte. Mit der freien Hand ziehst du die Gerte Stückchen für Stückchen nach oben aus der Zügelhand heraus, führst sie vorsichtig über den Hals auf die andere Seite des Pferdes und teilst deine Zügel wieder.

> *Komm mir mit deiner Gerte ja nicht zu nahe!*

Sitze aufrecht, ruhig, gerade. Lass deine Beine lang herunterhängen und halte dabei Fühlung mit dem Pferdekörper. Belaste in jeder Wendung innen und strecke dabei deine innere Körperseite. Nimm die innere Hüfte vor. Beim Zügel nachfassen oder Gerte wechseln heißt es als Erstes: beide Zügel in eine Hand!

Plötzlich geht alles so schnell

Ist das nun Links- oder Rechtsgalopp?

4 Leichttraben und Galoppieren

Aufstehen – warum?
Kaum hast du gelernt, dich im Trab einigermaßen sicher im Sattel zurechtzufinden, kommt schon etwas Neues: das Leichttraben. Gesehen hast du bestimmt schon, wie ein Reiter im Trab bei jedem zweiten Tritt aufsteht, um sich beim folgenden wieder hinzusetzen. Erst heißt es also, tief, fest und ruhig im Sattel sitzenzubleiben, auszusitzen, wie es in der Reitersprache heißt und nun sollst du plötzlich aufstehen. Wozu kann das gut sein?
Das ruhige Aufstehen und weiche Hinsetzen (sich nicht in den Sattel plumpsen lassen!) entlastet den Pferderücken vom Reitergewicht und schont so das Pferd – es schont übrigens auch den Reiter, für den das Leichttraben auf die Dauer weniger anstrengend ist als das Aussitzen. Dieser Gesichtspunkt wird dich anfangs wohl nicht überzeugen – anfangs ist die Sache ziemlich mühsam. Aber wenn du genügend Übung hast, wird es dir nicht schwer fallen, längere Strecken im Leichttraben auch leicht zu überstehen!
Leichtgetrabt wird immer, wo eine Schonung des Pferdes nötig und nützlich ist: zu Beginn jeder Reitstunde, bevor die Muskeln des Pferdes richtig gelöst sind und immer im Gelände, wo dem Pferd viel längere Strecken zugemutet werden als in der Reitbahn.

Kapitel 4

Leichttraben – Aufstehen

Leichttraben – Sitzen

Sich einfach werfen lassen

Natürlich kannst du das Aufstehen zuerst einmal im Schritt probieren. Aber da ist es eigentlich schwieriger als im Trab. Der Trab wirft dich bereits ein bisschen aus dem Sattel – jetzt musst du dich einfach nur vom Pferd im Takt werfen lassen! Zu Anfang sollte dir jemand helfen, den richtigen Takt zu finden, indem er dir vorsagt: „Sitz – Auf, Sitz – Auf!" Wenn es so nicht klappt, probiere es mit Handzeichen für „Sitz" und „Auf" – danach kann man sich manchmal besser orientieren. Damit du leichter aus dem Sattel kommst, fass anfangs mit der inneren Hand nach vorne in die Mähne. Die Beine sollen dabei wie vorher ruhig am Pferd liegen bleiben; die Kraft für das Aufstehen und das langsame Hinsetzen kommt aus den Oberschenkeln und Knien.

Der richtige Fuß

Wenn du den Rhythmus von Hinsetzen und Aufstehen herausgefunden hast, gilt es, ein weiteres Problem zu meistern: das Leichttraben „auf dem richtigen Fuß". Gemeint ist damit nicht deiner, sondern der Pferdefuß, genauer gesagt, der innere Hinterfuß. Dein Pferd geht an der Longe links- oder rechtsherum, und der innere Hinterfuß ist dann dementsprechend der linke oder rechte. Leichttraben auf dem richtigen Fuß bedeutet, sich hinzusetzen, wenn der innere Hinterfuß nach vorne auf den Boden gesetzt wird, und aufzustehen, wenn der äußere Hinterfuß den Boden berührt.

Klar ist, dass du von oben den inneren Hinterfuß nicht sehen kannst – wie sollst du nun merken, ob du auf dem richtigen Fuß leichttrabst? Die Sache ist ganz einfach: Gleichzeitig mit dem inneren Hinterbein geht das äußere Vorderbein vor. Am äußeren Vorderbein kannst du also ablesen, ob du gerade im richtigen Takt bist.

Es soll Reiter geben, die schaffen das ohne Steigbügel!

24

Leichttraben verkehrt – der Oberkörper ist zu weit hinten.

Fußwechsel

Auch dieses Ablesen will geübt sein. Am besten geht es so: du lässt dir von jemandem den richtigen Takt vorsagen. Wenn du sicher bist, auf dem inneren Hinterfuß zu traben, dann schau einmal nach dem äußeren Vorderbein. Am leichtesten kannst du die Schulter erkennen, die direkt unterhalb des Halses beginnt.

Versuche dir einzuprägen, wie die Bewegung der Schulter in genau dem Moment aussieht, in dem du aufstehst. Stell dir vor, dass die Bewegung der Schulter dich mitnimmt: wenn die Schulter vorgeht, stehst du auf. Sobald du dir sicher bist, die Bewegung wieder zu erkennen, dann

Leichttraben verkehrt: Aufstehen zu hoch und zu weit nach vorne

schau zur Kontrolle beim Aufstehen einmal auf die innere Schulter: so wäre es falsch! Wenn du deiner Sache sicher bist, dann mache die Probe aufs Exempel: sitz zwischendurch ein kleines Stückchen aus, fang wieder neu mit dem Leichttraben an und kontrolliere mit einem Blick auf die äußere Pferdeschulter, ob du auf dem richtigen Fuß bist. Hat es geklappt? Wenn nicht, lass dich nicht entmutigen; kaum jemand schafft das auf Anhieb. Also, das Ganze von vorn, bis du deiner Sache sicher bist...

Leichttraben verkehrt – die Knie sind zu sehr gestreckt.

Klappt es auch auf der anderen Hand? Wenn ja, dann hast du es geschafft. Nicht wieder vergessen! Das Leichttraben brauchst du in jeder Reitstunde und jedes Mal musst du dich gleich zu Anfang vergewissern, ob du auf dem richtigen Fuß trabst. Mit der Zeit geht das blitzschnell. Durch einen Fußwechsel kann man am schnellsten den Takt ändern: indem man statt einen Trabtritt gleich zwei hintereinander aussitzt und dann erst wieder aufsteht. Versuch es mal! Den Fußwechsel musst du so lange üben, bis du ihn ganz sicher beherrschst.

Rechtsgalopp – das rechte Vorder- und Hinterbein greifen vor das linke.

Wie im Kino

Im Kino – insbesondere in Westernfilmen – gehen die Pferde meistens im Galopp. Diese Gangart kannst du ganz leicht von Schritt oder Trab unterscheiden, denn es sieht so aus, als ob sich die Pferde nicht mehr laufend, sondern springend vorwärts bewegen. Im Galopp sieht man die Kraft, Schnelligkeit und Stärke der Pferde am besten; daher wird wohl auch im Kino so viel galoppiert.

Ich würde nie in einem Western mitspielen – viel zu anstrengend!

In der Reitbahn ist das anders. So, wie Pferde sich allein in freier Natur über größere Strecken im Trab vorwärts bewegen – sie galoppieren nur beim Spiel, im Kampf und vor allem auf der Flucht – so ist auch beim Reiten in der Bahn der Trab die wichtigste Gangart. Auch du solltest den Galopp erst versuchen, wenn du im Trab ein sicheres Gleichgewicht gefunden hast.

Im Galopp kann man den Moment, in dem keines der Pferdebeine den Boden berührt, deutlich sehen. Diesen Galoppsprung vermag das Pferd so enorm zu vergrößern und zu erweitern, dass es Hindernisse von erstaunlicher Höhe und Weite überwinden kann. Aber auch schon ein kleiner Galoppsprung gibt dem Reiter ein bisschen das Gefühl, zu schweben.

Du wirst merken, wie schön das Galoppieren ist: zwar wird man mehr aus dem Sattel geworfen als im Trab, aber die Bewegung ist weicher, schwungvoller und für den geübten Reiter meist angenehmer. Das Gefühl, von vorne nach hinten geschaukelt zu werden, entspricht genau der Bewegung des Pferderückens. Aber man sollte sie dem guten Reiter nicht ansehen! Es gilt also zu lernen, den Oberkörper still zu halten und nicht hin- und herzuschaukeln, während die beiden Gesäßknochen fest im Kontakt mit dem Sattel bleiben. Anfangs musst du dich gut mit den Händen festhalten. Im Galopp ist das Gefühl, dass man vielleicht doch einmal herunterfallen könnte, anfangs am stärksten und die Versuchung am größten, die Knie hochzuziehen und sich mit den Unterschenkeln festzuklammern.

Lebendiges Kettenkarussell

Zusätzlich hat der Reiter oft das Gefühl, nach außen geschleudert zu werden. Dagegen hilft, sich zunächst mit der inneren Hand vorn in den Sattel hineinzuziehen und das innere Bein besonders lang zu machen (als ob man mit dem Knie den Boden berühren wollte).

Dadurch kommt auch die innere Hüfte weit genug nach vorn. Verdrehen darf man sich deswegen aber nicht: gleichzeitig mit der inneren Hüfte soll die äußere Schulter des Reiters gut nach vorn in die Bewegung des Pferdes mitgenommen werden.

Falls dir die Galoppbewegung sehr ungewohnt vorkommt, dann stell dir einfach vor, du würdest selbst auf deinen zwei Beinen galoppieren. Allerdings – du darfst die Bewegung nicht selbst ausführen, du musst sie einfach passieren lassen!

Richtiger und falscher Galopp

Der Galopp kann als Rechts- oder Linksgalopp vorkommen – je nachdem, ob das rechte Vorder- und Hinterbein jeweils vor das linke Vorder- und Hinterbein greifen (im Rechtsgalopp) oder umgekehrt (im Linksgalopp). Orientiere dich zunächst an den Vorderbeinen, dann kannst du sofort erkennen, um welchen Galopp es sich handelt. Es gibt allerdings auch einen unerwünschten Ausnahmefall: ein Pferd kann mit den Vorderbeinen im Linksgalopp, mit den Hinterbeinen im Rechtsgalopp gehen (oder umgekehrt). Dieser Kreuzgalopp sieht nicht nur von unten merkwürdig aus, sondern fühlt sich auch von oben unangenehm an.

> Was heißt da falscher Galopp? Links ist einfach meine Schokoladenseite!

Linksgalopp – das linke Vorder- und Hinterbein greifen vor das rechte.

Weil sich das Pferd im Rechts- oder Linksgalopp jeweils ein wenig nach der entsprechenden Seite biegt, soll es auf der rechten oder linken Hand jeweils auch rechts oder links galoppieren. Der entgegengesetzte Galopp, der Außengalopp, wird nur in schwierigen Aufgaben im Turniersport geritten.

Galoppieren in hohem Tempo macht Spaß – und will gelernt sein.

Angaloppieren und Durchparieren

Du kannst dem Pferd helfen, auf der richtigen Hand anzugaloppieren, wenn du deine inneren Hilfen vermehrt einsetzt. Der innere Gesäßknochen wird stärker belastet, die innere Hüfte bleibt dabei gut vorn und der innere Unterschenkel liegt spürbar am Pferd. Er gibt das Signal zum Angaloppieren! Wenn der Longenführer das Kommando zum Angaloppieren gibt, dann drücke gleichzeitig den inneren Schenkel fester an. (Aber Knie hochziehen gilt nicht!)

Nicht nur das Sitzen im Galopp will geübt sein, sondern auch die Übergänge: beim Angaloppieren fällt man mit dem Oberkörper leicht etwas nach hinten, beim Durchparieren vornüber. Wenn du darauf schon vorher gefasst bist, fällt es dir leichter, im Rücken ganz gerade zu bleiben.

- Beim Leichttraben langsam aufstehen – deutlich aufstehen; langsam hinsetzen – weit vorn im Sattel hinsetzen.
- Beine nicht ganz strecken, Knie bleiben am Sattel, Unterschenkel am Pferd.
- Nach jedem Antraben den richtigen Fuß kontrollieren!
- Beim Angaloppieren zum Linksgalopp wird das Gewicht nach links, zum Rechtsgalopp nach rechts verlagert. Die jeweils innere Hüfte bleibt vorn!

Die ersten Schritte zu Pferde

*Hurra –
die Longe ist ab!*

*He, du Blödmann,
nach links!*

5 Selbstständig reiten

Der große Augenblick

Nach so vielen Vorübungen an der Longe ist es ein tolles Gefühl, zum ersten Mal allein frei reiten zu dürfen. Endlich ist der große Augenblick gekommen, in dem das Pferd nicht mehr auf das Kommando des Longenführers hört, sondern auf dein eigenes! Hoffentlich bist du nicht allzu enttäuscht, wenn du nun plötzlich feststellen musst, dass das Pferd auf dein Kommando noch gar nicht so zuverlässig hören will... Verliere nicht den Mut! Zwar hast du den Sitz in allen drei Gangarten des Pferdes geübt, hast die Zügelhaltung trainiert und die Zügelführung ausprobiert, aber jetzt soll plötzlich alles gleichzeitig klappen: der Sitz, die Balance deines Oberkörpers, die Lage der Beine und der Kontakt mit den Zügeln – das ist viel auf einmal.

Höchstwahrscheinlich rutschen dir gerade die Beine weg, wenn du an die Handhaltung denkst; kommt dein Oberkörper ins Schwanken, wenn die Beine gerade richtig liegen; kommen die Hände zu hoch, wenn du deinen Oberkörper gerade sorgfältig in die Senkrechte gebracht hast. Alle diese Unstimmigkeiten registriert das Pferd. Es wird dir erst sicher gehorchen, wenn du gelernt hast, die Hilfen alle gleichzeitig korrekt einzusetzen. Noch dazu müssen die Hilfen in ihrer Stärke genau aufeinander abgestimmt sein: die vorwärts treibenden Hilfen – dein Gewicht und die korrekt anliegenden Beine – bestimmen zum Beispiel, wie stark deine Verbindung zum Pferdemaul sein kann oder soll.

Die Zügel sollen gleichmäßig ohne Druck leicht anstehen.

Lenken lernen

Das alles kann man freilich nicht aus einem Buch lernen, sondern muss es selbst ausprobieren. Das Lenken übst du zunächst einmal im Schritt. Ruhig zu sitzen, senkrecht zu bleiben und eine gleichmäßige Verbindung zum Pferdemaul zu halten, ist schon im Schritt schwierig genug...
Achte auf das Genick des Pferdes: je ruhiger es sich bewegt, desto gleichmäßiger ist auch deine Zügelführung.

Mach dir klar: du reitest immer mit beiden Zügeln gleichzeitig. In Wirklichkeit ist es nämlich nur ein einziger Zügel, der von deiner rechten Hand durch das Pferdemaul führt und von dort in deine linke Hand. Du selbst schließt diesen Kreis.
Die Hände müssen beim Reiten jeweils unterschiedlich bewegt werden – aber die eine Hand muss fühlen, was die andere gerade tut.

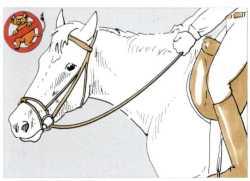

Die Zügel hängen durch.

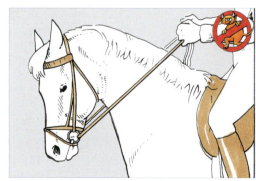

Die Zügel sind zu straff.

In der Reitabteilung

Bei deinen ersten Versuchen im freien Reiten wirst du sicherlich in einer Gruppe mit anderen zusammen reiten. In der Reitersprache nennt man diese Gruppe eine Abteilung. Ein sicherer Anfangsreiter, auch Têtenreiter genannt, führt die Abteilung an. Achte beim Hinterherreiten auf deinen Abstand: er soll mindestens eine, höchstens zwei Pferdelängen betragen.

Auf den Seiten 114 und 115 siehst du die große Karte der Hufschlagfiguren. Sie musst du kennen lernen, damit du dich in der Reitbahn allmählich zu Hause fühlst. Präge dir die Namen der Figuren und zugehörigen Kommandos ein. Die wichtigsten – Ganze Bahn, Zirkel und Wechsellinien – kennst du schon nach kurzer Zeit.

Und ich soll immer in der Abteilung der Letzte sein!

Wenn man zu Anfang hinter einem anderen Pferd herreitet, geht alles viel einfacher. Aber lass dich nicht täuschen! Wenn du genau aufpasst, wirst du merken, dass dein Pferd dann gern ein bisschen schummelt. Es kürzt die Ecken ab und führt die Hufschlagfiguren nicht korrekt aus.
Versuche, auch in der Abteilung selbstständig zu reiten. Am genauen Ausreiten der Hufschlagfiguren kannst du ablesen, wie gut dir das gelingt.

Beim Abwenden arbeiten alle Reiterhilfen zusammen.

Abwenden

Konzentriere dich vor jedem Abwenden in eine neue Richtung zunächst auf deinen Sitz: Verlagere dein Gewicht auf die neue innere Seite. Schiebe dabei die innere Hüfte nach vorn und versuche, innen mehr Gewicht im Hinterteil zu fühlen als außen. Strecke die neue innere Seite und lasse das neue innere Bein lang herunterhängen.

Denke daran: der häufigste Fehler beim Abwenden ist das seitliche Einknicken.

Bleibe auch in jeder Wendung senkrecht und quer zum Pferd zu sitzen.

Zeige dem Pferd mit dem inneren Zügel die neue Bewegungsrichtung. Gib nach, sobald das Pferd reagiert.

Beide Zügel sollen den Hals beim Abwenden einrahmen und jede Hand muss auf ihrer Halsseite bleiben – du wirst nämlich bald die Versuchung spüren, mit der Hand über den Mähnenkamm auf die andere Halsseite herüberzudrücken.

Der Vorwärtsgang

Zum Anreiten im Schritt setze dich gerade hin, lege beide Beine gleichmäßig fest an das Pferd und gehe mit der Hand so viel vor, wie das Pferd an Bewegungsfreiheit für seinen Kopf braucht – nicht mehr. Reicht der Druck deiner Beine nicht aus, nimm die Stimme zu Hilfe und notfalls die Gerte. Tippe das Pferd direkt hinter deinem Unterschenkel leicht an. Vermeide dabei einen Ruck am Zügel! Einfacher ist ein kleiner Klaps mit der Gerte an die Schulter des Pferdes (aber nicht alle Pferde sind daran gewöhnt).

Anfangs ist dir die Gerte in der inneren Hand am nützlichsten. Daher musst du bei jedem Handwechsel auch an den Gertenwechsel denken. Jetzt zahlt es sich aus, wenn du diese Handgriffe schon sicher beherrschst.

Die Hilfen für das Antraben sind die gleichen wie für das Anreiten – nur intensiver. Wenn du dich unsicher fühlst, fass mit der äußeren Hand samt dem Zügel in den Angstriemen. So kannst du ruhiger sitzen und das Pferd wird besser gehen.

Die Hand – später nur zwei Finger – im Angstriemen sind keine Schande! Wer meint, darauf verzichten zu können und sein Pferd mit unruhiger Hand im Maul stört, wird mit dem Trab nicht viel Erfolg haben.

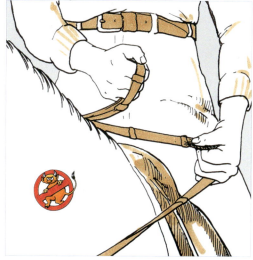

Kreuze mit der Zügelhand nicht den Mähnekamm – fass lieber die Zügel nach.

Heißer Tipp: Sag mir einfach, was du willst. Das verstehe ich sicher besser als deine komischen Hilfen!

Im Takt und im richtigen Tempo

Du wirst dich erst dann auf dem Pferderücken wohl fühlen, wenn sich das Pferd unter dir gleichmäßig bewegt. Der Rhythmus der Pferdebewegung wird in der Reitersprache Takt genannt – mehr darüber kannst du im Kapitel 12 lesen.

Die Geschwindigkeit, mit der sich ein Pferd innerhalb einer Gangart bewegt, nennt man in der Reitersprache Tempo. Takt und Tempo müssen passen, damit die Vorwärtsbewegung dir und dem Pferd Spaß machen kann.

Ist dein Tempo zu niedrig, kommst du immer wieder aus dem Takt, weil das Pferd versucht, von allein in die niedrigere Gangart duchzuparieren.

Ist dein Tempo zu hoch, kommst du immer wieder aus dem Takt, weil das Pferd ins Rennen gerät.

Wenn es dir gelingt, das richtige Tempo zu finden und einen gleichmäßigen Takt einzuhalten, geht das Reiten plötzlich viel leichter.

Beim Halten soll das Pferd gerade und aufmerksam auf allen vier Beinen stehen.

Die Bremse

Willst du dein Pferd wieder Schritt gehen lassen oder ganz zum Halten bringen, dann musst du – erstaunlicherweise – ganz besonders guten Beinkontakt halten und darfst ja nicht vornüberfallen. Aus einem sicheren Sitz heraus genügt ein mehrmaliges, leichtes abwechselndes Eindrehen der Zügelfäuste, um das Pferd durchzuparieren.

Warum die treibenden Hilfen auch beim Durchparieren wichtig sind, kannst du im Kapitel 19 nachlesen. Auch wenn es nicht gleich klappt – vermeide auf jeden Fall, gleichzeitig an beiden Zügeln zu ziehen. Damit erreichst du nur das Gegenteil von dem, was du vorhast.

Ich bleibe übrigens stehen, wann ich will!

*Zum Anreiten:
Aufrechter Sitz, Zügel nachfassen, beide Beine ans Pferd, nachgeben, wenn das Pferd reagiert.
Zum Durchparieren:
Aufrechter Sitz, beide Beine ans Pferd, Zügelfäuste abwechselnd eindrehen, nachgeben, wenn das Pferd reagiert*

*Zwei Beine neben
vier Beinen*

6 Aufhalftern, anbinden, führen

Mit Pferden sprechen

Jedes Pferd, jedes Pony muss zuerst Vertrauen zum Menschen finden und lernen, ihm zu gehorchen. Für dich gilt das Gleiche: du musst lernen, Vertrauen zum Pferd zu finden und ihm in der richtigen Weise klarzumachen, was es tun soll.

Weil Pferde so empfindliche Ohren wie Hunde haben, ist es wichtig, ganz ruhig mit ihnen zu sprechen: mit tiefer und langsamer Stimme, auch wenn du selbst ein bisschen aufgeregt bist. Deswegen gilt auch: nie im Pferdestall schreien! Wenn du dich mal lautstark mit deinen Kameraden (oder Kameradinnen) streiten solltest, dann nimm genügend Abstand von den empfindlichen Pferdeohren. Pferde erschrecken nämlich leicht!

Findest du es seltsam, dass so ein großes Pferd vor dir Angst haben soll? Eher wäre es schon zu verstehen, wenn du ein bisschen Angst hast – und vielleicht ist es sogar besser, ein bisschen Angst zu haben. Denn tatsächlich sind Pferde sehr stark und können, wenn sie wollen, einen Menschen ernsthaft verletzen. Aber du darfst dich ruhig darauf verlassen, dass sie es nie – oder fast nie – wollen!

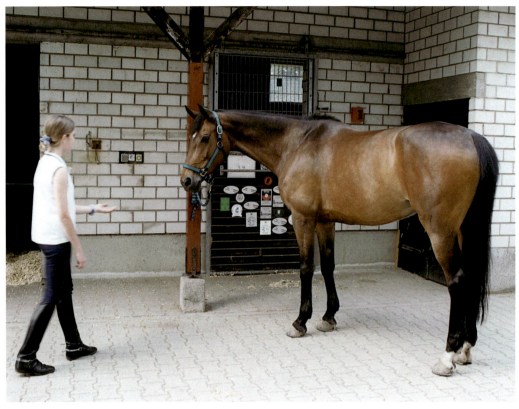

Nähere dich einem Pferd am besten seitlich von vorn. An seinem Gesichtsausdruck kannst du ganz genau ablesen, ob es dein Kommen bemerkt hat.

Sich einem Pferd nähern

Nicht nur, wenn du zum ersten Mal an ein fremdes Pferd herangehst, sondern jedes Mal, wenn du dich einem Pferd näherst, musst du es ansprechen. Das ist sehr wichtig, um das Pferd nicht zu erschrecken; vielleicht hat es gerade gedöst und dein Kommen nicht bemerkt. In Angst versetzt, könnte es nach dir ausschlagen.

Das passiert aber nur im großen Schreck oder wenn ein Pferd sehr, sehr schlechte Erfahrungen mit Menschen gemacht hat. Dann kann es böse und gefährlich werden. Alle übrigen Pferde sind friedliebend, gutmütig und oft ängstlich.

Immer von links

Gehe immer von links an ein Pferd heran! Das hat einen guten Grund: Alle Dinge, die das junge Fohlen lernt, zum Beispiel ein Halfter zu tragen, geführt zu werden, gesattelt und aufgetrenst zu werden, geschehen zuerst von links. Der Grund für diesen Brauch liegt wohl darin, dass der Reiter so seine rechte Hand (drei Viertel aller Leute sind Rechtshänder) besser benutzen kann.

Übrigens: die rechte und die linke Seite des Pferdes werden immer in Pferderichtung gesehen, als ob du draufsitzen würdest. Dann ist die linke Seite da, wo auch deine eigene linke Seite ist.

Liebe geht durch den Magen

Die meisten Pferde sind recht verfressen. Daher ist die Taktik, sie mit Leckerbissen gut zu stimmen, nicht verkehrt. Aber – man kann des Guten auch zu viel tun. Pferde fressen aus der Hand gern Zuckerstückchen, Äpfel, Mohrrüben und trockenes Brot, das aber keinesfalls schimmelig sein darf. Es gibt auch spezielle Leckerli für Pferde zu kaufen. Wenn du all diese Leckerbissen nicht gerade säckeweise verfütterst, verdirbt sich kein Pferd daran den Magen.

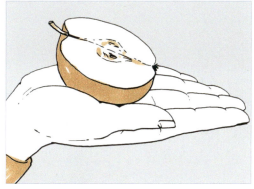

Füttere ein Pferd immer von der flachen Hand mit angelegtem Daumen.

Aber Pferde gewöhnen sich schnell Unarten an, wenn sie aus der Hand gefüttert werden: Sobald ihre Ration aufgebraucht ist, beginnen sie, an dir zu knabbern und zu zwicken, sie ziehen an deinen Ärmeln (es hat schon etliche Löcher in Pullovern und Jacken gegeben) und lassen dir keine Ruhe, bis du neues Futter herausgerückt hast.

Sie scharren, kratzen und klopfen mit den Vorderbeinen gegen Wände oder Türen, um Futter zu erbetteln; ein Pferd steckt das andere an. Das ist keinesfalls gut für die Vorderbeine (und Hufeisen) und kann sogar zu Verletzungen führen.

Also: nicht nur deinen Liebling im Stall beachten, sondern auch an die Nachbarpferde denken. Aber füttere ein fremdes Pferd nie ohne Einverständnis des Besitzers.

Halfter auf, Halfter zu

Damit man ein Pferd führen oder anbinden kann, muss es ein Halfter tragen. Das Aufhalftern geschieht wie üblich von links. Das geht ganz leicht, wenn das Pferd dabei still steht und nicht versucht, den Kopf in die Luft zu strecken. Ein Leckerbissen wirkt in diesem Fall Wunder... Wichtig ist, dass du dich richtig neben das Pferd stellst, nämlich vor die linke Pferdeschulter. Nie von vorn mit dem Halfter auf den Kopf eines Pferdes zugehen!

Halfter werden entweder am Kehlriemen oder am Genickstück geöffnet.

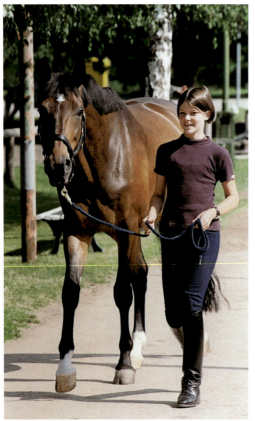

So führst du richtig am Strick: Dein kleiner Finger zeigt zum Pferdekopf.

Mit Strick und Halfter

Schau dir als Erstes den Haken am Strick genau an. Probiere aus, wie sich der Haken öffnen und schließen lässt.

Hast du den Strick mit dem Haken im Halfter eingehakt, dann kannst du losmarschieren. Gehe immer auf der linken Seite des Pferdes in Höhe der Schulter und lass deinen Ellbogen dabei krumm. Wenn du ein Pferd führen willst, musst du ordentlich vorwärts laufen. Sein Normaltempo ist nämlich etwas schneller als dein gemütliches Spazierengehen.

Fass nicht aus Versehen an den Haken – viele Modelle kannst du mit einem Handgriff öffnen. Und wickle dir beim Führen nie das Strickende (die Zügel, die Longe) um die Finger. Im Notfall musst du schnell genug loslassen können!

Ätsch – ich bin stärker als du!

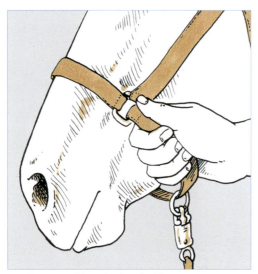

Mit diesem Griff hast du das Pferd besser unter Kontrolle. Achtung: keine Dauerlösung!

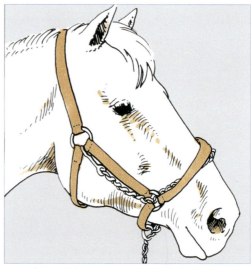

Die Führkette hilft bei schlecht erzogenen Pferden. Vorsicht, scharf!

Führen an der Trense

Ähnlich wie am Halfter führt man ein Pferd auch an der Trense. Nimm zunächst beide Zügel über den Pferdkopf herunter. Die beiden Finger zwischen den Zügeln verhindern, dass die Gebissringe seitlich an das Pferdemaul gequetscht werden und Schmerzen verursachen. Halte das Pferd an der Trense nicht zu starr fest.
In manchen Reitställen werden Pferde auch mit lose auf dem Hals liegenden Zügeln nur mit der rechten Hand geführt. (Die linke Hand vor der Pferdenase kann das Tempo etwas bremsen). Reißt sich das Pferd so einmal los, kann es nicht so schnell in den Zügel treten und sich dabei verletzen oder den Zügel zerreißen.

Wetten, dass du mich auch mit der Trense nicht festhalten kannst, wenn ich mal nicht will?

Führen an der Trense – so ist es richtig.

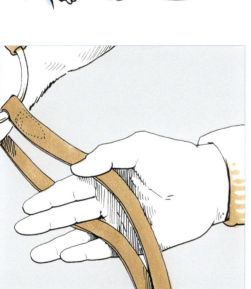

Zwei Finger zwischen den Zügeln verringern den Druck auf das Gebiss.

Vormustern

Wenn ein Tierarzt, Schmied oder Turnierrichter sich davon überzeugen will, dass dein Pferd taktmäßig abfußt und nicht lahmt, musst du es vormustern. Dabei stellst du das Pferd zunächst im Halten, dann im Schritt und zuletzt im Trab vor. Führen im Trab will gelernt sein! Nimm dabei das Zügelende zusammengelegt mit in die rechte Hand und halte die linke Hand vor das Pferdeauge, wenn du bremsen möchtest. Wende immer nach rechts! Im Halten soll der Betrachter alle vier Beine des Pferdes sehen können - schau dir dazu das Bild auf Seite 87 an.

Ein korrekt angebundenes Pferd

Zu kurz sollte er auch nicht sein, damit sich das Pferd im Fall einer Gefahr nicht eingezwängt fühlt. Wie kurz du ein Pferd anbinden kannst, ist unterschiedlich. Beobachte den Gesichtsausdruck des Pferdes, besonders das Auge.

Gerät das Pferd mit dem Genick unter einen zu langen oder zu tiefen Strick, dann kann es sich plötzlich seine eigene Bewegungsfreiheit drastisch einschränken. Auch so kann Panik entstehen.

Falls ein angebundenes Pferd Zeichen von Angst zeigt, löse vorsichtshalber den Strick. Erlaube dem Pferd lieber, sich ein paar Schritte aus der Gefahrenzone zu entfernen. Das reicht meist aus, um es wieder zu beruhigen.

Merke dir: Für ein Pferd ist es eine schlimme Situation, fliehen zu wollen und nicht fliehen zu können.

Die Kunst des Anbindens

Ein Pferd wird nie mit den Zügeln, immer nur mit Strick und Halfter angebunden. Am besten benutzt man einen Strick mit Panikhaken. Den kann man öffnen, selbst wenn das Pferd mit aller Kraft daran zieht. So kann man vielleicht einen gefährlichen Unfall vermeiden.

Der Strick soll in Brust- bis Kopfhöhe des Pferdes festgebunden werden, keinesfalls am Boden. Sonst kann das Pferd sich leicht mit dem Vorderbein darin verfangen. Das passiert auch bei zu langem Strick.

Von rechts und links angebunden sind Pferde besonders gut unter Kontrolle. Sie müssen allerdings daran gewöhnt sein.

Mit Pferden umgehen

Zu kurz angebunden

Zu lang angebunden

Pferdeknoten

Ein Anbindeknoten für Pferde muss stabil sein, darf sich nicht vom Pferd öffnen lassen und sich nicht festziehen, wenn das Pferd den Strick einmal straff spannt.

Dagegen sollst du den Knoten notfalls blitzschnell mit einer Hand wieder öffnen können.

Unten findest du eine Vorlage. Probiere den Pferdeknoten in Ruhe aus. Du brauchst ihn jedes Mal, wenn du dein Pferd anbinden willst.

Sichere Knoten? – Ich bin ein wahrer Entfesselungskünstler!

Anbindeknoten

Zu tief anbebunden

So ist es richtig: Erst das Pferd in Richtung Ausgang herumdrehen, dann die Tür schließen und zuletzt das Halfter abnehmen.

In die Freiheit entlassen

Meistens geht dein Pferd in aller Ruhe gelassen neben dir her. Aber manchmal zeigt die Vorfreude schon ihre Auswirkungen: zum Beispiel, wenn du es auf die Weide bringen willst.

Erlaube deinem Pferd nicht, schneller zu sein, als du es willst. Und lass es auf gar keinen Fall in so einer Situation antraben! Ein energischer Griff ins Halfter oder ein energischer Ruck am Strick können helfen. Benutze im Zweifelsfall lieber eine Führkette oder eine Trense.

Wenn du dein Pferd zur Weide gebracht hast, lass es auf keinen Fall sofort losrennen. Es könnte vor Freude ausschlagen und dich treffen.

Drehe das Pferd zuerst in Richtung Ausgang, schließe das Tor und nimm dann erst das Halfter ab. Das Gleiche gilt, wenn du ein Pferd in die Box bringst, in den Auslauf entlässt oder in der Halle frei laufen lassen willst. Die Macht der Gewohnheit ist dabei hilfreich.

Der Trick mit dem Strick

Auch das Einfangen auf der Weide kann schwierig sein, weil die meisten Pferde aus Sicherheitsgründen kein Halfter tragen. Wenn ein Pferd beim Aufhalftern nicht stehen bleibt, versuche einmal den Trick mit dem Strick. Er lässt sich schneller anbringen als ein Halfter und wenn das Pferd den Strick hinter den Ohren spürt, wird es sich festgehalten fühlen und stehen bleiben. Mit etwas Geschick kannst du dann das Halfter überstreifen und den Strick dabei mit einer Hand festhalten.

Wenn du einmal versuchst, ein Pferd auf der Weide einzufangen, das nicht freiwillig kommen will, wirst du schnell merken, dass Jagen (auch zu mehreren) zwecklos ist. Das Pferd muss schon freiwillig kommen! Hört es nicht, wenn du seinen Namen rufst, dann gehe langsam darauf zu und halte Strick und Halfter hinter deinem Rücken versteckt. Notfalls kannst du deine guten Absichten mit einem Leckerbissen in der ausgestreckten Hand, in ganz schwierigen Fällen auch mit einem Futtereimer unter Beweis stellen. Aber das sollte kein Dauerzustand werden!

Meist hat es einen Grund, wenn ein Pferd sich nicht einfangen lassen will. Vielleicht war das Pferd einfach noch nicht ausgiebig genug auf der Weide. War es lange genug draußen, freut es sich meist wieder auf seine gewohnte Stallumgebung.

Hafereimer – den kann ich mir nicht entgehen lassen. Wo ich doch sonst mit Kraftfutter so kurz gehalten werde!

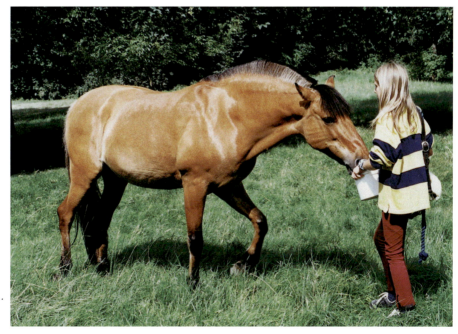

Einzelne Pferde lassen sich manchmal nur ungern einfangen. Ein Futtereimer kann helfen…

Wo Putzen Spaß macht...

Und wann darf ich mich endlich wieder wälzen?

7 Die Pferdepflege

Nur für Putzteufel?

Putze dein Pferd wenn möglich draußen an der frischen Luft. Binde das Pferd zum Putzen und Satteln immer an – sei es am Putzplatz, auf der Stallgasse oder, nur zur Not, in der Box. Beim Putzen wird viel Staub aufgewirbelt – in der Box würde sich dieser Staub schnell wieder am Pferdefell festsetzen.

Sinn und Zweck des täglichen Pferdeputzens ist es, das Fell vom oberflächlichen Mist und Staub zu befreien und alle verklebten Haare zu glätten. Gerade die verklebten Stellen können, wenn sie nicht entfernt werden, schnell zu schmerzhaften Druckstellen und Verletzungen führen. Putzen ist unerlässlich, wenn ein Pferd geritten wird.

Die typischen verklebten Stellen entstehen nämlich gerade dort, wo das Sattelzeug aufliegt und das Pferd mehr schwitzt: hinter den Ohren, in der Sattellage, unter dem Kinn und unter dem Bauch, wo der Gurt gelegen hat. Bevorzugte Schwitzstellen sind außerdem die Flanken und die Innenseiten der Hinterbeine.

Außerdem verschaffst du dir beim Putzen den besten Überblick über den Gesundheitszustand eines Pferdes: du entdeckst kleine Verletzungen, Schwellungen, Hautentzündungen, die unterm Fell verborgen liegen. Und wenn du ein Pferd kennst, wird dir schon bei der Pferdepflege auffallen, wenn es sich nicht wohl fühlt oder anders verhält als sonst.

Mit Pferden umgehen

Handtuch · Lammfell-Handschuh · Hufkratzer · Mähnenkamm · Striegel · Huföl mit Pinsel · Wurzelbürste · Gummistriegel · Kardätsche · Mähnenbürste · Schwämme · Waschbürste

Das richtige Handwerkszeug

Ohne komplettes Putzzeug kann man ein Pferd nicht richtig pflegen. In Reitsportgeschäften werden offene Putzkisten, geschlossene Putzkästen oder Putztaschen in allen Farben und Formen angeboten. Auch ein kleiner Eimer reicht aus, um das Werkzeug fürs Pferdeputzen zu verstauen.

Auf der Abbildung oben ist ein komplettes Putzzeug zu sehen. Nicht alles brauchst du jeden Tag, aber alles kannst du gut gebrauchen!

Am besten wäre es, wenn jedes Pferd sein eigenes Putzzeug hätte, denn beim Putzen werden viele Krankheitskeime übertragen. Das lässt sich aus praktischen Gründen oft nicht einrichten. Wenn du mit deinem Putzzeug verschiedene Pferde putzt, dann achte darauf, dass keines der Pferde an einer ansteckenden Krankheit (zum Beispiel Husten oder Hautausschlag) leidet. Mache dein Putzzeug regelmäßig sauber! Wenn eine Ansteckungsgefahr besteht, muss dein Putzzeug auch desinfiziert werden. (Vorsicht, Desinfektionsmittel sind gefährlich! Frage einen Erwachsenen um Rat!)

Heißer Tipp: Kennzeichne dein Putzzeug mit deinem Namen!

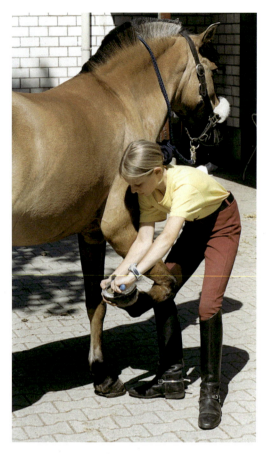

oder Huföl, das sich am besten mit einem Pinsel auftragen lässt). Die wichtigste Stelle für das Fetten ist der Kronenrand, das Wachstumszentrum des Hufes.
Wie oft die Hufe gefettet werden müssen, darüber streiten sich die Pferdegelehrten. Frage im Zweifelsfall deinen Hufschmied! Für den Huf selbst ist Wasser das entscheidende Pflegemittel. Der Huf kann Feuchtigkeit speichern und bewahrt so seine Elastizität. Frisch gefettete Hufe stoßen allerdings das Wasser ab. Deswegen sollten Hufe nicht vor, sondern nach einem Ausritt gefettet werden.

Und wenn ich die Füße nicht hochheben will...?

Zeigt her eure Füße...
Pferdepflege fängt immer da an, wo man sie am wenigsten sieht: bei den Hufen. Beim Hufe hochheben fängt man wie üblich von links an, beginnend mit dem linken Vorderbein, und geht sozusagen einmal um das Pferd herum. Wichtig ist, dass du die korrekten Handgriffe beherrschst – die Fotos auf dieser Seite zeigen dir, wie es richtig gemacht wird. Schau dir einmal einen trockenen, sauberen Huf von unten an, dann weißt du, wie du den Hufkratzer einsetzen musst. Bei Bedarf werden die Hufe gewaschen und etwas vorgetrocknet. Zuletzt werden sie von innen und außen gefettet (mit Huffett

Gemeinsam macht Pferdepflege am meisten Spaß.

Fell ist nicht gleich Fell

Im Sommer haben alle Pferde ein kurzes, glattes, leicht zu pflegendes Fell. Im Winter dagegen werden die Deckhaare länger und es wächst ein dichtes, wolliges Unterhaar, ein bester natürlicher Pelzmantel. Je kälter ein Pferd untergebracht ist, desto länger wächst auch sein Fell.

Bei Pferden, die viel oder ausschließlich auf der Weide gehalten werden, setzt sich direkt über der Haut eine Staubschicht fest, die zugleich noch einmal einen wirksamen Schutz gegen Kälte und Feuchtigkeit bietet. Weidepferde sollen deshalb nicht staubfrei-glänzend geputzt werden.

Während des Haarwechsels im Frühjahr verlieren die Pferde ihr langes Winterhaar. Das Putzen ist dann recht mühsam: kaum hat man alle losen Haare vom Fell weggebürstet, könnte man eigentlich schon wieder von vorne damit anfangen...

Die Reihenfolge

Putzen fängt (natürlich wieder auf der linken Seite) mit dem Entfernen von Mist und Staub an der Oberfläche des Fells an. Dafür eignet sich am besten eine Wurzelbürste mit längeren Borsten. Damit du keine Stelle vergisst, gehst du am besten nach einem festen Schema vor: erst Hals, Brust, Widerrist, Schulter und Vorderbein, dann Rücken, Bauch, Flanke, Kruppe und Hinterbein.

Mit einem Striegel wird das Fell zunächst in kreisförmigen Bewegungen aufgeraut, so dass die verklebten Haare sich lösen und der Staub an die Oberfläche gebracht wird. Vorsicht: Striegel haben scharfe Kanten, nicht jedes Pferd lässt sich gerne damit behandeln. Besonders empfindlich sind Pferde an den Stellen, wo Knochen dicht unter der Haut liegen (alle Gelenke) und an den bevorzugten Kitzelstellen unterm Bauch und in den Flanken.

Kapitel 7

Mit Striegel und Kardätsche
Im zweiten Arbeitsgang wird das Fell mit Hilfe von Kardätsche und Striegel glatt gebürstet. Auf der linken Pferdeseite nimmst du die Kardätsche in die linke Hand, den Striegel in die rechte, beim Seitenwechsel musst du auch Striegel und Kardätsche tauschen. Gebürstet wird mit langen Armbewegungen genau in der Richtung, in der die Haare von Natur aus liegen. Nach jedem Strich mit der Kardätsche wird diese am Striegel abgestreift, und zwar immer vom eigenen Körper weg – damit du den Staub nicht selbst schluckst. Hat sich etwas Staub im Striegel angesammelt, dann klopfst du diesen ein Stück weit vom Pferd entfernt auf dem Boden aus. Solche Staubmuster aus dem Striegel heißen auch „Striche". Mit ihnen kannst du zum Beispiel den Anfangsbuchstaben des Pferdenamens auf den Boden „malen".

Der Kopf
Der Kopf ist leider ein düsteres Kapitel des Pferdeputzens. Manche vergessen ihn einfach; andere kapitulieren, weil viele Pferde sich nicht gern am Kopf putzen lassen und sich einfallsreich dagegen wehren. Aber an das Putzen mit der weichen Kardätsche kann man jedes Pferd gewöhnen. Am Kopf wird grundsätzlich nie gestriegelt!
Zunächst hältst du das Pferd mit einer Hand am Halfter fest und bürstest vorsichtig mit der anderen. Alle Bewegungen, besonders auf das Pferdeauge zu, langsam ausführen!

Am Kopf putzen? Aber immer ...!

Wenn ein Pferd der Bürste vertraut, kannst du das Halfter lösen und nur zur Sicherheit um den Pferdehals legen. So wird das Pferdegesicht am besten sauber. Auf diese Weise geputzt zu werden, finden die meisten Pferde schließlich ganz schön, fast wie Streicheln...

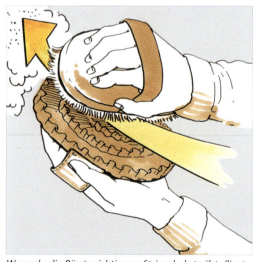

Wenn du die Bürste richtig am Striegel abstreifst, fliegt dir kein Staub ins Gesicht.

48

Mähne und Schweif

Die Mähne wird mit der Wurzelbürste glatt auf eine Seite gebürstet (rechtes Bild). Wenn die Mähne nicht liegen will, hilft es, die Haare etwas anzufeuchten. Mit dem Mähnenkamm reißt man leicht Mähnenhaare aus.

Vorsicht auch bei der Schweifpflege! Mit der Wurzelbürste oder gar einer Haarbürste für Menschen solltest du keinen Schweif traktieren; es könnte nämlich bald keiner mehr da sein.

Schweifhaare sind schnell ausgerissen und brauchen mehrere Jahre, um nachzuwachsen. Deswegen solltest du bei der täglichen Pflege den Schweif nur verlesen, das heißt die Haare vorsichtig mit den Fingern vereinzeln und natürlich Strohhalme oder Späne entfernen (Bild unten). Erst danach

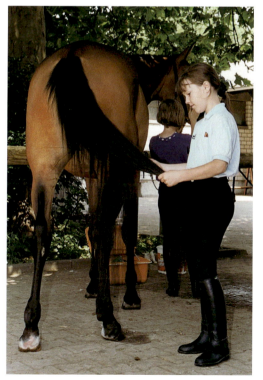

kannst du vorsichtig eine weiche Bürste benutzen, aber halte die Schweifhaare sicherheitshalber ein Stück oberhalb mit der Hand fest. Der Schweif kann in der warmen Jahreszeit regelmäßig mit einem normalen Shampoo gewaschen werden. Damit sich Mähne und Schweif ohne Schaden für die langen Haare durchbürsten lassen, ist im Reitsporthandel spezielles Mähnen- und Schweifspray erhältlich. Es hindert die langen Haare daran, sich zu verkleben und bringt Mähne und Schweif auf Hochglanz.

Meine Mähne ist und bleibt die schönste: alles reine Natur!

Mit Wasser und Schwamm

Zum Putzen gehört (außer wenn es sehr kalt ist) ein Eimer Wasser mit zwei Schwämmen. Mit dem einen werden die Augenwinkel ausgewischt, die Nüstern innen und außen abgeputzt (Zeichnung unten links), außerdem die Maulwinkel und die Kinngrube. Der andere ist zum Abwischen des Hinterteils bestimmt (Zeichnung unten rechts).

In der heißen Jahreszeit dürfen Pferde ruhig mit mehr Wasser in Berührung kommen. Gewöhne dir an, Hufe und Beine nach dem Reiten mit dem Wasserschlauch zu kühlen. Beginne dabei mit schwachem Wasserstrahl von den Hinterhufen aufwärts. In der Regel wird bis über die Vorderfußwurzel- und Sprunggelenke gespritzt. An sehr heißen Tagen kann man die Pferde sogar ganz abwischen oder abspritzen – wenn sie sich das gefallen lassen.

Ein nasses Pferd zieht man am besten mit einem Schweißmesser ab; so wird das überschüssige Wasser aus dem Fell herausgepresst und das Fell trocknet schneller.

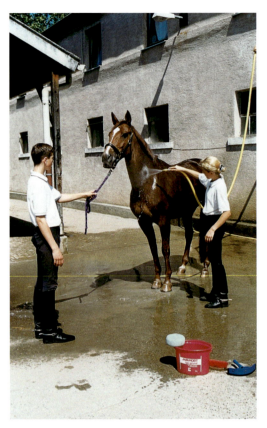

Du kannst dein verschwitztes Pferd auch mit dem feuchten Schwamm bearbeiten. Wenn der Schweiß abgewischt ist, trocknet das Fell besser.

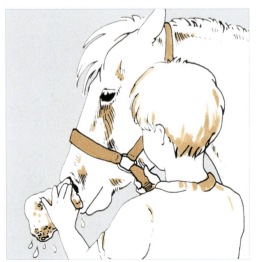

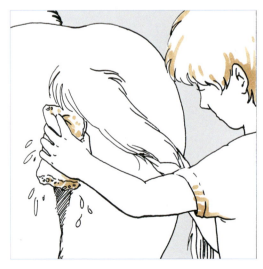

Natürliche Fellpflege

Pferde haben allerdings so ihre eigenen Vorstellungen von der Fellpflege. Wer sein Pferd gerade auf Hochglanz gewienert und anschließend auf die Weide gebracht hat, wird vielleicht beobachten können, wie es sich die größte Schlammpfütze aussucht, um sich genüsslich darin zu wälzen. Wer Pferde deswegen für dreckige Tiere hält, liegt falsch. Die beim Trocknen entstehende Kruste schützt das Pferd bestens vor lästigen Fliegen und Insektenstichen. Und Wälzen im trockenen Sand oder Reithallenboden erneuert die wichtige wasserabweisende Staubschicht über der Haut... Gibt es schließlich eine Stelle, die juckt und die das Pferd selbst nicht erreichen kann, dann hilft vielleicht ein Weidegefährte, dem man durch Fellkraulen unmissverständlich klargemacht hat, an welcher Stelle man selbst gern ein bisschen beknabbert werden möchte.

Kraul mich doch mal bitte genau hier...

Nimm dir Zeit für die Pferdepflege. Putzen ist eine gute Art, Freundschaft mit dem Pferd zu schließen. Beobachte dein Pferd beim Putzen. Ist es gesund? Arbeite mit System und immer in der gleichen Reihenfolge.
Pferdepflege nach dem Ritt ist genauso wichtig wie Putzen vorher.

Futter rein – Mist raus

Typisch! Ich mach die Drecksarbeit und ihr guckst du hinterher...

8 Der Stalldienst

Die täglichen Rationen

Hafer und Heu – diese beiden Hauptnahrungsmittel der Pferde sind beinahe sprichwörtlich. Dabei ist es so wie mit allen Sprichwörtern: sie treffen zu, bloß nicht immer. Hafer, der am besten gequetscht sein soll, weil ihn Pferde dann besser verdauen können, ist das wichtigste Kraftfutter.

Wie viel Kraftfutter ein Pferd braucht, hängt von seiner Größe, seiner Rasse und vor allem von der Arbeit ab, die es täglich leisten muss. Eine ganze Reihe von Ponys kommt gut ohne oder mit sehr wenig Kraftfutter aus.

Für die Fütterung eines ausgewachsenen Großpferdes, das täglich schwer arbeiten muss (nicht nur spazieren geht), gilt als Faustregel für die Fütterung: zehn Pfund Hafer, zehn Pfund Heu, zehn Pfund Stroh täglich. Heu und Stroh sind das lebensnotwendige Raufutter für die Pferde. Sie brauchen genügend davon, um ihren langen Darm mit Ballaststoffen zu versorgen. Pferde fressen viele Stunden am Tag! Das kann man auch bei Weidepferden beobachten, die sich direkt von frischem Gras ernähren. Fohlen und Ponys, die nicht allzu viel arbeiten müssen, können sich den Sommer über gut auf der Weide allein ihr Futter beschaffen – vorausgesetzt, es ist genügend vorhanden.

Das alles braucht ein Großpferd an einem Tag: einen Ballen Stroh, zwei Portionen Heu, drei Portionen Kraftfutter und fünf Eimer Wasser.

Hast du mal fünf Minuten Zeit? Dann zähle ich dir auf, was ich so alles gern fresse...

Was Pferde alles fressen

Die richtigen Futtermengen herauszufinden ist eine Kunst für sich, die viel Erfahrung fordert. Statt des Hafers gibt es neuerdings auch gepresste Kraftfuttermischungen mit unterschiedlichen Bestandteilen. Sogar Heu wird schon in Form kleiner gepresster Pellets angeboten, die allerdings einen großen Nachteil haben: sie werden von den Pferden sehr schnell verschlungen, und die sind plötzlich viel kürzer mit dem Fressen beschäftigt. Es kann sein, dass sie sich in der freien Zeit vor lauter Langeweile Unarten angewöhnen.

Was Pferde noch fressen können: Gerste, geschroteten Mais, Weizenkleie, Leinsamen, saubere Kartoffeln, Melasse, Mineralfutter, Rübenschnitzel, Futter- und Zuckerrüben, Mohrrüben, Äpfel, trockenes altes Brot und Zuckerstückchen – das alles aber nur in begrenzten Mengen!

Um gesund und fit zu bleiben, braucht ein Pferd auch Vitamine und Mineralstoffe – genau wie du. Frage im Zweifelsfall lieber einen Fachmann, welche Ernährung für dein Pferd richtig ist. Stelle deinem Pferd auf jeden Fall einen Salzleckstein zur Verfügung – auch auf der Weide.

Was Pferde auf jeden Fall aber täglich in ausreichender Menge brauchen, ist Wasser. Ein Pferd säuft sehr viel mehr, als du vielleicht denkst. Es kann an einem heißen Tag, wenn es sehr durstig ist, bis zu 70 Litern saufen – das sind sieben große Eimer voll! Der Durst richtet sich nach dem Wetter, der Arbeit und dem Futter (manches macht durstig). Mindestens dreimal am Tag muss ihnen frisches Wasser angeboten werden.

Kapitel 8

Futterzeit – für jedes Pferd wird die richtige Portion genau abgemessen.

Jeden Morgen dasselbe

Auf Reitlehrgängen gehört die Versorgung der Pferde zu den selbstverständlichen täglichen Pflichten. Wie der Frühstalldienst in einer großen Reitschule vor sich geht, schildert dieser Bericht:

Sobald der Futterwagen aus der Futterkammer in die Stallgasse geschoben wurde, hätte man plötzlich meinen können, man wäre im Raubtierhaus des Frankfurter Zoos. Obwohl die Pferde keineswegs unterernährt aussahen, führten manche sich auf, als wären sie halb verhungert. Ganz besonders „futterneidische" steckten mit ihrem stürmischen Gehabe auch ihre Stallnachbarn an. Jetzt hieß es, sich zu beeilen!

Der Futtermeister füllte mit seinem Futtermaß die entsprechenden Portionen in genau festgelegter Reihenfolge für jedes Pferd in einen bereitstehenden Futtereimer, rief laut den Pferdenamen und jeder von uns schnappte sich schnell einen vollen Eimer. Bevor wir ihn ausschütten durften, mussten wir uns vergewissern, dass die Futterkrippen leer und sauber waren.

Zurückgelassene Futterreste zeigten an, dass etwas nicht stimmte: entweder war das Pferd krank oder das Futter nicht in Ordnung. Auch Heu- oder Strohreste durften nicht in der Krippe bleiben.

Ja, und dann gab es auch noch einige (entsprechend unbeliebte) Spezialisten in den Boxen, die mit großer Regelmäßigkeit Äppelhaufen in ihre Futterkrippe platzierten...

Gefräßige Stille

Waren alle Pferde mit Hafer versorgt, herrschte plötzlich gefräßige Stille im Stall. Wir nutzten sie aus, um Heu vorzulegen: jeweils für vier Pferde wurde ein Ballen aufgeteilt. Die Plätze für das Heu in den Boxen waren genau festgelegt; die Pferde sollten nicht im Heu herumtrampeln und möglichst nicht in Versuchung kommen, sich mit Heu im Maul gleich an der Selbsttränke zu bedienen – eine gefürchtete Ursache für Überschwemmungen im Stall. Beim Heufüttern musste kontrolliert werden, ob die Tränken funktionierten und nicht verdreckt oder verstopft waren.

Wir Pferde sind übrigens saubere Tiere. Ich lege mich nicht in meinen Mist, wenn ich anderswo genug Platz habe!

Mit Mistgabel und Schaufel

Jetzt ging es ans Misten. Wir bewaffneten uns mit Gabeln, Schaufeln und Schubkarren und entfernten alle frischen Äppelhaufen sowie das nasse, verfärbte Stroh aus der Einstreu.

Wer nicht viel Übung hatte, fand es einigermaßen schwierig, mit der Gabel die Pferdeäpfel in den Schubkarren zu praktizieren, ohne dass die Hälfte daneben fiel. Das war mit der Schaufel einfacher; dafür konnte man damit keine Strohhalme aufsammeln.

Und dann erst das Fahren mit den schweren Schubkarren! Mehr als einmal rutschte einer von uns von dem glitschigen Brett ab und landete mitten auf dem Misthaufen.

Das Einstreukommando folgte uns auf dem Fuß und verteilte frisches Stroh oder Späne, pro Pferd mindestens einen halben Ballen. Gemistet wurde hier morgens und abends (mittags gab's nur Futter) – ein für Pferde sinnvoller, für uns etwas zeitraubender Luxus.

Stalldienst – die Arbeitsgeräte werden ausgeteilt.

Kehren ist eine der immer wiederkehrenden Beschäftigungen im Pferdestall. Gemeinsam geht es besser!

Kehren, kehren

Zum Schluss kam eine der Hauptbeschäftigungen des Stalldienstes an die Reihe: Stallgasse und Hof mussten blitzblank gekehrt werden. Hier wussten sich die Damen erfolgreich gegen das Ansinnen der Herren zu wehren, dass Kehren Frauensache sei.

Zusammen ging es einigermaßen schnell – nachdem wir uns an die Besonderheiten der jeweiligen Besen gewöhnt hatten. Putzen stand zum Glück erst nach dem Frühstück auf dem Programm. Das Frühstück schmeckte uns nach diesem Frühsport viel besser als zu Hause!

Pferde müssen mindestens dreimal am Tag gefüttert werden. Sie brauchen genügend Raufutter, auf die Arbeit abgestimmtes Kraftfutter und genügend Wasser. Die Einstreu in den Boxen muss trocken und sauber gehalten werden.

Die wichtigste Pferdeausrüstung

Bitte, bitte, nimm doch das leckere Äpfelchen...

9 Satteln und Auftrensen

Der Sattel

Es empfiehlt sich, Sattel und Trense einmal genau anzuschauen, bevor man damit umgeht. Wenn man die Namen der wichtigsten Bestandteile kennt, fällt es leichter, die vielen Riemen und Schnallen auseinander zu halten und richtig zu sortieren. Der Sattel ist das Verbindungsstück zwischen dem Rücken des Pferdes und dem Rücken des Reiters. Ein guter Sattel kann daher den Sitz des Reiters entscheidend unterstützen, aber auch behindern. Das gleiche gilt für das Pferd: ein gut angepasster Sattel erleichtert es ihm, mit dem Reitergewicht fertig zu werden. Passt der Sattel nicht oder hast du nicht sorgfältig und korrekt genug gesattelt, dann stört der Sattel das Pferd.

Sattel und Trense? Ich bin für „oben ohne!"

Kapitel 9

So trägst du dein Sattelzeug richtig.

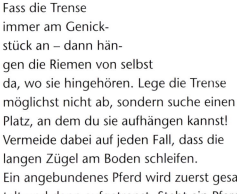

Vorderkammer

Sattelzeug

Ein Sattel ist nicht gerade leicht. Wenn du ihn aus der Sattelkammer zu deinem Pferd oder wieder zurück schleppen musst, dann trage ihn mit beiden Armen wie auf dem Foto oben. Achte darauf, dass die Bügel hochgeschoben sind. Lege den Sattelgurt immer mit der Innenseite nach oben über die Sitzfläche.

Die Trense kannst du dir über die Schulter hängen. Achte darauf, dass der Zügel nicht über das Genickstück nach unten rutscht.

Wenn du den Sattel zwischendurch ablegen möchtest, dann suche dir möglichst immer eine passende Halterung oder eine Stange. Lege ihn nur ausnahmsweise auf den (sauberen!) Boden, und immer mit der Vorderfront nach unten – so kann er nicht umfallen.

Lass den Sattel niemals mit geöffnetem Gurt unbeaufsichtigt auf dem Pferd liegen. Wenn er herunterfällt, kann der Sattelbaum, der aus Holz oder Plastik besteht, brechen. Dann ist der Sattel unbrauchbar.

Ordentlich aufgehängt, sieht eine Trense eigentlich ganz übersichtlich aus. Wenn sie allerdings als Riemengewirr in der Ecke liegt, ist es gar nicht so leicht, sich mit allen Teilen auszukennen.

Fass die Trense immer am Genickstück an – dann hängen die Riemen von selbst da, wo sie hingehören. Lege die Trense möglichst nicht ab, sondern suche einen Platz, an dem du sie aufhängen kannst! Vermeide dabei auf jeden Fall, dass die langen Zügel am Boden schleifen.

Ein angebundenes Pferd wird zuerst gesattelt und dann aufgetrenst. Steht ein Pferd lose in der Box, legt man zuerst die Trense auf, damit man das Pferd beim Satteln notfalls festhalten kann.

Lass die Trense doch in meiner Nähe hängen! Ich kaue sooo gerne am Leder...

Liegt der Sattel richtig?

Lässt man den Sattel von vorn in die Sattellage gleiten, dann rutscht er meist von allein in die richtige Position. Wenn du dir nicht ganz sicher bist, ob der Sattel richtig liegt, kannst du später die Lage des Sattelgurtes kontrollieren: zwischen Ellbogen des Pferdes und dem Sattelgurt sollte etwa eine Handbreit Platz sein.

Manche Pferde haben von Natur aus eine gute Sattellage, andere, besonders Weidepferde und manche Ponyrassen, eine schlechte – das heißt, der Sattel bleibt nicht von selbst in der richtigen Lage. Hat ein Pferd wenig Widerrist und dazu noch einen dicken Bauch, rutscht der Sattel unweigerlich nach vorn. Hilft es nicht, den Sattelgurt fest anzuziehen, kann ein Schweifriemen den Sattel in der richtigen Position halten.

Ein sogenanntes Vorderzeug kann dagegen verhindern, dass der Sattel nach hinten rutscht.

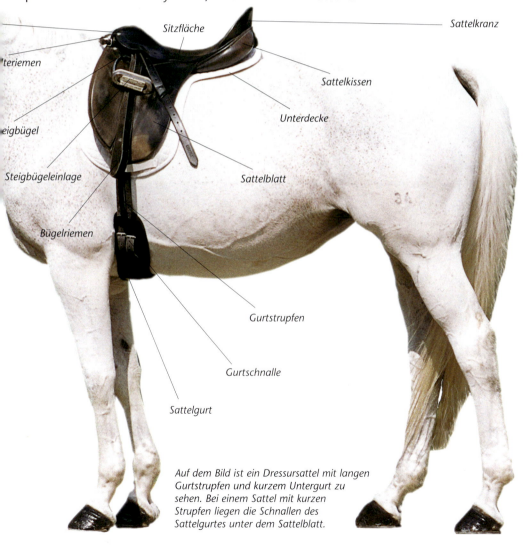

Auf dem Bild ist ein Dressursattel mit langen Gurtstrupfen und kurzem Untergurt zu sehen. Bei einem Sattel mit kurzen Strupfen liegen die Schnallen des Sattelgurtes unter dem Sattelblatt.

Auf- und Absatteln

Gesattelt und aufgetrenst wird wie üblich von links. Der Sattel wird immer von vorne über den Widerrist auf den Rücken geschoben, damit die Haare unter der Satteldecke glatt liegen (Zeichnung oben).
Ziehe die Unterdecke oben in die Sattelkammer hinein, damit sie nicht auf den empfindlichen Widerrist drücken kann (Zeichnung Mitte).
Bevor du den Sattelgurt schließt, empfiehlt es sich, einen Kontrollblick auf die rechte Pferdeseite zu werfen. Manchmal ist die Unterdecke verkrumpelt, der Sattelgurt verdreht oder der Sattel liegt einfach schief (Zeichnung unten).
Der Sattelgurt wird immer auf der linken Seite des Pferdes geschlossen, indem du den Gurt zunächst in die erste, dann in die dritte Gurtstrupfe einschnallst. Die noch verbleibenden ein bis zwei Strupfen sind als Ersatz für Notfälle gedacht.
Zieh den Sattelgurt beim ersten Angurten nur so fest an, wie das Pferd es sich ohne Widerstand gefallen lässt. Im eigenen Interesse sollte man kein Pferd dazu herausfordern, seinen Bauch mit Luft aufzupustern. Gurte langsam nach!
Um den Sattel leicht abnehmen zu können, schiebt man ihn zunächst ein bis zwei Handbreit zurück. So lässt er sich problemlos zur linken Seite herunterziehen.

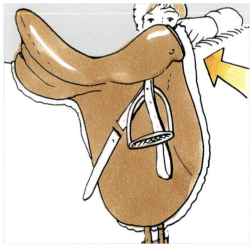

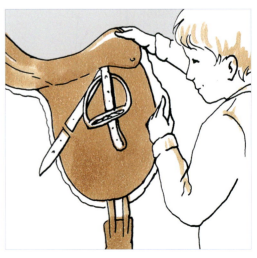

Mir den Bauch zuschnüren? Wollen wir doch mal sehen, wer mehr Puste hat!

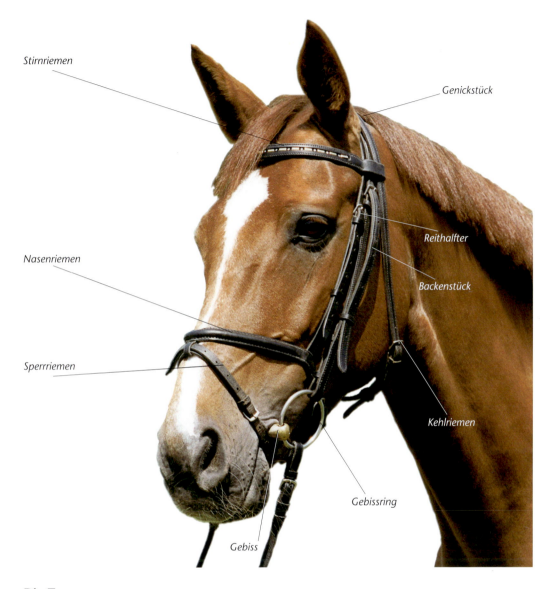

Stirnriemen

Genickstück

Nasenriemen

Reithalfter

Backenstück

Sperrriemen

Kehlriemen

Gebissring

Gebiss

Die Trense

Die Trense ermöglicht eine Verbindung zwischen Reiterhand und Pferdemaul. Ähnlich wie beim Sattel gilt: Eine gut sitzende, richtig verschnallte Trense mit einem passenden Gebiss erleichtert das Reiten. Wenn Trense und Gebiss nicht passen, ist eine korrekte, weiche Zügelverbindung unmöglich.

Übrigens ist ein Gebiss für ein Pferd umso weicher, je dicker es ist. Dünne Gebisse wirken scharf.
Die Zügelführung, so wie sie in diesem Buch erklärt wird, klappt nur mit einem Gebiss, das mindestens ein Gelenk in der Mitte hat.

Auftrensen

Das Auftrensen übt man am besten mit einem Pferd, das sich diese Angelegenheit brav gefallen lässt. Es gibt Pferde, die einen Neuling beim Auftrensen gleich erkennen und damit ärgern, dass sie ihre Nase unerreichbar hoch in die Luft strecken.

Auftrensen ist keine Hexerei. Aber ohne die richtigen Handgriffe klappt es nicht. Entscheidend ist die Ausgangshaltung (Foto rechts). Du stehst links neben dem Pferdekopf und fasst mit der rechten Hand unter dem Hals des Pferdes durch vor die Nase. So fühlt das Pferd sich unter Kontrolle.

Halte die Trense mit der rechten Hand etwa in der Mitte an beiden seitlichen Backenstücken. Nimm zwei Finger zwischen das rechte und linke Backenstück. Lege das Gebiss auf Daumen und Zeigefinger deiner linken Hand dicht unter dem Pferdmaul. Mit dem linken Daumen kannst du vorsichtig seitlich in das Pferdemaul fassen. In Höhe des Maulwinkels haben Pferde zum Glück eine Zahnlücke – dein Daumen ist also nicht in Gefahr. Reagiert das Pferd, indem es sein Maul leicht öffnet, musst du schnell sein: Schieb dem Pferd das Gebiss ins Maul und hebe die rechte Hand dabei ein Stückchen an.

Um die Trense über die Ohren zu ziehen, brauchst du beide Hände. Teile deine Backenstücke wieder, führe die Trense langsam nach oben und streife das Genickstück über die Ohren (Foto auf der gegenüberliegenden Seite). Die Pferdeohren lassen sich nach vorne und nach hinten biegen – probier dir aus, wie dein Pferd lieber aufgetrenst wird!

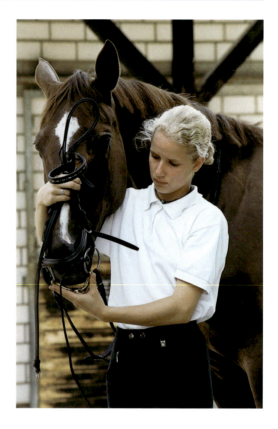

Vergewissere dich vor dem Zuschnallen, dass die Trense auch auf der rechten Seite richtig sitzt. Der Nasenriemen soll gerade quer über die Nase verlaufen. Das Gebiss muss notfalls so zurechtgerückt werden, dass es nicht auf einer Seite weiter heraus- oder hochgezogen ist als auf der anderen. Vergiss nicht, den Schopf unter dem Stirnband hervorzuziehen.

Abtrensen

Wenn du dir beim Abtrensen nicht ganz sicher bist, welche Schnallen geöffnet werden müssen, dann präge dir eine einfache Regel ein: Alle Riemen auf der Linie zwischen Kehle und Kinn des Pferdes müssen offen sein, bevor du die Trense abnehmen kannst.

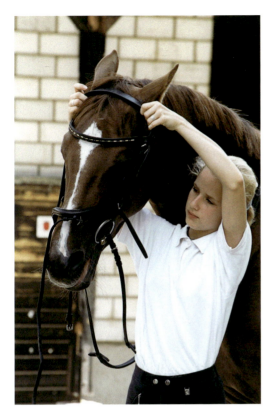

Wenn Pferde die Trense nicht mögen
Nicht alle Pferde lassen sich gerne auf- und abtrensen. Zur Sicherheit kann man dem Pferd dabei ein Halfter um den Hals legen, besonders, wenn man es noch nicht kennt.
Es gibt nämlich besondere vierbeinige Spezialisten, die, kaum dass sie das lästige Halfter oder Zaumzeug losgeworden sind, heftig nach rückwärts in die Freiheit streben.
Bei Pferden, die beim Anblick des Gebisses Hans-guck-in-die-Luft spielen, wirkt oft ein Leckerbissen Wunder.
Und schließlich kann es auch beim Abtrensen zu Problemen kommen. Wer das Gebiss unachtsam gegen die empfindlichen Pferdezähne schlagen lässt, braucht sich über nachfolgenden Protest nicht zu wundern. Gehe auch beim Abtrensen langsam und vorsichtig vor.

Schiebe das Genickstück der Trense mit beiden Händen vorsichtig über die Ohren nach vorne. Auf jeden Fall bleibt der Zügel als Sicherung bis zuletzt um den Hals des Pferdes liegen.

Das kombinierte Reithalfter ist oben auf den beiden Fotos zu sehen.
Für das Zuschnallen der Reithalfter gilt die Faustregel: Zwischen Kehlriemen und Kehlkopf soll noch eine aufgestellte Faust passen; zwischen Nasenriemen und Nasenrücken sollen noch zwei Finger Platz finden.

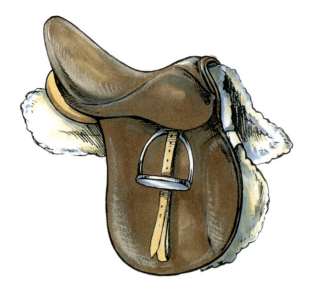

Wenn du ein gesatteltes Pferd führst oder den Sattel selbst trägst, müssen die Bügel richtig hochgeschoben sein.

Erst scharre ich ein bisschen, und dann wälze ich mich genüsslich. Dein Pech, wenn du mir den Sattel nicht abgenommen hast!

Bügel hoch und Gurt locker

Vor dem Absatteln, das heißt gleich nach dem Absitzen, werden die Bügel hochgeschoben. Schiebe den Bügel am hinteren Teil des Bügelriemens so weit nach oben wie möglich. Droht der Bügel immer noch zu rutschen, kannst du zur Sicherheit das lose herunterhängende Ende des Bügelriemens noch einmal um die Bügelsohle schlingen.

Lose herumbaumelnde Bügel sind gefährlich! Sie können irgendwo hängen bleiben oder baumelnd einen anderen Zwei- oder Vierbeiner treffen.

Zum Führen bis in den Stall wird der Sattelgurt gelockert: die vordere Strupfe bleibt lose zugeschnallt, die hintere kann ganz geöffnet werden.

Führe dein Pferd aber nie mit offenem Sattelgurt. Wenn der Sattel herunterfällt, kann nicht nur das empfindliche Oberleder zerkratzt werden, sondern auch der Sattelbaum, der dem Sattel die Form gibt, zerbrechen.

- Das Auf- und Absatteln sowie das Auf- und Abtrensen geschieht immer von links.
- Kontrolliere vor dem Zuschnallen aller Riemen und des Sattelgurtes den Sitz von Sattel und Trense auch auf der rechten Pferdeseite.
- Prüfe jedes Mal die korrekte Lage des Sattels und das richtige Zuschnallen der Trense.
- Der Nasenriemen liegt seitlich unter den Backenstücken der Trense. Der Kinnriemen oder Sperrriemen liegt über den Enden des Gebisses.

Pferde kennen lernen

Und du gehörst zu meiner Verwandtschaft? Ist ja wirklich interessant!

60 Millionen Jahre Pferdegeschichte

10 Wildpferde und ihre Vorfahren

Zurück zu den Anfängen

60 Millionen Jahre kann die Wissenschaft heute die Entwicklung des Pferdes zurückverfolgen – damit reicht die Entstehungsgeschichte der Pferde viel weiter in die Vergangenheit zurück als die des Menschen. Der sogenannte „Eohippus" hatte freilich mit unseren heutigen Pferden nicht viel zu tun: die nur etwa fuchsgroßen Tiere (25 bis 45 cm klein) waren Laubfresser, die im brodelnden Sumpfwald ihre Nahrung suchten. Vier Zehen an den Vorder- und drei an den Hintergliedmaßen sorgten dafür, dass die leichten Tiere auf dem Sumpfboden nicht einsinken konnten.

Im Laufe vieler Millionen Jahre veränderte sich die Temperatur auf der Erde, der Laubwald schwand, es gab mehr Nadelwald, mehr Gras, mehr festen Boden. Allmählich passten sich die Pferdevorfahren in ihrer Entwicklung den veränderten Lebensbedingungen an: Sie wurden größer und damit schneller, ihr Gebiss veränderte sich, die Zehen der Vorder- und dann auch der Hintergliedmaßen wuchsen nach und nach zusammen, bis das Pferd zum Zehenspitzengänger mit Hufen wurde, so wie wir es heute kennen.

Zeugen der Vergangenheit

Freilich ging diese Entwicklung nicht so einfach und gradlinig vor sich, wie es sich hier liest. Riesige Naturkatastrophen haben in die Entwicklung der Pferde eingegriffen: das Auseinanderreißen vormals zusammenhängender Kontinente hat die Pferde bei der Suche nach neuen Lebensräumen auf riesige Wanderungen getrieben; die dramatisch veränderten Umweltbedingungen während der Eiszeit haben das Tier der Gattung Equus (lateinisch: Equus – Pferd) teilweise aussterben lassen, zum Beispiel in Nord- und Südamerika. Dorthin brachte erst Kolumbus wieder Pferde aus Spanien, die seine abenteuerliche Suche nach dem Seeweg Richtung Indien mitgemacht hatten!

All die verschiedenen Entwicklungsstufen des Equus sind im Laufe der Zeit ausgestorben. Die letzten noch erhaltenen Urpferde sind die Przewalski-Pferde, die in den Steppen und Wüsten Zentralasiens wunderbarerweise noch unter uns leben – allerdings nur in kleinen Herden

und in ewiger Schonzeit. Dieses etwa 1,30 Meter hohe Pony vermittelt uns heute den Eindruck einer vorgeschichtlichen Pferdevergangenheit. Es ist lehmfarben bis rotbraun mit einem schmalen schwarzen Aalstrich auf dem Rücken (den man bei vielen Ponyrassen noch sehen kann), hat eine Stehmähne ohne Stirnschopf, einen langen schweren Kopf mit einer dicken Ramsnase und ein weißes Mehlmaul. Kommst du einmal in den Münchner Tierpark Hellabrunn, dann versäume nicht, diese letzten Zeugen von Jahrmillionen Entwicklungsgeschichte der Pferde genauer anzusehen.

Im Größenvergleich: ein Urwildpferd, so groß wie ein mittleres Pony, und ein Eohippus, so klein wie ein Fuchs

Pferde kennen lernen

In einer Pferdeherde geht es zu wie in einer lebhaften Großfamilie.

Leben in der Herde
Wild lebende Ponys schließen sich immer zu einer Herde zusammen: Pferde sind Herdentiere, die aufeinander angewiesen sind und sich nur in Gemeinschaft wohl und sicher fühlen. Aber eine so enge Gemeinschaft erfordert ihre Spielregeln, soll es nicht dauernd zu Missverständnissen und Streit kommen. Auch in der Pferdegesellschaft gelten strenge Anstandsregeln. Wichtigste Spielregel ist die Rangordnung, die jedem einzelnen Tier seinen festen Platz in der Herde zuweist. In Gestüten, in denen die Zuchtstuten zusammen in einem großen Laufstall leben und von dort auf einem bestimmten Weg zu ihrer Weide gehen, kann man beobachten, wie sich die Tiere Tag für Tag in einer festgelegten Reihenfolge auf den Weg machen, als ob sie durchnummeriert wären. In genau umgekehrter Reihenfolge treten sie den Heimweg an, das ranghöchste Tier immer voran. Auch an der Tränke, am begehrtesten Futterplatz gilt: der Ranghöchste hat den Vorrang.
Dort, wo Hengste und Stuten zusammenleben, gibt es ebenfalls komplizierte Regeln für die Rangfolge. Der Leithengst ist immer der Boss; aber auch die erfahrenen Leitstuten geben in der Herde mit den Ton an. Die älteren, stärkeren und erfahreneren Tiere sind in der Regel auch die ranghöheren.

Dülmener Wildpferde sind die einzige in Deutschland noch lebende Wildpferderasse. Sie leben im Merfelder Bruch in der Nähe von Münster.

Kämpfen muss sein

Wo irgendwelche Unklarheiten über die Rangordnung bestehen, müssen diese natürlich geklärt werden! Also geht es unter Fohlen auch nicht anders zu als (manchmal) auf einem Schulhof in der großen Pause: da wird gerangelt und gestritten, und wer die stärksten Fäuste oder das größte Mundwerk besitzt, bleibt schließlich im Recht. Pferde versuchen, schneller zu sein als ihre Konkurrenten, Hengste gehen in den Steigkampf über und ringen ihren Gegner nieder; Bisse, Knüffe und energische Huftritte sorgen für den nötigen Respekt. Dabei fließt aber ganz selten Blut. Selbst verschiedene Hengste können in einer Herde friedlich miteinander auskommen: Junghengste, die noch keine eigene Stutenfamilie haben, schließen sich gern zu „Junggesellenclubs" zusammen. Andere Hengste, die vielleicht schon zwei oder drei Stuten um sich gesammelt haben, werden vom Leithengst geduldet – und sie erkennen seinen Führungsanspruch an. So gibt der Leithengst im Fall einer Gefahr das entscheidende Kommando zur Flucht.

Pferde kennen lernen

Laufen in der großen Weite

Die Vorfahren unserer heutigen Pferderassen lebten in der Steppe. Ihre körperlichen Eigenschaften haben sich in vielen Millionen Entwicklungsjahren diesem Lebensraum angepasst. Sie können viel mehr sehen als wir, vor allem Bewegungen in weiter Ferne. Das rechtzeitige Sichten eines Feindes war für die Steppenbewohner lebenswichtig! Auch ihre anderen Sinnesorgane sind besonders leistungsfähig. Zu einem aber sind die Pferde durch ihren Körperbau in ganz besonderer Weise befähigt: zum Zurücklegen großer Entfernungen. Nahte ein Feind, dann suchten die friedliebenden Pferde erst einmal ihr Heil in der Flucht. Zum Kampf stellten sie sich erst, wenn ihnen, in die Enge getrieben, keine andere Wahl mehr blieb.

Auf der Suche nach neuen Futterplätzen oder auf dem Weg zur Wasserstelle legen freilebende Pferde täglich große Entfernungen zurück – bei der Nahrungsaufnahme im Schritt, zur Bewältigung längerer Strecken im Trab, auf der Flucht im rasenden Galopp. Wenn du dir dieses Leben vorstellst, dann kannst du ermessen, wie vielen unserer heutigen Pferde genügend Lebensraum, tägliche Bewegung, ja einfach nur Licht und Luft fehlt. Ein Pferd, das 23 von 24 Stunden mit dem Kopf vor einer Wand steht, muss verkümmern! Von den freilebenden Vorfahren unserer Vierbeiner können wir lernen, was sie zu ihrem Wohlbefinden brauchen: viel Bewegung an der frischen Luft und Kontakt zu ihren Artgenossen.

Auf Einsperren reagiere ich höchst missmutig!

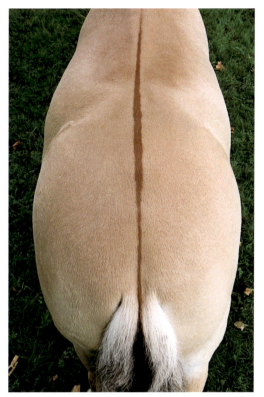

Der schwarze Aalstrich auf dem Pferderücken ist noch ein Erbteil der Urwildpferde.

– Alle unsere heutigen Pferde- und Ponyrassen stammen von Urwildpferden ab.
– Alle Pferde haben von ihren wild lebenden Vorfahren das Bedürfnis nach Licht, Luft, Bewegung und Gesellschaft geerbt.

Schön vom Kopf bis zu den Zehenspitzen

Spieglein, Spieglein, an der Wand ...

11 Der Körperbau des Pferdes

Der Körperbau des Pferdes

Pferdeleute haben ihre eigene Sprache entwickelt. Unser Bild erläutert, wie die Körperteile des Pferdes richtig genannt werden. Wunderst du dich, wo Ellbogen und Knie liegen? Du musst bedenken, dass ein Pferd, verglichen mit dem Menschen, sozusagen auf den Zehenspitzen läuft. Vielleicht kannst du es dir so merken: Alle Knochen bis zu den Vorderfußwurzelgelenken und den Sprunggelenken gehören noch zur „Hand" beziehungsweise zum „Fuß".

Die Umrisse unseres gezeichneten Pferdes entsprechen einem Idealpferd – so, wie es den heutigen Zielen der Pferdezucht entspricht. Natürlich sieht jedes Pferd anders aus, und für jede Pferde- und Ponyrasse gibt es ein eigenes Schönheitsideal. Aber dennoch lassen sich viele Merkmale finden, die für jedes gute, korrekt gebaute Pferd oder Pony gelten dürfen.

Ich habe ein prima Gebäude! – Was, du findest meinen Stall auch gut? Irrtum, mein Knochenbau ist gemeint!

Das Idealpferd

Am wichtigsten sind die Beine, denn die alte Reiterregel gilt noch: Jedes Pferd taugt gerade so viel wie sein schlechtestes Bein! Man wünscht sich korrekt gestellte, kräftige Gliedmaßen mit starken, gut ausgeprägten Gelenken, denn sie müssen die Last von Pferd und Reiter tragen.

Der übrige Körper des Pferdes wird charakterisiert durch die „Oberlinie": Sie reicht vom Genick bis zur Schweifwurzel. Sie soll harmonisch sein – Pferde mit natürlichen Schwierigkeiten im Rücken, Hals und Genick machen dir das Reiterleben schwer.

Der Rücken soll durch die lange, leicht schräge Kruppe begrenzt werden.

Besonderes Augenmerk verdient noch die Schulter – am besten fühlst du den vorderen Rand des Schulterblattes, das als flacher Knochen dicht unter der Haut liegt. Die Schulter soll lang und schräg sein, um dem Vorderbein genügendes Ausgreifen nach vorn zu gestatten – andernfalls kommt das Pferd nur mit sehr kleinen Schritten voran. Wichtig für die Fortbewegung sind auch noch die Gelenke der Hinterhand. Sie sollen wie eine Feder funktionieren können.

Ganz zuletzt will ich noch aufzählen, was du wahrscheinlich bei einem Pferd zuallererst anschaust: den Kopf. Nicht zu groß soll er sein, trocken (das heißt, man soll alle Umrisse, die Konturen, genau erkennen können), die Ohren klein, die Augen aufmerksam und intelligent.

Aber – die Qualität eines Pferdes wird nicht durch seinen schönen Kopf bestimmt, auch wenn er noch so hübsch aussieht! Lass dich also nicht täuschen: zum Reiten braucht man unbedingt die gesunden Beine und den guten Rücken des Pferdes, aber keinen schönen Kopf...

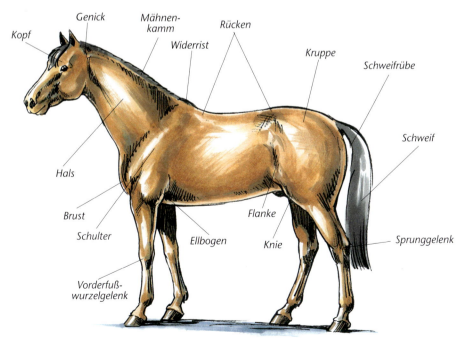

Brauner   Schimmel   Rappe   Falbe   Fuchs

Fell in vielen Farben

Zur richtigen Beschreibung eines Pferdes gehören auch die Farben. Schimmel und Rappen, also die Weißen und die Schwarzen, sind natürlich auf den ersten Blick zu erkennen. Dabei gibt es gerade bei den Schimmeln große Unterschiede in der Farbe, von ganz weiß bis zu fast schwarz mit jeweils dunklen oder hellen Flecken. Braune und Füchse sind schon schwieriger auseinanderzuhalten. Füchse sind nämlich nicht immer rötlich und Braune können auch einen roten Schimmer haben – entscheidend ist die Farbe von Mähnen- und Schweifhaar. Ein Brauner hat immer eine schwarze Mähne und einen schwarzen Schweif. Bei ihm ist auch das untere Ende der Beine bis zu den Hufen hin dunkel. Füchse sind gleichmäßig rotbraun, rot oder dunkelrot und haben Mähnen- und Schweifhaar in der gleichen Farbe (manchmal auch ein bisschen heller oder dunkler als das übrige Fell).
Schimmel, Rappen, Füchse, Braune – das sind die Farben, in denen die einheimischen Großpferde gezüchtet werden. Bei

Um mich zu erkennen, brauchst du hoffentlich nicht auf die Farbe zu schauen!

den Ponys gibt es noch mehr Farben: Falben sind schmutzigweiß bis grau oder hellbräunlich und haben wie die Braunen dunkles Langhaar und dunkle Beine – auch ihre Hufe sind, anders als bei den Schimmeln, aus dunklem Horn. Ihr besonderes Kennzeichen ist der schwarze Aalstrich mitten auf dem Rücken. Isabellen haben eine Farbe wie Milchkaffee oder wie ein sehr schmutziges Unterhemd; Mähne und Schweif sind gleichfarbig oder heller. Die Farbe soll ihren Namen von der Erzherzogin Isabella der Niederlande erhalten haben, die nach einem Gelübde ihr Hemd jahrelang nicht wechselte...
Schließlich gibt es noch die Schecken, die aussehen, als hätte jemand den Tuschkasten der Pferdefarben ganz nach Lust und Laune benutzt. Aber Schecken sind nur in manchen Rassen erwünscht.

Die Abzeichen

Kleinere und größere weiße Flecken im Gesicht und an den Beinen der Pferde (selten auch an anderen Körperteilen) sind so etwas wie ihre unveränderlichen Kennzeichen: sie werden auch in ihrem Pass, das heißt, in ihren Papieren eingetragen. Die richtige Kennzeichnung dieser Abzeichen, die bei jedem Pferd verschieden sind (manchmal auch ganz fehlen), ist eine Wissenschaft für sich. Hier wollen wir nur die wichtigsten vorstellen. Warum diese Abzeichen vorkommen, weiß man heute noch nicht ganz genau – mit einfachen Vererbungsgesetzen lässt sich ihr Auftreten nämlich nicht erklären. Aber eines weiß man sicher: Entgegen vielen Vorurteilen sagen sie nichts über den Charakter oder

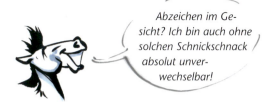

Abzeichen im Gesicht? Ich bin auch ohne solchen Schnickschnack absolut unverwechselbar!

das Leistungsvermögen eines Pferdes aus – sie sind lediglich Geschmackssache.
Weiße Abzeichen im Gesicht verleihen den Pferden ihren unverwechselbaren, einzigartigen Gesichtsausdruck. Eine regelmäßige schmale Blesse oder ein gleichmäßig gezackter Stern lassen ein Pferdegesicht besonders hübsch erscheinen.
Weißt du übrigens auswendig, welche Abzeichen dein Lieblingspferd hat?

Blesse — Strichblesse und Schnippe — Flocke — Laterne — Stern

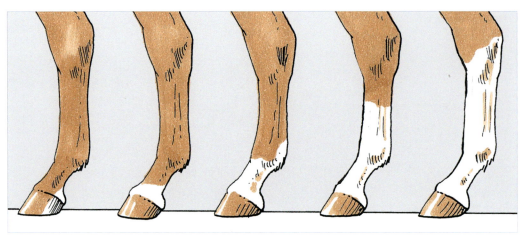

Weiße Abzeichen können über den Kronenrand, den Fesselkopf, die halbe oder ganze Fessel reichen.

Weiße Füße

Weiße Abzeichen an den Beinen kommen in allen Varianten vor – ganz klein und ganz groß, regelmäßig oder unregelmäßig, an nur einem, zwei, drei oder allen vier Beinen. Selten reichen sie allerdings höher als bis zu den mittleren Gelenken der Pferdebeine. Sehr hübsch und gesucht sind Pferde mit regelmäßigen symmetrischen Abzeichen an den Vorder- oder Hinterbeinen oder gar rundherum an allen Vieren.

Abzeichen sind auch entscheidend für die Farbe des Hufes. Reicht das Weiß bis zum Kronenrand, dann ist auch der Huf hell. Bei unregelmäßigen Abzeichen und entsprechend zweifarbigem Kronenrand ist auch der Huf zweifarbig.

Versuche, auf die Abzeichen der Pferde zu achten, die du kennst. Es ist ein sicheres Merkmal, um beispielsweise zwei Pferde auseinander halten zu können, die sich sonst sehr ähnlich sehen.

Ein gutes Pferd hat einen klaren Kopf und vier gesunde Beine.
Braune haben schwarzes Langhaar, Füchse in der gleichen Farbe wie das Fell – oder heller.
Weiße Abzeichen sind unveränderliche Kennzeichen eines Pferdes.

Wofür vier Beine gut sind...

Ich hab's! Dein Pferd macht lauter Freudenhüpfer!

12 Die Gangarten

Die Mitgift der Natur

Die drei Grundgangarten Schritt, Trab und Galopp sind jedem Pferd angeboren. Ich sah einmal ein wenige Stunden altes Ponyfohlen in der Box um seine Mutter herumgaloppieren – in vollendeter Haltung, wie man sie von einem Dressurpferd nach langer Ausbildung nicht besser erwartet. Gute natürliche Grundgangarten sind für die Zucht aller Pferde- und Ponyrassen wichtig. Denn je besser, raumgreifender, schwungvoller, ausbalancierter sich ein Pferd von Natur aus bewegt, desto angenehmer ist es zu reiten und desto leichter auszubilden.

Immer im Takt

Stell dir vor, du hörst ein Pferd auf einer Straße näherkommen. Selbst wenn du es noch nicht sehen kannst, verrät dir das Klappern der Hufe, in welcher Gangart sich das Pferd bewegt. Vielleicht gelingt es dir sogar, dieses Geräusch mit den Fingern auf der Tischplatte nachzuahmen. Jede Gangart hat nämlich ihren unverwechselbaren Rhythmus, der sich leicht einprägen lässt. Im Schritt dauert es vier, im Trab zwei und im Galopp drei Takte lang, bis das Pferd einmal alle Beine nach vorn bewegt hat. Wenn man hinschaut, sind die Gangarten leicht zu unterscheiden; schwieriger ist es schon, die Reihenfolge, in der die Pferdebeine sich bewegen, die Fußfolge, genau zu beschreiben. Dazu zerlegt man einen Takt jeweils in zwei Phasen – so kann man die beiden Momente unterscheiden, in denen das Pferd erst einen Fuß vom Boden abhebt und ihn dann weiter vorn wieder aufsetzt.

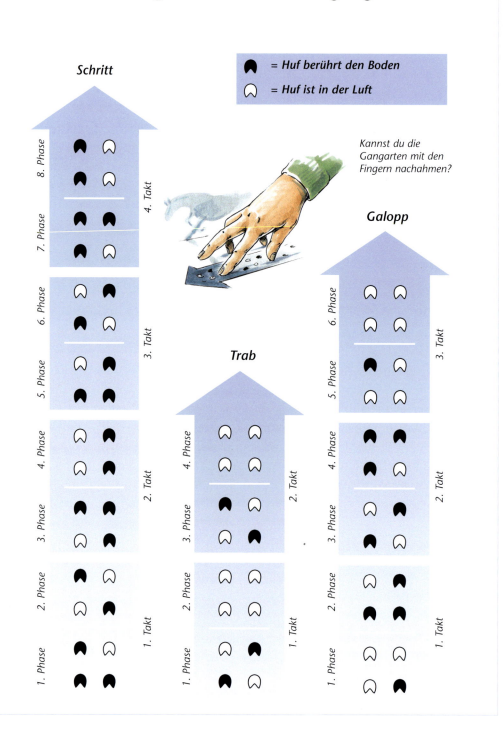

Gute Gänge

Alle Reiter wünschen sich ein Pferd mit guten Gängen. Aber nicht alle Reiter verstehen das Gleiche darunter. Ein Dressurpferd für den Leistungssport muss sich kraftvoll und ausdrucksstark bewegen können – aber vermutlich würdest du dich auf einem Pferd mit weniger Schwung und Raumgriff wohler fühlen.
Schließlich gibt es auch komfortabel zu sitzende Spezialgangarten wie Pass oder Tölt, die bei bestimmten Pferderassen gesucht und teuer bezahlt werden – während bei einem Dressurpferd beispielsweise der Pass als Fehler verpönt ist.

Das Pferd soll von Natur aus übertreten, das heißt, mit den Hinterhufen über die Spur der Vorderhufe hinaus nach vorn treten. Schritt ist diejenige Gangart der Pferde, die sich am schwierigsten vom Reiter beeinflussen lässt. Pferde, die nicht richtig gelöst sind, gehen im Schritt oft verspannt und machen sogar Fehler in der natürlichen Fußfolge. Daher sollte man sich, vor allem als Anfänger, als eigenes Pferd nur eines mit einem sehr guten natürlichen Schritt aussuchen.

Schon mal meine Gänge gesehen? Ich bin geradezu ein Bewegungskünstler!

Der Schritt

Die Fußfolge im Schritt kann man sich am besten mit der Eselsbrücke merken „gleichseitig, aber nicht gleichzeitig" – so werden die Beine nach vorne bewegt. Findest du auf der Tafel über die Fußfolge heraus, ob der Spruch richtig ist?
Den Schritt wünscht man sich als Reiter möglichst fleißig, raumgreifend – die Vorderbeine sollen weit nach vorne gebracht werden – und mit weit vorschwingendem Hinterbein.

Im Schritt ▶

Der Trab

Der Trab hat die unkomplizierteste Fußfolge von allen Gangarten des Pferdes, zu merken mit der Eselsbrücke „gleichzeitig, aber nicht gleichseitig". Der Unterschied zwischen Schritt und Trab ist vergleichbar mit einem Menschen, der geht oder rennt. Nur im Trab kann Schwung entwickelt werden, während der Schritt eine schwunglose Gangart ist.

Möglichst viel von diesem Schwung wünschen wir uns im Trab: er wird von den energisch abfußenden, weit unter den Pferdekörper nach vorn antretenden Hinterbeinen des Pferdes entwickelt. Dann kann sich auch das Vorderbein des Pferdes mehr strecken, bevor es den Boden berührt, und so entsteht der raumgreifende Trab, in der Sprache der Dressurreiter „Mittel-" oder „Starker Trab", der so aussieht, als würden die Pferde schweben.

▲ Im Trab

◀ Im Galopp

Der Galopp

Der Galopp hat die komplizierteste Fußfolge, für die es keine einfache Eselsbrücke gibt – oder kannst du eine erfinden? Als einzige Gangart ist der Galopp auf der rechten und linken Hand nicht gleich; man unterscheidet den (jeweils spiegelverkehrten) Rechts- oder Linksgalopp. Für den Galopp wünscht man sich, dass die Pferde von Natur aus mit dem inneren Hinterfuß energisch unterspringen, geradeaus galoppieren, weit mit den Vorderbeinen nach vorne greifen und trotzdem nicht „bergab", sondern „bergauf" galoppieren.

Die Spezialgangarten

Neben den drei Grundgangarten gibt es noch Spezialgangarten, die aber bei deutschen Pferde- und Ponyrassen kaum vorkommen. Die berühmtesten der sogenannten Gangpferde sind die Isländer, die zum Teil über fünf Gangarten verfügen. Aber auch amerikanische Westernpferde und Pferde aus Südamerika können oft mehr als Schritt, Trab und Galopp.

Der Pass

Die bekannteste Spezialgangart ist der Pass, eine Schrittbewegung, bei der jeweils Vorder- und Hinterbein auf einer Seite gleichzeitig nach vorn gebracht werden (Eselsbrücke: „gleichseitig und gleichzeitig"). Die berühmtesten Passgänger sind Kamele. Man braucht nicht viel Phantasie, um sich den Pass für den Reiter als weiche, angenehme Schaukelbewegung von rechts nach links und wieder zurück vorzustellen. Im Rennpass können Pferde hohe Geschwindigkeiten erreichen; es gibt sogar eigene Rennen für Passgänger.

Der Tölt

Wenn man die Fußfolge eines Pferdes im Schritt enorm beschleunigt, dann entwickelt sich der Tölt. Für den Reiter ist diese Gangart äußerst bequem! Er wird nämlich viel weniger aus dem Sattel geworfen als im Trab oder Galopp und kann trotzdem eine hohe Geschwindigkeit erreichen. Kein Wunder, dass Gangpferde, insbesondere die Tölter, in Deutschland immer beliebter werden.

Im Pass

Im Tölt

Meister im Hören und

13 Die Sinnesorgane

Der Feind

Friedlich grast die Herde im Mittagslicht, das über der endlos scheinenden Steppe flimmert. Gelassen bewegen sich die Stuten vorwärts, einige Fohlen haben sich mitten in die pralle Sonne zum Schlafen gelegt. Die sonst so munteren jungen Hengste stehen, die Köpfe zusammengesteckt, im Halbkreis und dösen vor sich hin. Nur der Leithengst hebt immer wieder wachsam den Kopf und vergewissert sich durch einen schnellen Rundumblick, dass keine Gefahr droht. Plötzlich bleibt er starr stehen, schaut angestrengt auf einen Punkt am Horizont. War da eben eine Bewegung? Jetzt ist nichts mehr zu sehen. Ein leichter Luftzug lässt die Gräser erzittern. Der Hengst ist schon auf dem Sprung zur Flucht, da spürt er den Wind und wartet noch einmal ab. Beide Ohren sind in die verdächtige Richtung gespitzt. Er lauert auf ein verräterisches Knacken und Knistern, ein leises Rascheln, das ihm die Annäherung eines schleichenden Feindes verraten könnte.

Wieder kräuselt ein Windhauch die Spitzen des halbhohen Steppengrases. Und da hat der Hengst plötzlich die Witterung eines nahen Raubtieres, des gefürchteten, gefährlichen Feindes in der Nase! Aus dem Stand bäumt er sich auf, stürmt mit hoch erhobenem Schweif, der wie eine Fahne aussieht, in die entgegengesetzte Richtung davon.

Pferde kennen lernen

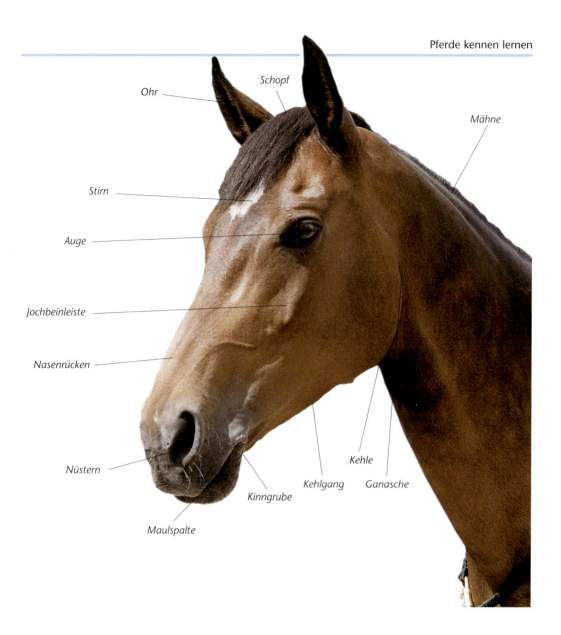

Die Flucht

Wie auf ein lautes Kommando stürmt die Herde los. Die Junghengste starten am schnellsten, nur besorgte Mütter warten noch einen Moment auf ihre Fohlen, die durch einen schrillen Schrei aufgeschreckt wurden. Schon hat der Hengst seine fliehende Herde umkreist und treibt die Nachzügler zu erhöhter Eile an.

Weit hinten hat sich die Löwin aufgerichtet und schaut der davongaloppierenden Beute nach. Sie weiß, dass sie diesmal verloren hat. In einiger Entfernung beruhigt sich die Herde, der Leithengst fällt in Trab. Bald bieten die Pferde das gewohnte, friedliche Bild. Es ist wieder einmal gut gegangen...

Wache Sinne

Für das Pferd als Fluchttier in der Steppe war die Leistungsfähigkeit seiner Sinnesorgane wichtig zum Überleben. Noch heute können unsere im Stall oder auf geschützter Weide lebenden Vierbeiner besser sehen, hören und riechen, als wir es uns vorzustellen vermögen.

Die Augen

Die seitliche Anordnung der weit auseinanderstehenden Augen erlaubt es den Pferden, fast ihre gesamte Umgebung zugleich im Auge zu behalten. Meist genügt ihnen ein Heben oder Senken des Kopfes, um eine komplette Rundumsicht zu erreichen. Nur was direkt vor ihrer Stirn und, noch wichtiger, direkt hinter ihnen vorgeht, können sie nicht sehen. Aber gerade davor fürchten sie sich! Deswegen solltest du niemals plötzlich direkt von hinten an ein Pferd herantreten oder dicht vor seinen empfindlichen Augen herumfuchteln! Weil das Pferdeauge so anders gebaut ist als das Menschenauge, können wir uns kaum vorstellen, was ein Pferd wirklich sieht. Aus der Konstruktion des Auges lässt sich schließen, dass Pferde alle Gegenstände länglich verzerrt wahrnehmen: ein Punkt am Horizont ist für sie eine waagerechte Linie. Wir wissen, dass Pferde Farben unterscheiden können und dass sie sich viel langsamer als der Mensch an den schnellen Wechsel von Hell und Dunkel gewöhnen. Andererseits nehmen Pferde winzige Bewegungen – vielleicht sogar kleine Tiere im Gras – wahr, die unseren Augen verborgen bleiben. Und Pferde können in der Dämmerung und im Dunkeln viel, viel besser sehen als wir!

Scharf sehen mit beiden Augen
Bewegungssehen mit je einem Auge
Toter Winkel

Die Nase

Der Geruchssinn der Pferde ist schärfer als der mancher Hunde, obwohl die Pferde ihre Nase heutzutage gar nicht mehr so nötig brauchen. Trotzdem empfinden sie alle Gerüche, auch die unangenehmen, ganz stark. Deswegen scheuen viele Pferde zum Beispiel vor Blutgeruch, stinkenden Abfallhaufen und streng riechenden Medikamenten. Vieles Scheuen der Pferde, das von uns Menschen nicht verstanden wird, hat seine Ursache in ihrem ausgeprägten Geruchssinn.

Mit weit geöffneten Nüstern prüft ein Pferd jeden fremden Geruch.

Pferde kennen lernen

Ein lebhaftes Ohrenspiel: Pferde können beide Ohren unabhängig voneinander in alle Richtungen drehen.

Die Ohren

Durch sein lebhaftes Ohrenspiel verrät ein Pferd uns schneller, was es hört, als was es sieht oder riecht. Es kennt die menschlichen Stimmen und kann etwa die Geräusche, die zum täglichen Füttern gehören, ganz genau unterscheiden. Auch wenn Pferde ihre Besitzer selten mit lauter Stimme zu begrüßen pflegen, kennen sie doch die Stimme und sogar den Schritt ihres Reiters oder Pflegers ganz genau.

Aber, Besitzer hin oder her, in einem Punkt sind sich die Pferde einig: sie mögen keine lauten, hohen, schrillen Stimmen. Sprich mit den Pferden immer leise, tief und ruhig – dann werden sie dich lieber mögen!

Ich erlebte einmal, wie der berühmte Ausbilder Egon von Neindorff einen Hengst beobachtete, der an der Longe aufgeregt galoppierte. Sein Longenführer versuchte schon eine ganze Weile verzweifelt, aber ohne Erfolg, das Pferd zum Trab durchzuparieren. Egon von Neindorff, der diese Longenvorführung kommentieren sollte, sagte nur mit etwas lauterer Stimme: „Und jetzt lassen wir den Hengst einmal durchparieren zum Tee-rab". Schon fiel das Pferd willig in Trab und spitzte die Ohren in Richtung des Sprechers. Nur an der Stimme hatte das Pferd seinen Herrn und Meister erkannt und akzeptiert – den es freilich noch nie zuvor gesehen hatte!

Der Tastsinn

Wie beim Menschen reagiert die Haut der Pferde ganz empfindlich auf Berührungen: Auch wenn sie durch ihr Fell hindurch nicht alles so stark spüren wie wir, mögen sie gern angefasst werden. Je edler die Pferde, das heißt, je mehr sie in ihrer Abstammung dem englischen oder arabischen Vollblut näher sind, desto berührungsempfindlicher sind sie auch – und desto mehr können sie schwitzen! Das ist nicht etwa selbstverständlich: Pferde sind die einzigen Tiere, deren Haut ähnlich stark schwitzen kann wie die des Menschen. Wenn du zum Vergleich an einen

Pferden fliegt so schnell nichts ins Auge – die langen Tasthaare sind ein guter Schutz.

Streicheln ist erlaubt! Auch Klopfen am Hals lasse ich mir ohne Gegenwehr gefallen!

Hund denkst, wirst du dich leicht daran erinnern, wie er in der Hitze mit hechelnder Zunge versuchen muss, die nötige Abkühlung zu erreichen.

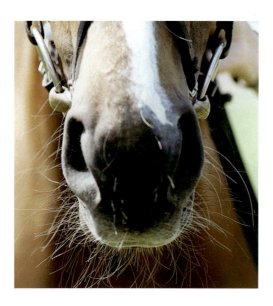

Tasten können die Pferde auch noch mit den Tasthaaren an Maul und Nüstern; diese Haare darf man also nicht etwa als Verschönerungskur abschneiden. Die Tasthaare helfen den Pferden dabei, ihr Futter auszuwählen und notfalls auszusortieren. Darin sind sie außerordentlich geschickt – besonders wenn ihnen etwas nicht schmeckt. Lange Tasthaare über den Augen bilden zusätzlich zu den Wimpern einen besonderen Schutz vor Fremdkörpern. Noch eine erstaunliche Beobachtung hat man bei Pferden gemacht: Sie stoßen, selbst wenn sie blind sind, nicht an Hindernisse! Wahrscheinlich verfügen sie über eine ähnliche Orientierungsfähigkeit wie Fledermäuse.

Ich sehe was, was du nicht siehst...

Die langen Tasthaare rund um das Maul helfen beim Auswählen des richtigen Futters.

Die Größten, Schönsten, Schnellsten, Besten

Bin ich jetzt ein Pony oder ein Pferd?

14 Pferdezucht und Pferderassen

Rassen in aller Welt

Hand auf's Herz – weißt du ganz genau, was gemeint ist, wenn von Kleinpferd oder Pony, Robustpferd oder Warmblut, Vollblut, Trakehner oder Kaltblüter die Rede ist?

Manche nehmen es mit diesen Begriffen nicht allzu genau, wenn sie zum Beispiel von einem „feurigen Vollblut" sprechen. Tatsächlich gibt es viele hundert Pferde- und Ponyrassen auf der ganzen Welt. Pferde werden seit Jahrhunderten systematisch um besonderer Eigenschaften willen gezüchtet: als Reit-, Wagen- oder Arbeitspferde, brauchbar für den Alltag, für den sportlichen Wettkampf und leider auch für den Krieg.

In verschiedenen Erdteilen und Ländern, ja bereits in den unterschiedlichen deutschen Landschaften haben sich im Laufe langer Zeit eigenständige Pferderassen entwickelt. Es gibt berühmte Zuchtgebiete, zum Beispiel das der „Hannoveraner", das nicht etwa auf die Stadt Hannover beschränkt ist, sondern sich in ganz Niedersachsen und mittlerweile sogar weltweit ausdehnt.

Pferde und Ponys

Es ist nicht gerade leicht, sich im Gewirr der Pferderassen gut auszukennen. Am einfachsten zu begreifen ist der Unterschied zwischen Pferden und Ponys: Er wird mit dem Zentimetermaß getroffen. Alles, was bis zu 148 Zentimetern groß ist, gilt als Turnierpony.

Das entscheidende offizielle Messgerät für Pferde ist eine Messlatte, mit der das Stockmaß ermittelt wird. Es gibt die exakte Höhe vom Boden bis zum höchsten Punkt des Rückens, dem Widerrist, an.

Zwar gibt es Vertreter einiger Ponyrassen, die größer als 148 Zentimeter werden können und Pferde, die unter diesem Maß bleiben; aber die offizielle Ponygrenze ist für jeden entscheidend, der an Turnieren teilnehmen will. Da gelten nämlich für Pferde und Ponys unterschiedliche Bedingungen. Was ein Pony ist, wird dabei ausschließlich von der Messlatte bestimmt.

Die Papiere

Jede Pferde- oder Ponyrasse hat ihre eigenen charakteristischen Merkmale, z.B. Größe, Kopfform, typischer Körperbau, häufigste Farben. Wenn ein Fohlen geboren wird, dessen Eltern beide einer bestimmten Rasse oder einem Zuchtbuch angehören, dann bekommt das Fohlen ebenfalls das Brandzeichen dieser Rasse auf den linken Hinterschenkel eingebrannt bzw. wird entsprechend gekennzeichnet. Es gibt auch Brände in der Sattellage und andere Kennzeichnungen, wie etwa durch einen Microchip, der nun bei jedem Pferd und Pony gesetzt werden muss. Zusätzlich wird ein Abstammungsnachweis für das Fohlen ausgestellt, auf dem seine Eltern und deren Vorfahren, sein genaues Geburtsdatum, der Ort und Name des Züchters verzeichnet sind.

Jedes Pferd/Pony, egal, ob seine Abstammung bekannt ist oder nicht, braucht einen Equidenpass (Pferdepass). Darin stehen alle wichtigen Informationen über das Pferd. Ein Equidenpass sieht aus wie ein kleines Schulheft. Wenn du in ihm blätterst, findest du eine genaue Beschreibung des Pferdes und alle wichtigen Angaben über seine Gesundheit. Hier trägt der Tierarzt auch alle Impfungen ein.

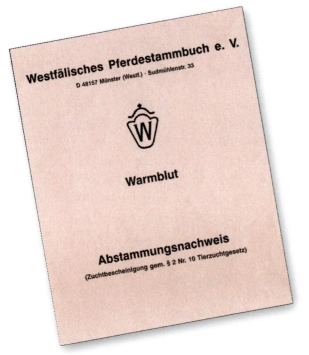

Pferde kennen lernen

Ein deutsches Reitpferd

Hengste und Wallache
Jeder Hengst, der in der Zucht eingesetzt werden soll, muss einem strengen Auswahlverfahren seines Verbandes, der Hengstkörung, unterzogen werden. Im Anschluss daran muss er einen Leistungstest absolvieren. Erst mit positivem Ergebnis hat er sich zum Zuchteinsatz qualifiziert.
Ob ein Hengstfohlen die Chance hat, vielleicht einmal ein gekörter Hengst zu werden, kann ein erfahrener Züchter schon im ersten Lebensjahr sehen.

Viele andere Hengstfohlen werden kastriert. Wallache, wie sie jetzt heißen, sind als Reitpferde einfacher einzusetzen. Mit Hengsten umzugehen, erfordert viel Können, Erfahrung und Kraft – andernfalls stellen sie eine Gefahr für andere Pferde und Menschen dar.

Das deutsche Reitpferd
Es gibt verschiedene Zuchtgebiete für Warmblutpferde in Deutschland. Aber seit dem 22. April 1975 treten die verschiedenen Zuchtverbände für ein gemeinsames Zuchtziel ein: das deutsche Reitpferd. „Gezüchtet wird ein edles, großliniges und korrektes, gesundes und fruchtbares Pferd mit schwungvollen, raumgreifenden, elastischen Bewegungen, das auf Grund seines Temperamentes, seines Charakters und seiner Rittigkeit für Reitzwecke jeder Art geeignet ist", heißt es in einer gemeinsamen Erklärung.
Tatsächlich kann man heute ohne Blick auf das Brandzeichen einen Hannoveraner nicht unbedingt von einem Württemberger oder Westfalen unterscheiden. Pferde verschiedener Zuchtgebiete können gemeinsame Vorfahren haben. Gute Hengste sind oft in mehreren Zuchtbüchern eingetragen.

Brandzeichen in Deutschland
Beispiele für Deutsche Reitpferde

RASSE	BRANDZEICHEN
Württemberger	
Bayer	
Deutsches Sportpferd	
Hannoveraner	
Holsteiner	
Mecklenburger	
Oldenburger/ Oldenburger Springpferd	
Rheinländer	
Trakehner	
Westfale	

© Deutsche Reiterliche Vereinigung e.V. (FN)

Hannoveraner

Die Hannoveraner Zucht hat eine lange Tradition; mit einem Bestand von fast 20.000 Zuchtstuten ist es mit Abstand die größte Pferdezucht. Züchterischer Mittelpunkt ist das schon seit 1735 bestehende Landgestüt Celle. Ausgesuchte Hannoveraner Pferde werden in Verden an der Aller und in Alsfeld (Hessen) versteigert – die Auktion in Verden gehört zu den größten Pferdemärkten der Welt.
Wie kaum eine andere deutsche Landschaft eignet sich das Grünland in Niedersachsen besonders gut zur Pferdehaltung; und kaum anderswo findet man so viele Bauern, die nebenbei hervorragende Pferdekenner und -züchter sind. Hannoveraner sind als Spring-/Dressur- oder Vielseitigkeitspferde auf den Turnierplätzen der ganzen Welt zu Hause.

Holsteiner

Was für das Weideland in Niedersachsen gilt, darf man erst recht von Schleswig-Holstein behaupten: Auch hier gibt es ein natürliches Gelände, das sich geradezu ideal für die Pferdezucht anbietet. Flächen- und zahlenmäßig kleiner als die Hannoveraner Zucht, hat der Holsteiner Verband viele Pferde für den großen Leistungssport mit Schwerpunkt auf der Sparte Springen herausbringen können. Auch Holsteiner werden in die ganze Welt verkauft.

Oldenburger

Ein Pferdezuchtgebiet, das bereits in früheren Jahrhunderten durch die Lieferung eleganter Wagenpferde von sich reden machte, ist Oldenburg. Die Züchter haben es mit viel Geschick verstanden, aus dem gefragten Kutschpferd von einst ein modernes Reitpferd hervorzubringen, das wieder genauso elegant und beliebt ist.
Heute betreut der Zuchtverband die beiden Rassen Oldenburger und Oldenburger Springpferd.

Westfalen

Ein weiteres großes deutsches Zuchtgebiet für Warmblutpferde ist Westfalen. Seit 1920 werden dort Pferde auf der Grundlage des Hannoveraner Pferdes gezüchtet. Inzwischen haben westfälische Pferde viele bedeutende Erfolge im internationalen Turniersport errungen. Das Nordrhein-Westfälische Landgestüt liegt im Pferdestädtchen Warendorf.
Dort haben auch die Deutsche Reitschule, die Deutsche Reiterliche Vereinigung und das Deutsche Olympiade-Komitee für Reiterei ihren Sitz.

Rheinländer

Lange Zeit war das Rheinland das führende Zuchtgebiet Deutschlands für Kaltblutpferde. Aber auch als die Kaltblüter fast ausgestorben waren, blieben die Züchter des Rheinlandes der Liebe zum Pferd treu: Auf der Grundlage der bewährten einheimischen Warmblutzuchten, mit besonderem Einfluss von Trakehnern, wurde eine neue, konkurrenzfähige Warmblutzucht aufgebaut.

Zweibrücker

Rund 240 Jahre alt ist das Landgestüt Zweibrücken, Zentrum der staatlichen Pferdezucht in Rheinland-Pfalz und im Saarland. Im kleinsten deutschen Landgestüt bemüht man sich vor allem um die Zucht von Pferden mit Springtalent.

Württemberger

Eine besonders lange Tradition hat das baden-württembergische Haupt- und Landgestüt in Marbach. Es ist weit über 400 Jahre alt. Hier werden nicht nur moderne Reitpferde, sondern auch Araber gezüchtet.

Bayer

Hengste aus den großen norddeutschen Zuchtgebieten haben auch die bayerische Zucht beeinflusst. Ihr Zentrum ist das 1980 neu eingerichtete Haupt- und Landgestüt in Schwaiganger.

Mecklenburger

Eine jahrhundertelange Tradition hat die Warmblutzucht in Mecklenburg-Vorpommern. Vom Landgestüt Redefin aus wird die moderne Warmblutzucht gesteuert.

Deutsches Sportpferd

Eine recht neue Rasse ist das Deutsche Sportpferd. Seit dem Jahr 2003 sind unter diesem Namen die Reitpferde der Länder Brandenburg, Sachsen-Anhalt, Sachsen und Thüringen zusammengefasst. Seit 2007 erhalten all diese Pferde auch ein identisches Brandzeichen. Auf diesem großen Gebiet befinden sich gleich drei Landgestüte. Dieses sind die Gestüte Neustadt/Dosse, Moritzburg und Radegast.

Trakehner

Einen legendären Ruf haben sich in der langen Geschichte ihrer Zucht die Trakehner erwerben können. Die Rasse heißt so nach dem Gestüt Trakehnen, das 1732 in Ostpreußen gegründet wurde. Zum Ende des Zweiten Weltkrieges waren 24.000 Trakehner Zuchtstuten registriert. Als Ostpreußen vom Krieg überrannt wurde, flohen die Menschen mit ihren Pferden in Richtung Westen. Es war ein beispielloser Zug durch den Winter, ohne genügend Nahrung und Schutz vor Kälte, immer wieder aufgehalten durch verstopfte Straßen und zerstörte Brücken, dem Angriff feindlicher Tiefflieger schutzlos ausgesetzt.

Nur etwa 600 Stuten und 50 Hengste überlebten den Treck und begründeten im Gebiet der Bundesrepublik die heutige Zucht. Trakehner bringen Härte, Genügsamkeit, Leistungsbereitschaft und Schönheit mit und werden deswegen in den deutschen Warmblutzuchten als Veredler eingesetzt.

Auf Zuchtschauen werden Pferde und Ponys aller Rassen von ihren Züchtern präsentiert – es gibt auch ganz junge Züchter!

Trakehner – drei charakteristische Köpfe

Vollblüter

Vollblüter – richtig heißt die Rasse „Englisches Vollblut" – werden seit über zwei Jahrhunderten in England systematisch für Schnelligkeit in Galopprennen gezüchtet. Nur drei Stammväter begründeten die Vollblutzucht, unter ihnen der Hengst Godolphin Arabian oder besser Godolphin Barb. Er wurde als Geschenk des Kaisers von Marokko aus Tanger an den Hof Ludwigs XV. nach Paris gebracht. Aber der französische König verschenkte diesen echten Berberhengst, weil er so ungewohnt „hässlich" aussah.

Vor dem Karren eines Wasserhändlers sah ihn ein englischer Pferdezüchter und nahm ihn mit nach England. Aber er erhoffte sich nicht viel von seiner Neuerwerbung. Mehr durch Zufall durfte Godolphin Vater werden. Doch sein erster Sohn „Lath" wurde das berühmteste Rennpferd seiner Zeit.

Englische Vollblüter sind nicht nur Rennpferde, sondern auch außerordentlich leistungsfähige Reitpferde, die freilich einen erfahrenen, einfühlsamen Reiter verlangen. Vollblüter haben als Veredler in fast allen Warmblutpferdezuchten gewirkt.

Drei typische Araberköpfe

Araber

Viele Menschen halten sie für die schönsten Pferde der Welt: die arabischen Vollblüter. Es gibt tausende von Geschichten, die ihren Mut, ihre Genügsamkeit, Härte, Ausdauer und Schnelligkeit, insbesondere aber ihre Liebe und Treue zum Menschen rühmen.

In ihrer eigentlichen Heimat, der arabischen Wüste, gehören sie bei den wandernden Beduinen sozusagen zur Familie. Nicht selten durfte das Lieblingspferd mit seinem Besitzer ein Zelt teilen.

Der Legende nach sperrte der Prophet Mohammed einmal über hundert Stuten tagelang ohne Wasser ein und ließ sie dann frei. Fünf von ihnen befolgten sein Trompetensignal, ohne vorher ihren Durst zu löschen.

Blödsinn! Die schönsten Pferde der Welt... und ich?

Diese fünf begründeten die edelsten Stutenfamilien der Araberzucht.
Tatsächlich ist die Zucht der arabischen Pferde aber viel, viel älter. Arabische Pferde haben die Entstehung von verschiedenen Pferderassen auf der ganzen Welt ermöglicht: Sie halfen, das Englische Vollblut zu gründen, schenkten den Trakehnern Härte und Ausdauer, begründeten die Zucht vieler Ponyrassen.

Bei den Arabern, die etwa 1,50 Meter groß werden, überwiegt die Schimmelfarbe; es gibt aber auch Braune, Rappen und Füchse.

Araber werden heute auf der ganzen Welt gezüchtet. Auch in Deutschland gibt es viele Gestüte. Wenn du einmal eines besichtigen möchtest, rate ich dir, nach Marbach an der Lauter zu fahren. Dort, auf der schwäbischen Alb, liegt das älteste staatliche deutsche Arabergestüt, heute zugleich Landgestüt für die Württemberger Zucht.

Pferde kennen lernen

Schwarze Perlen

Immer beliebter werden die schwarzen Pferde aus Holland, eine alte und erstaunlich vielseitige Rasse. Nur an den mächtigen Fesselbehängen sieht man den erstaunlich wendigen Rappen noch an, dass sie eigentlich zu den Kaltblütern gehören. Ihr Trabvermögen und ihre natürliche hohe Aufrichtung kommen unter dem Sattel wie vor der Kutsche gut zur Geltung. Reinrassige Friesen sind immer Rappen ohne Abzeichen – höchstens ein kleiner weißer Stern wird von den Zuchtverbänden akzeptiert.

Friese

Andalusier

Andalusier

Die Geschichte der spanischen Pferde reicht bis in die Antike zurück. Lange Zeit haben die Andalusier fast alle Rassen Europas mitbestimmt. Vor allem in der Barockzeit galten diese Pferde als die schönsten und edelsten der Welt, die in keinem königlichen Marstall fehlen durften. Andalusier haben ein besonderes Talent für die hohe Schule und werden daher gern im Zirkus gezeigt. Scheinbar mühelos lernen sie Piaffe oder Passage. Reinrassige Andalusier sind stets Schimmel oder Braune.

Große Quadrillen gehören zu den Höhepunkten einer Hengstparade.

Vierbeinige Staatsbeamte

Für alle Hengste gelten strenge Auswahlbestimmungen, für Hengste im Privatbesitz genauso wie für die vierbeinigen Staatsbeamten. In den großen Landgestüten der Bundesrepublik stehen zahlreiche Hengste, die offiziell dem Staat gehören und die Stutenbesitzer als Vatertiere für ihre Fohlen aussuchen können. Lass dir die Gelegenheit, ein solches Gestüt zu besichtigen, nicht entgehen. Besonders aufregend sind die im Herbst stattfindenden Hengstparaden, bei denen die Vierbeiner zeigen, was sie alles können. (Die Landgestüte findest du auf der Karte Seite 88).

Dass nicht nur die besten männlichen Tiere, sondern auch die Stuten für die Zucht ausgewählt werden sollten, ist leicht einzusehen. Leider halten sich nicht alle Stutenbesitzer daran!

Manchmal werden Stuten für die Zucht eingesetzt, weil sie sich als untaugliche Reitpferde erwiesen haben – auf Grund von mangelhaften Bewegungen, Fehlern im Körperbau oder schwierigem Charakter und Temperament. Aus einem Fohlen, das solche Eigenschaften erbt, wird vielleicht bald ein Tier, das niemand haben will.

Auch wenn, zugegebenermaßen, Fohlen das Niedlichste auf der Welt sind: Lass dich nicht ohne gründliche Beratung auf Zuchtversuche ein!

- Deutsche Reitpferde werden in vielen verschiedenen Zuchtgebieten gezüchtet.
- Die unterschiedlichen Zuchtverbände stellen für reinrassige Tiere Papiere aus und kennzeichnen die Fohlen.
- Hengste müssen sich einer strengen Auswahl unterziehen.

Kleine Pferde – ganz groß!

Geschafft – null Fehler!

15 Ponyrassen

Wie alles anfing

Ihren wild lebenden Vorfahren am ähnlichsten sehen die Ponys aus, die sich im Laufe von Jahrhunderten harten und rauen Umweltbedingungen anpassen mussten. Die Ponyrassen, die heute in Deutschland vielfach vertreten sind, stammen ursprünglich aus dem Norden (Norwegen, Island) und aus dem Nordwesten (England, Irland, Shetlandinseln). Denn die ursprünglichen Ponyrassen wurden nicht als Kinderpferde, sondern als Schwerstarbeiter gezüchtet. Sie schleppen im Verhältnis zu ihrem Gewicht mehr Last als ihre großen Verwandten, sie haben, gemessen an ihrer Körpergröße, oft eine enorme Springbegabung und sie sind – bei viel weniger Futterbedarf – ausdauernder als die Großen.

Lange Zeit wurden die Ponys nur in den Landschaften verwendet, in denen sie heimisch waren. Zuerst erlangten die arbeitswilligen munteren kleinen Pferdchen in England traurige Berühmtheit. Man erkannte nämlich, dass sie in den engen, dunklen Schächten der Kohlegruben die Loren ziehen konnten. Und die englischen Ponys waren hart, genügsam und widerstandsfähig genug, um so ein trostloses Leben ohne Licht, Sonne, Freiheit, Weide und Auslauf lange genug ertragen zu können. Im Jahr 1931 arbeiteten noch 16 000 Ponys in den englischen Zechen unter Tage!

Vielleicht hat diese traurige Vergangenheit aber ein gutes Ende gefunden. Wegen der großen Nachfrage wurde mit systematischer Zucht begonnen. Und die englischen Ponys konnten ihren Siegeszug über die ganze Welt antreten. Dann hat der Leidensweg so vieler Grubenponys vielleicht doch noch sein Gutes gehabt ...

Kapitel 15

Die deutschen Zuchtverbände mit den Bränden für das Deutsche Ponyzucht

© Deutsche Reiterliche Vereinigung e.V. (FN)

Ein Deutsches Reitpony – die Miniaturausgabe eines Sportpferdes

Deutsche Reitponys

Streng genommen handelt es sich beim Deutschen Reitpony gar nicht um eine eigene Rasse. Um ein möglichst großes Pony mit guten Reitpferdeeigenschaften zu züchten, kreuzte man verschiedene Ponyrassen mit Großpferden, vor allem mit Arabern und Englischen Vollblütern. So ein Pony stellt dementsprechend auch einige Ansprüche an Stall, Fütterung, Pflege und korrekte reiterliche Ausbildung. Es eignet sich ganz besonders für jugendliche Reiter, die es schon zur Turnierreife gebracht haben. Deutsche Reitponys werden in den verschiedenen einheimischen Pferdezuchtverbänden gezüchtet. Jeder Landesverband hat dafür seinen eigenen Brand.

Ponysport

Für Jugendliche mit ihren Ponys werden eigene Prüfungen und sogar ganze Turniere veranstaltet. Ponys sind oft begabte Athleten. Ihre Leistungen im Dressurviereck stehen denen ihrer großen Kollegen nicht nach. Und was das Springen angeht, erweisen sie sich im Verhältnis zu ihrer Körpergröße oft als wahre Flieger.
Jedes Jahr werden bei den Deutschen Jugendmeisterschaften die besten Ponyreiter in den Sparten Dressur, Springen und Vielseitigkeit ermittelt. Die besten Ponyreiter werden in einen sogenannten „Kader" berufen. Kaderreiter dürfen ihren Verband oder ihr Land bei Meisterschaften und internationalen Turnieren vertreten. Es gibt sogar Pony-Europameisterschaften.

Ein Shetlandpony – ein fröhlicher Freund für die jüngsten Reiter

Shetlandponys

Die ersten Shetlandponys (ein Hengst und acht Stuten) kamen erst im Jahr 1900 nach Deutschland. Nicht nur viele Kinder, sondern auch Erwachsene denken beim Stichwort Pony zuallererst an diese kleinen, im Durchschnitt nur etwa einen Meter hohen liebenswürdigen Vierbeiner. Mit ihrer Geduld und Gelehrigkeit haben sie sich die Herzen aller Kinder bis zum Alter von etwa zehn Jahren erobert.

Heute leben in ihrer ursprünglichen Heimat, auf den Shetlandinseln, nur noch ein paar hundert Ponys. Dafür gibt es in Amerika weit über 30000 Exemplare und auch bei uns sind schätzungsweise fast ein Viertel aller Ponys Shetties. Sie sind überwiegend schwarz, dann folgen der Häufigkeit nach Braune, Schecken und Schimmel; Füchse und Falben sind selten. Man sollte sie erst im Alter von vier Jahren zureiten; dafür sind Shetlandponys, die dreißig Jahre und älter werden, keine Seltenheit. Tatsächlich ist das Shetlandpony das richtige „Einstiegspony", auf dem schon die Allerjüngsten ihre ersten Reiterfahrungen machen und das sie auch selber versorgen können.

Keine Frage – Shetties sind die Größten!

Leider gerät zu oft in Vergessenheit, dass diese kleinsten Pferde dennoch Arbeit und Ausbildung brauchen wie die großen. Mit ihren 200 kg Körpergewicht sind sie so schwer wie ein starker Hirsch und können leicht einen Mann umwerfen!

Sie leisten Außerordentliches: Auf den Shetlandinseln gilt als Grenze für das, was sie tragen können, 100 Kilogramm.

So leistungsstarke und ausdauernde Ponys brauchen natürlich genügend Arbeit und Bewegung, damit sie nicht auf eigene Faust unternehmungslustig werden.

Sie müssen korrekt zugeritten und eingefahren sein, den Gehorsam auf die reiterlichen Hilfen gelernt und eine gute Erziehung genossen haben, bevor sie ein zuverlässiges Kinderreitpferd abgeben.

Viel Hafer brauchen Shetties nicht – aber ein Vorgarten als Weide reicht ihnen auch nicht.

Pferde kennen lernen

Eine Welsh-Ponystute mit ihrem Fohlen

Ponys aus England und Irland

Die meisten Ponyrassen gibt es in England. Die kleinen Exmoor-Ponys sehen den Urwildpferden am ähnlichsten. Dartmoor-Ponys sind besonders hübsche kleine Einstiegsponys für Kinder. Die großen New-Forest-Ponys tragen dagegen mühelos auch größere Reiter.

Bis in die Zeit der Kelten hinein lässt sich die Geschichte der Welsh-Ponys zurückverfolgen. Durch Einkreuzung von Vollblütern und Arabern sind leistungsfähige Reitponys in allen Größen und für jeden Zweck entstanden. Sie werden in die Sektionen A bis D eingeteilt. Zur Sektion D gehören die berühmten Welsh Cobs, stabile, leistungsfähige kleine Pferde, von den Briten als die besten Reit- und Zugtiere Europas gelobt. Nicht nur besonders hübsch, sondern auch besonders springbegabt sind die irischen Connemara-Ponys.

Drei Connemara-Ponys in der heute überwiegenden Schimmelfarbe

Isländer als typische Robustpferde leben nicht gern in einer Box.

Pferdegesellschaft unter sich

Norwegische Wikinger, die mit der Herrschaft ihrer Könige unzufrieden waren, wanderten gegen Ende des neunten Jahrhunderts mit ihren Pferden auf die Vulkaninsel aus. Die nun isländisch gewordenen Pferde sollten unter sich bleiben: Schon bald wurde die Einfuhr fremdblütiger Pferde, selbst aus dem Mutterland Norwegen, streng verboten.

Pferdesport stand bei den Wikingern hoch im Kurs. Klar, dass dabei auch die brennende Frage nach dem stärksten Hengst und der schnellsten Stute dringend geklärt werden musste! Und so bestanden die ersten Turniere der neuen Einwohner von Island darin, dass sie ihre Hengste zu mörderischen Kämpfen aufeinander hetzten, um endlich zu sehen, wer Sieger blieb.

Viel schlimmer für die Pferde sind allerdings solche Unglücksfälle wie Vulkanausbrüche, die einen Großteil des gesamten Pferdebestandes vernichten. Aber die Isländer, zumeist in der rauen Natur wie Wildpferde sich selbst überlassen, überlebten.

Heute sind die außerordentlich zähen, wetterfesten, langlebigen, anspruchslosen und pflegeleichten Ponys wegen ihrer besonderen Eigenschaften auf der ganzen Welt beliebt. Die besten Isländer sind die Fünfgänger, die neben Schritt, Trab und Galopp auch noch Pass und Tölt beherrschen.

Diese starken Ponys, die gar nicht besonders groß werden (bis 1,45 Meter), können einen erwachsenen Reiter stundenlang ohne Ermüdung tragen und eignen sich besonders für Wander- und Distanzritte. Wer einen Isländer besitzen möchte, sollte sich darüber klar sein, dass diese Pferde alles andere als ein Kinderspielzeug sind; sie brauchen enorm viel Bewegung und leben gern im Freien.

Nicht mal mich lassen sie nach Island, diese sturen Wikinger-Nachkommen!

Pferde kennen lernen

Kennzeichen der Fjordpferde sind die Falbenfarbe und die zweifarbige Mähne

Kennzeichen: zweifarbige Mähne

Bis zum Beginn dieses Jahrhunderts waren die heute so beliebten Fjordpferde aus Norwegen (daher auch „Norweger" genannt), in Deutschland noch unbekannt. Nur die Norweger nutzten die vielseitige Verwendbarkeit der in ihrem Lande entstandenen Robustpferderasse; sie benutzten die Fjordpferde zum Reiten und Fahren, zur Beförderung schwerer Lasten und zur Feldarbeit.

Nach dem Zweiten Weltkrieg kamen die Fjordpferde in Deutschland ungeheuer schnell in Mode, sobald man die Qualitäten dieser Rasse voll erkannt hatte: Die Kleinen konnten arbeiten wie die Großen, waren aber sehr viel genügsamer und leichtfuttriger.

Vom Acker vertrieb der Traktor die Pferde mit der Falbenfarbe, die aber bald, in eleganterer Ausführung, zu den beliebtesten Freizeitpferden wurden. Fjordpferde sind Falben mit einem deutlichen schwarzen Aalstrich von Kopf bis Schweif, der auch in der Mitte der Mähne deutlich zu erkennen ist. Darum wird ihnen meist eine

Ob mir so eine Stehmähne auch stehen würde?

Stehmähne geschnitten. Sie sind etwa 1,35 Meter bis 1,50 Meter groß, ideale Kleinpferde für Jugendliche und Erwachsene. Sie sind beliebt bei Freizeitreitern, eignen sich hervorragend zum Einspannen und können wegen ihrer besonderen Gutmütigkeit auch zum Voltigieren für jüngere Kinder eingesetzt werden.

Ein Haflingerhengst auf der Weide

Weltweit beliebte Gebirgspferde

Die charakteristische Fuchsfarbe mit dem hellen, weißblonden Langhaar ist inzwischen auf der ganzen Welt bekannt: Es gibt seit 1973 einen Haflinger-Weltverband – diese internationale Ehre wurde ansonsten nur noch dem arabischen Pferd zuteil.

Eine Tiroler Landstute, gedeckt vom Halbbluthengst el Bedavi, brachte 1874 den Hengst „Folie" zur Welt – von dem damals noch niemand ahnte, dass er der Stammvater der Haflingerzucht werden sollte. Ursprünglich in Südtirol, später auch im österreichischen Tirol, entwickelte sich die Rasse dieser außerordentlich gutmütigen, unermüdlichen und trittsicheren Gebirgsponys, die in schwierigen Situationen – nicht zuletzt im Zweiten Weltkrieg – manchen Zweibeiner sicherer über steile Strecken führten, als er es allein gekonnt hätte.

Die 1,38 Meter bis 1,48 Meter großen Haflinger sind äußerst langlebig, fruchtbar und vielseitig einzusetzen. Neben den Haflingern existiert nun auch die Rasse der Edelbluthaflinger. Die sehen den Haflingern sehr ähnlich, haben aber einen höheren Anteil an Araberblut. Dieser Einfluss ist dann durch den edleren Kopf und den leichtfüßigeren Bewegungen zu erkennen.

Pferde kennen lernen

Die Kaltblüter

Kaltblüter waren die schweren, großen Arbeitspferde, die auf dem Feld vor Ackergeräten und Erntewagen Schwerarbeit leisteten. Sie sind die Riesen und Schwergewichtler unter den Pferden. In Amerika wird von einem belgischen Kaltblut berichtet, das 2,04 Meter groß war und 1452 Kilogramm auf die Waage brachte. (Ein Warmblutpferd wiegt dagegen 400 bis 600 Kilogramm und gilt schon ab 1,70 Meter Stockmaß als sehr groß.)
Seit die Feldarbeit durch Traktoren erledigt wird, ist die Zahl der Kaltblüter drastisch zurückgegangen. Man sieht sie nur noch selten, als Schmuckstücke vor einem Brauereiwagen oder als Rückepferde im Wald, wo sie an Stellen, die für Maschinen kaum zugänglich sind, gefälltes Holz zu den Lagerplätzen im Wald schleifen.
Heute werden viele Anstrengungen unternommen, diese sympathischen Riesen vor dem Aussterben zu bewahren, denn die einstmals berühmten Kaltblutrassen wie das Süddeutsche Kaltblut, das Rheinisch-Deutsche oder das Schleswiger Kaltblut zählen nur noch wenige hundert Exemplare. Diese Kaltblutrassen sowie die Schwarzwälder Füchse mit ihrem dekorativen hellen Mähnen- und Schweifhaar, kleiner und leichter als die anderen Kaltblutrassen, sind immer auch bei Freizeitreitern und -fahrern beliebt.

Ein Kaltblüter

Einen großen Kopf haben sie ja, diese Kollegen – aber was da wohl drin ist?

Kapitel 16

Licht, Luft und viel Platz

Wie groß, hast du gesagt, soll eine Pferdebox sein?

16 Die Haltung

Leben wie in freier Natur

Eigentlich kann man sich kaum einen größeren Gegensatz vorstellen als das Leben von Wildpferden, die im Sommer und im Winter keinen Stall kennen, und dem Eingesperrtsein in einer engen Box für viele Stunden am Tag. Selbst wenn die Box für ein Pony oder Pferd die erforderliche Größe besitzt (Pferdegröße mal zwei als Mindestmaß für die Länge einer Wand), bietet sie nur wenig Bewegungsspielraum. Besser ist schon ein größerer Laufstall, den sich mehrere Pferde teilen. Am liebsten aber sind sie draußen, auf einer möglichst weiträumigen Weide! Alle Pferde lieben den Weidegang sehr. Aber manche Reitställe in Großstadtnähe haben nicht genügend Platz, um ihren Pferden Weiden anbieten zu können. Als Ersatz dient manchmal ein Auslauf mit Sandboden, in dem sich Pferde stundenweise frei bewegen können. Ein Pony allerdings gehört regelmäßig auf die Weide, will man es bei Gesundheit und guter Laune halten. Im Sommer darf es ohne Schwierigkeiten Tag und Nacht im Freien bleiben. Selbst im Winter kann es draußen leben, wenn ihm ein richtig angelegter Offenstall geboten wird, in dem es notfalls Schutz vor Wind und Wetter findet. Außerdem muss es im Winter regelmäßig zugefüttert werden.

Soll ein Pferd ganz im Freien leben, so kann man es nicht für den harten Leistungssport einsetzen. Aber es verträgt sehr wohl regelmäßige tägliche Arbeit und eignet sich zum Beispiel gut für Wanderritte. Im Winter wird sein Fell allerdings so lang und dicht, dass es bei größeren Anstrengungen stark schwitzt – dann kann es sich leicht krank werden.

Pferde kennen lernen

Ein Pony in der Garage?

Ponys leben am liebsten im Freien. Viel schlimmer als Regen oder Kälte ist es für sie, ständig eingesperrt zu sein.

Für eine Ponybox im Stall gilt die Regel: Licht, Luft, Platz und Gesellschaft. Eine Garage und ein kleiner Garten reichen nicht für die Unterbringung! Die Weide für ein Shetland-Pony müsste nämlich schon so groß wie ein Fußballplatz sein.

Außerdem ergeben sich noch mehr Probleme: Woher mit dem Wasser, wohin mit dem Futter, mit Heu und Stroh, das für den Winter gelagert werden muss, wohin mit dem Mist?

Auf jeden Fall brauchen Ponys Gesellschaft! Eine gute Lösung kann es daher sein, wenn sich zwei Ponybesitzer zusammentun und gemeinsam Stall und Weide suchen. Aber für eine solche Zusammenarbeit muss man sich sehr gut verstehen.

Zweibeiner sind komisch: schlafen am liebsten hinter verschlossenen Türen und rennen bei jedem Regen unter ein Dach!

Schöner als jeder Stall: eine weitläufige Weide

Eine pferdegerechte Lösung: ein Offenstall

Ein Stall mit offenen Türen

Wenn Pferde es sich aussuchen könnten, würden sie vermutlich am liebsten gemeinsam mit anderen Pferden in einem Offenstall leben.

Wann immer sie wollen finden sie Schutz vor Sonne, Regen, Insekten, Schnee und Wind, einen trockenen Lagerplatz und Futter ganz nach ihrem Appetit.

Freilich – so schön eine Weide mit einem schützenden Dach im Sommer auch sein mag – im Winter hält das Leben draußen für Pferde und ihre Besitzer einige Probleme bereit.

Auch bei Minusgraden muss stets frisches Wasser zur Verfügung stehen. Die Pferde brauchen täglich Heu und Kraftfutter. Und soll die Weide nicht völlig zertreten werden, muss ein Auslauf mit befestigtem Boden zur Verfügung stehen.

Ich bin für eine stets offene Boxentür und regelmäßige Fütterung!

Auslauf und Weide

Auch mit einer geeigneten Wiese ist es gar nicht so einfach. Die Weide muss sich in mehrere kleinere Abteilungen unterteilen lassen. Sonst würden die Pferde das überreichliche Futter im Frühsommer nur zertreten und später nicht mehr fressen. Während ein kleineres Teilstück abgeweidet wird, kann sich die übrige Fläche erholen. Vielleicht wird es auch nötig sein, von einem Teil der Wiese Heu zu machen, weil die Pferde die ganz langen, dürren Grashalme nicht gerne fressen.

Schließlich müssen Wiesen, die von Pferden abgeweidet werden, regelmäßig nachgemäht und gepflegt werden, sonst vermehren sich Unkraut und Würmer aus dem Pferdemist schneller als die Grashalme.

In der nassen Jahreszeit, vom Spätherbst bis zum Frühjahr, trampeln Pferde eine Weide kaputt und zerstören dabei die Grasnarbe. Wer seine Wiese für das nächste Jahr brauchbar erhalten will, muss seinen Pferden einen anderen Auslauf mit unempfindlichem Boden anbieten.

Stalldienst im Offenstall

Auch in einem Offenstall kann man ein Pferd nicht etwa sich selbst überlassen. Wo mehrere Pferde zusammenleben, muss nicht nur für das Futter gesorgt, sondern auch der Pferdemist regelmäßig abgesammelt werden.

Ein wichtiges Kapitel die Pferdeweide ist das Drumherum: Weideeinzäunungen sind teuer und arbeitsaufwendig. Aber niemals solltest du dein Pferd auf eine Weide lassen, die mit Stacheldraht eingezäunt ist; die Verletzungsgefahr ist schrecklich. Die beste Einzäunung besteht aus Holz. Man kann auch Holz und Elektrodraht kombinieren. Ein (unbedingt zweireihiger) Elektrozaun ist nur sicher, wenn er funktioniert (was bei jedem Einschalten geprüft werden muss).

Box an Box

Wahrscheinlich leben die meisten Pferde, die du kennst, in Einzelboxen. Für Pferde, die einzeln mit Kraftfutter gefüttert und unabhängig von Jahreszeit, Tageszeit und Wetter trainiert werden sollen, ist diese Unterbringung eine praktische, sichere Lösung.

Eine Box muss kein trister Käfig sein. Wenn sie groß, hell und luftig ist, den Pferden Ausblick und Kontakt zu ihren Artgenossen bietet, dann fühlt sich ein Pferd darin wohl.

Allerdings – jedes in der Box gehaltene Pferd freut sich, wenn die Tür aufgeht. Zusätzlich zur täglichen Arbeit brauchen Boxenpferde genügend Bewegung: Weidegang, Aufenthalt im Paddock, Freilaufen in der Halle, einen gemütlichen Spaziergang an der frischen Luft.

Boxen mit Komfort: Frischluft und Ausblick

Kapitel 16

Eine Pferdebox von innen

Eine artgerechte Pferdebox ist so groß, hell, luftig und sauber wie möglich. Pferde frieren selten – aber wenn sie nicht genug Licht und Luft bekommen, werden sie krank.

Wenn kein unangenehmer Durchzug droht, kann man im Sommer das Fenster im Pferdestall ganz herausnehmen. Und viele Pferde genießen es, wenn statt der Tür nur ein Strick oder eine Stange in Brusthöhe den Eingang versperren.

Eine fest angebrachte Krippe und das Angebot von frischem Wasser – am einfachsten in einer Selbsttränke – gehören zur festen Einrichtung.

Wichtig für das Wohlbefinden ist der Kontakt zu Nachbarpferden. Deswegen besteht die obere Hälfte der Trennwand zwischen zwei Boxen oft aus einem Gitter. Die Abstände dieser Gitterstäbe müssen so eng sein, dass kein Pferde- oder Ponyhuf dazwischenpasst!

*Wie ihre Ahnen
in der Steppe*

Kraul mich doch mal bitte genau... hier!

17 Das Zusammenleben der Pferde

Wo die Eigenarten herkommen

Um etwas von den Vorlieben und Abneigungen, den Gewohnheiten und Eigenarten, den Freund- und Feindschaften, den Spielregeln für den Umgang mit anderen Pferden und schließlich auch den Menschen zu verstehen, muss man sich das Leben einer Pferdeherde in der Steppe vorstellen. Auf den Seiten 80 und 81 kannst du darüber nachlesen.

Auch wenn die meisten unserer Pferde und viele Ponys heute im Stall geboren werden, nur noch stunden- oder tageweise auf die Weide kommen und nicht mehr viele ihrer Artgenossen, zumindest aber kaum noch einen Leithengst kennen lernen, bringen sie als natürliche Veranlagung noch alle Eigenschaften mit, die zum Überleben in der Steppe ausschlaggebend waren.

Sie fühlen sich nur in Gemeinschaft wohl und sicher, beobachten scharf ihre Umgebung und nehmen vor unbekannten Dingen erst einmal sicherheitshalber reißaus. Das Verhältnis zu ihren Kollegen regelt eine strenge Rangordnung; notfalls finden sie im Streit heraus, wer der Ältere und Erfahrenere, der Schnellere und Stärkere ist. Auch im Verhältnis zum Menschen muss die Rangordnung klargestellt sein!

Kapitel 17

Pferde begrüßen sich gegenseitig Nase an Nase – die Ohren zeigen dabei die Stimmung an.

Pferdefreunde – Pferdefeinde

Pferde kennen und erkennen sich gegenseitig genau, Stallgefährten halten erst einmal gegen jeden Eindringling zusammen wie eine verschworene Klassengemeinschaft gegenüber einem Neuen. Sie pflegen aber auch unter ihren Bekannten ausgesprochene Vorlieben, Abneigungen und treue Freundschaften.

Pferde berühren sich gern gegenseitig, so wie sich Menschen, die sich gern haben, auch gern anfassen. Berührungen, die du häufig beobachten kannst, sind das Beschnuppern und das gegenseitige Fellkraulen.

Pferdefreunde grasen gern Nase an Nase. Manchmal stellen sie sich auch umgekehrt nebeneinander auf und vertreiben mit ihrem Schweif die Fliegen aus dem Gesicht des Gefährten.

Manche Kollegen kann ich einfach nicht riechen!

Gemeinsamkeit macht stark

So, wie reiten in Gesellschaft euch viel mehr Spaß macht, geht es auch den Pferden. Sie sind keine Einzelgänger. In Gesellschaft haben Pferde viel weniger Angst – sie verlassen sich aufeinander – und manche Probleme erledigen sich von selbst. Ein sicheres Führpferd kann immer dann helfen, wenn man allein nicht weiterkommt. Hinter einem anderen Pferd her wird ein ängstliches Pferd viel leichter lernen, seine Angst zu überwinden: vor einem furchterregenden Gegenstand im Gelände, vor dem Wasser, das es durchqueren oder dem Graben, den es überspringen soll, vor dem fremden Sprung oder dem unbekannten Stall.

Freilich können auch Schwierigkeiten auftreten: Pferde tragen plötzlich ihren Streit um die Rangordnung aus, statt friedlich nebeneinander herzugehen. Stallgefährten kleben dermaßen aneinander, dass man sie nicht mehr trennen kann ... Auch das sollte – behutsam – geübt werden.

Ein Rest Steppenleben

Die natürlichen Instinkte und die daraus entspringenden Verhaltensweisen sind bei den meisten Ponyrassen – besonders denen, deren Vorfahren noch unter harten Bedingungen aus eigener Kraft überleben mussten – noch stärker ausgeprägt als bei den Pferden. Im Laufe vieler Jahre stumpfen Pferde, die nie eine Weide sehen, nur in die Reitbahn und nicht ins Freie dürfen, keinen Kontakt zu Artgenossen, vielleicht auch nicht genügend Bewegung haben, natürlich ab. Aber ein Rest Erinnerung ans Steppenleben steckt in allen Pferden.

Wer als Reiter und Pfleger richtig beobachtet, wird bald erkennen, dass es für merkwürdige Gewohnheiten und Verhaltensweisen der Pferde sehr natürliche Erklärungen gibt. Aber man muss sich auch selbst darauf einstellen!

Wie wichtig eine gute Unterbringung, genügend Gesellschaft und Auslauf für ein ausgeglichenes Pferd sind, brauche ich wohl nicht mehr zu betonen. Es kann aber nicht oft genug gesagt werden!

Pferdefreunde grasen gern Kopf an Kopf.

Die Rosse

Bei Stuten gibt es noch eine Besonderheit: alle drei Wochen haben sie für einige Tage ihre „Rosse" – so nennt man die besondere Zeit, in der sie von einem Hengst gedeckt werden können. Wenn sie rossig sind, sondern die Stuten aus der Scheide eine schleimige Flüssigkeit ab. Ihr Verhalten verändert sich: sie sind besonders anhänglich, zu Beginn und Ende der Rosse auch besonders abweisend zu anderen Pferden.

Die Sprache ist deutlich: „Hau ab, oder...!"

Die Respektsperson

Die Rangordnung für Pferde gilt auch im Umgang mit dem Menschen. Die Folge davon ist, dass schon ein Fohlen unbedingt lernen muss, den Menschen als ranghöheres Wesen zu betrachten. Fohlenerziehung ist eine Sache für Fachleute! Einem rangniederen Wesen wird ein Pferd im Ernstfall überhaupt nicht gehorchen, und wenn ein Pferd den Menschen etwa auf der gleichen Stufe wie sich selbst sieht, wird es bei vielen Gelegenheiten ausprobieren, ob es nicht doch der Stärkere ist... Leider gilt dies auch schon für ein kleines Pony. Wenn es erst einmal gemerkt hat, wie stark es eigentlich ist, wird es sich nichts mehr gefallen lassen, zu dem es eigentlich keine Lust hat: zum Beispiel sich führen zu lassen, beim Schmied die Füße zu geben, sich auf der Weide einfangen, sich putzen und satteln zu lassen, einen Wagen zu ziehen – vom Reiten einmal ganz zu schweigen. Deswegen darf man sein Pferd oder Pony – auch als Fohlen – nicht wie ein Spielzeug behandeln.

Du musst, so komisch das klingt, für dein Pony stets eine Respektsperson sein. Das heißt nun nicht, dass du es mit Schlägen und Strafen traktieren sollst, sondern nur, dass du dich im Umgang mit ihm konsequent an bestimmte Spielregeln hältst.

Im Stall und unter dem Sattel muss ein Pferd immer einen grundsätzlichen Gehorsam bieten; es darf nie nach dir beißen oder schlagen, dich einfach abzuwerfen versuchen, dich irgendwo hinzerren, wo du gar nicht hin willst.

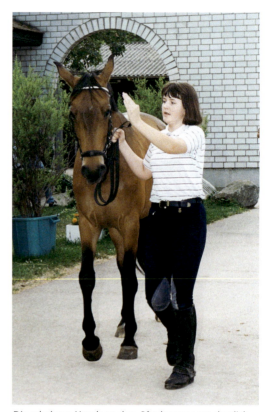

Die erhobene Hand vor dem Pferdeauge sagt deutlich: „Bis hierher und nicht weiter!"

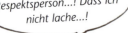

Respektsperson...! Dass ich nicht lache...!

- Pferde fühlen sich nur in Gesellschaft wohl und sicher.
- Pferde pflegen untereinander treue Freundschaften und hartnäckige Feindschaften.
- Hinter einem sicheren Führpferd her lassen sich viele reiterliche Probleme lösen.
- Ein Pferd muss dich stets als ranghöheres Wesen akzeptieren.

*Haargenau von
Punkt zu Punkt ...*

Von K über M nach A?

18 Das Dressurviereck und die Hufschlagfiguren

Immer die gleichen Wege

Wozu soll es eigentlich gut sein, in einem Dressurviereck immer auf den gleichen vorgeschriebenen Bahnen herumzureiten, wenn man nur ausreiten möchte?
Es ist keine Schande, solche Überlegungen anzustellen. Trotzdem möchte ich die Behauptung verteidigen: Ohne Reitbahn geht es nicht. Leider ist das Reitenlernen eine schwierige, langwierige Angelegenheit. Ohne genügend konzentrierte Übung und Wiederholung hat es noch keiner geschafft.
Die Maße der Reitbahn und die vorgeschriebenen Hufschlagfiguren sind genau auf die Größe und das Gangwerk eines Pferdes abgestimmt. Darum ist eine Reitbahn unverzichtbar für die Ausbildung. Pferde brauchen ein gutes, regelmäßiges körperliches Training, um die Reiterlast auf ihrem Rücken richtig tragen zu können. Die dressurmäßige Arbeit in der Bahn ist für das Pferd genauso wichtig wie die regelmäßige Gymnastik für einen Sportler. Nur korrekt ausgebildete Pferde sind angenehm zu reiten und gehorchen auch im Gelände und beim Springen.

Kapitel 18

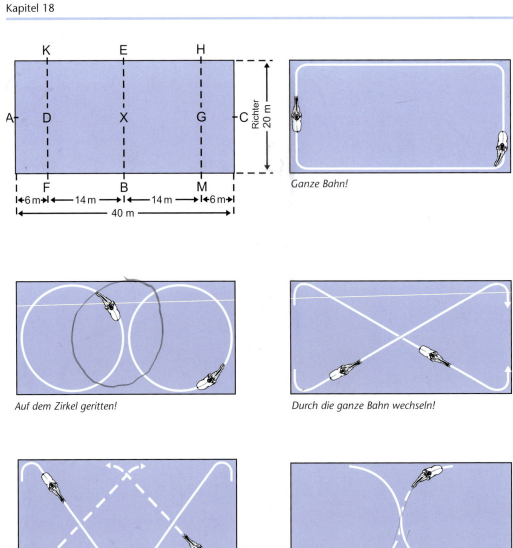

Ganze Bahn!

Auf dem Zirkel geritten!

Durch die ganze Bahn wechseln!

Durch die halbe Bahn wechseln!

Aus dem Zirkel wechseln!

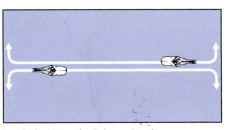

Durch die Länge der Bahn geritten!

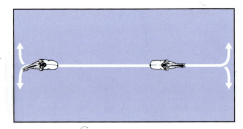

Durch die Länge der Bahn wechseln!

Vom Anfänger zum Fortgeschrittenen

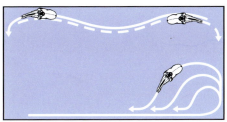

An der nächsten langen Seite eine einfache Schlangenlinie!
Aus der nächsten Ecke kehrt! (Die Kehrtvolte hat 6, 8 oder 10 Meter Durchmesser.)

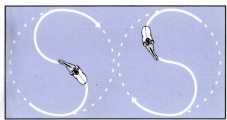

Durch den Zirkel wechseln! (Merke: Immer von der offenen zur offenen Seite!)

Kehrt – Marsch! (Alle gleichzeitig.)
Volte – Marsch! (Alle gleichzeitig, die Volte hat 6, 8 oder 10 Meter Durchmesser.)

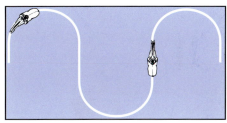

Schlangenlinien durch die ganze Bahn, drei Bögen!

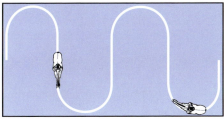

Schlangenlinien durch die ganze Bahn, vier Bögen!

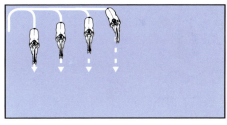

Anfang rechts dreht, links marschiert auf, Anfang Halt! (nacheinander)

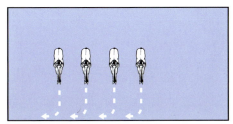

Abteilung Marsch!
Abteilung rechtsum – Marsch!

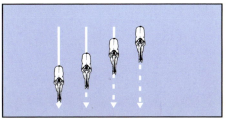

Abteilung zu einem rechts-brecht-ab-Marsch! (Mit einer Pferdelänge Abstand.)

Kapitel 18

Wo gehören die Bahnpunkte bloß hin?

Merk dir's doch so:
ALTE **K**ÜHE **E**SSEN **H**EU; **C**ÄLBER **M**ÖGEN **B**ESSERES **F**UTTER!

Auf dem Dressurviereck
Die offiziellen, also auch für Turniere gültigen Maße eines Dressurvierecks betragen 20 Meter in der Breite und 40 Meter in der Länge. Auf jeden Fall gehören die Bahnpunkte zum Viereck.
Manchmal muss eine Reitbahn aus Platz- oder Kostengründen kleiner ausfallen; dann sollte sie zumindest doppelt so lang wie breit sein, damit die wichtigsten Figuren, entsprechend verkleinert, darin geritten werden können. Das Viereck, auf dem man täglich übt, sollte eine feste Umgrenzung haben. In der Halle ist dies die Bande, die ein wenig schräg nach außen geneigt sein muss, damit Fuß und Knie des Reiters nicht gefährdet werden. Im Freien gibt es verschiedene Arten von Einzäunungen, die so weit vom Hufschlag entfernt angebracht sein können, dass sie den Reiter nicht stören.

Beim genauen Reiten der Hufschlagfiguren merkt der Reiter, wie gut er sein Pferd unter Kontrolle hat.

Vom Anfänger zum Fortgeschrittenen

Hier ist der Weg für die einfache Schlangenlinie mit Kegeln markiert – eine gute Hilfe dafür, sich im Viereck zurechtzufinden.

Guter Boden

Noch ein Wort zum Boden: Jede Reitbahn muss eben sein und über einen weichen, aber nicht zu tiefen, vor allem gleichmäßigen Boden verfügen. Pferde reagieren nämlich sehr empfindlich auf Veränderungen des Bodens. Ist das Dressurviereck eine Berg- und Talbahn oder eine schiefe Ebene, geht ein Pferd nicht mehr gleichmäßig. Es kommt bergab ins Laufen, schleicht bergauf, wird im tiefen Boden faul, geht auf hartem Boden stöckrig und traut sich auf rutschigem Untergrund nicht unbefangen vorwärts. Das Reiten auf den wichtigsten Hufschlagfiguren „ganze Bahn" und „Zirkel" hinterlässt allerdings tiefe Spuren in einem Viereck, vor allem in den Ecken. Regelmäßige Pflege des Hufschlags mit Schaufel und Rechen ist darum keine Schikane! Im Sommer gibt es noch einen weiteren Störenfried für Pferd und Reiter: den Staub. Jeder Reitplatz, aber auch jede Halle braucht einen Wasseranschluss und die Möglichkeit, das ganze Viereck gleichmäßig zu sprengen.

Beim Durcheinanderreiten muss sich jeder an die gleichen Spielregeln halten, dann klappt es reibungslos.

Links vor rechts

Beim Durcheinanderreiten gilt, anders als im Straßenverkehr, die Regel: links vor rechts. Wer auf der linken Hand reitet, darf den Hufschlag benutzen, die entgegenkommenden Reiter müssen nach innen ausweichen.

Dabei hat die ganze Bahn Vorfahrt vor dem Zirkel oder anderen Hufschlagfiguren. Begegnen sich Reiter in der Mitte der Bahn, zum Beispiel auf einer Wechsellinie, dann weicht jeder nach rechts aus. Wer auf der linken Hand gerade auf den Zirkel abbiegen will, überlässt einem auf der rechten Hand entgegenkommenden Reiter den Hufschlag.

Wer im Schritt reitet oder anhält, muss den äußeren (oder ersten) Hufschlag frei lassen. Er reitet so weit nach innen, dass ein anderer Reiter bequem außen vorbeireiten kann. Schritt reitende oder haltende Reiter dürfen demnach außen überholt werden; ansonsten wird an einem langsameren Pferd mit genügend seitlichem Abstand innen vorbeigeritten.

Kommen dir diese Vorschriften kompliziert vor? Dann beobachte einmal Reiter beim Durcheinanderreiten und prüfe, ob sie sich alle an die Regeln halten! Es versteht sich von selbst, dass am Durcheinanderreiten nur teilnehmen kann, wer sein Pferd in allen Gangarten sicher beherrscht – andernfalls wird er schnell zum Verkehrshindernis für alle anderen.

Ich hab sowieso immer Vorfahrt!

- Präge dir die Bahnpunkte ein: im Uhrzeigersinn **CMBFAKEH**.
- Jede Hufschlagfigur wird durch Bahnpunkte begrenzt.
- Beim Durcheinanderreiten hat die linke Hand den Hufschlag; beim Begegnen wird nach rechts ausgewichen.

Vom Anfänger zum Fortgeschrittenen

Je weniger Anstrengung, desto besser!

Nimmst du wohl endlich den Kopf runter?!

19 Das Zusammenwirken der Hilfen

Der kleine Unterschied

„Mitte der nächsten langen Seite halten!" kommandiert der Reitlehrer. Sein Schüler beginnt, kurz vor Punkt E abwechselnd an beiden Zügeln zu ziehen. Das Pferd wird langsamer, bleibt aber nicht stehen und nimmt den Kopf hoch.

Jetzt bemüht sich der Reiter, beide Beine fest anzudrücken – das Pferd macht einen Satz nach vorn, bekommt einen energischen Ruck ins Maul und bleibt schließlich von schief nach schräg stehen, mit hocherhobenem Kopf, aufgesperrtem Maul und zwei Pferdelängen hinter dem verlangten Punkt. „Ist der Bock stur!" schimpft der Reiter.

„Steig mal ab", sagt der Reitlehrer nur.

Er setzt sich auf das Pferd und trabt einmal um die ganze Bahn herum. Das Pferd bleibt in Höhe von Punkt E stehen, Vorder- und Hinterbeine genau nebeneinander. Den Hals nach vorn gewölbt, die Nase kurz vor der Senkrechten, kaut das Pferd vertrauensvoll am Gebiss. „Hast du gesehen, wie ich es gemacht habe?" fragt der Reitlehrer seinen Schüler. „Nein, ich hab überhaupt nichts gesehen", gibt der staunende Schüler zur Antwort.

Seine Auskunft ist klüger, als es den Anschein hat. Das Reiten mit feiner, leichter, sozusagen „unsichtbarer" Hilfengebung unterscheidet tatsächlich den besseren Reiter vom Anfänger.

Zweimal die gleiche Übung auf demselben Pferd – und doch: was für ein Unterschied!

Der Klügere gibt nach

Es kommt also nicht darauf an, möglichst viel Kraft im Kreuz, in den Unterschenkeln oder gar in den Armen zu entwickeln, um stärker auf das Pferd einwirken zu können, sondern die Verständigung mit dem Pferd möglichst schneller, leichter und sanfter zu erreichen.

Man hat dieses Ziel erreicht, wenn das Pferd ohne Widerstand im Rücken, im Hals, im Genick oder im Maul jede Reiterhilfe willig durchlässt, also, wie es in der Reitersprache heißt, insgesamt „durchlässig" wird.

Anhalten, Anreiten, Wechsel von einer Gangart in die andere, Wenden in jede Richtung und genaues Ausreiten der Hufschlagfiguren klappen auf einem durchlässigen Pferd ohne Probleme.

Beobachte einmal das Genick deines Pferdes beim Reiten. Es soll möglichst ruhig stehen, nicht bei jedem Schritt von oben nach unten schwanken und schon gar nicht von einer Seite zur anderen. Eine leichte Nickbewegung (vor allem im Schritt) ist normal, aber diese Bewegung erfolgt gleichmäßig und genau im Takt. Jede unkontrollierte Bewegung im Genick des Pferdes zeigt an, dass es sich gegen deine Hilfengebung, vor allem gegen die Zügel, wehrt.

Du kommst leicht in die Versuchung, viel zu viel mit den Zügeln und viel zu wenig mit Gewicht und Schenkeln einzuwirken. Aber erst, wenn du gelernt hast, die Hilfengebung nicht nur gleichzeitig anzuwenden, sondern auch in ihrer Stärke genau aufeinander abzustimmen, wird dir die leichte, beinahe unsichtbare Verständigung mit dem Pferd gelingen. Fühlt sich das Pferd mit deiner Hilfengebung nicht wohl, dann versuche es einmal mit Nachgeben am Zügel; dann wird auch das Pferd eher nachgeben. (Du weißt ja: Der Klügere gibt nach...)

Wer sagt denn, dass ich überhaupt nachgeben will?

Am Zügel

Sicher hast du schon einmal gehört, dass ein Pferd „am Zügel" gehen soll. Dabei soll es seinen Kopf ungefähr so tragen, dass die Stirn-Nasenlinie kurz vor der Senkrechten steht. Dieses Am-Zügel-Gehen ist aber nicht der Anfang, sondern das Ergebnis der Durchlässigkeit!
Lass dich nicht dazu verleiten, den Pferdekopf mit den Zügeln in die richtige Haltung zu ziehen. Das klappt garantiert nicht! Um den Kopf so tragen zu können, muss das Pferd bei jedem Schritt ein bisschen im Genick federn, „nachgeben" nennen das die Reiter. Am Genick deines Pferdes kannst du ablesen, wie willig es sich deiner Hilfengebung anvertraut, wie gleichmäßig es sich auch an die Zügel anlehnt.

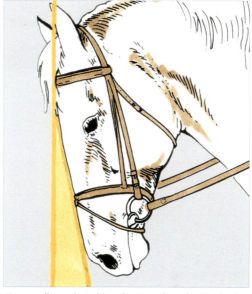

Ein grundlegender Fehler: die Nasenlinie des Pferdes ist hinter die Senkrechte geraten.

Die Hinterbeine des Pferdes entwickeln die ganze Kraft, mit der es sich nach vorne bewegt. Diesen „Motor" muss der Reiter „zünden" können. Er benutzt dazu sein richtig eingesetztes Gewicht und vor allem die Beine. Ein Anspannen der Wade am Pferd – in der Reitersprache „Schenkeldruck" genannt – erinnert das Hinterbein des Pferdes an seine Pflicht und Schuldigkeit. Es ist natürlich nutzlos, den Motor des Pferdes auf Touren zu bringen und gleichzeitig die Handbremse anzuziehen. Um überhaupt vorwärts gehen zu können, braucht ein Pferd genügend Halsfreiheit.

Ein Pferd soll sich vertrauensvoll an den Zügel herandehnen. Die Linie Stirn-Nasenrücken soll dabei deutlich vor einer gedachten senkrechten Linie bleiben.

Im Gleichgewicht

Nicht nur du musst deine Balance auf dem Pferderücken finden, auch das Pferd soll im Gleichgewicht sein. Manchen Pferden fällt das von Natur aus leichter, anderen schwerer. Das Reitergewicht stört diese Balance erst einmal. Gutes Reiten kann dem Pferd helfen, seine Balance zu finden. Wenn die Hinterbeine weit genug nach vorn unter den Pferdekörper treten, verlagert sich der Schwerpunkt des ganzen Pferdes ein Stückchen nach hinten und die Lastverteilung zwischen Vorder- und Hinterbeinen wird gerechter.

Außerdem kann das Pferd dann mit seinen Rückenmuskeln helfen, das Reitergewicht zu tragen. Du wirst bestimmt schon einmal selbst den Unterschied gespürt haben, ob ein Pferd dich bequem sitzen lässt oder ob sich der Pferderücken wie ein Brett anfühlt. Wenn das Pferd im Trab ganz bequem für dich sein soll, dann muss es die Muskulatur vom Genick bis zum Schweifansatz gebrauchen.

Auch Pferde haben ihre „Schokoladenseite". Sie biegen sich nach der einen Seite lieber, und wenn man ganz genau von hinten schaut, laufen sie manchmal etwas schief. Zur Reitausbildung gehört es, beide Seiten des Pferde gleichmäßig zu trainieren.

Ein Pferd im Gleichgewicht: Es kann sein Körpergewicht – hier in der Schwebephase im Trab – gut ausbalancieren.

Ein Pferd nicht im Gleichgewicht. Es „fällt" auf die Vorhand und hat Mühe damit, Kopf und Hals auszubalancieren.

Vom Anfänger zum Fortgeschrittenen

Ein gerades Pferd – die Vorderhufe gehen genau den Hinterhufen voraus.

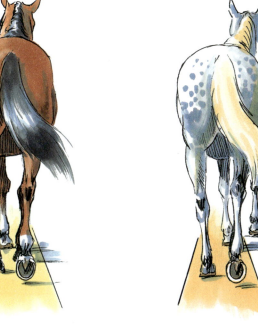

Ein schiefes Pferd – es „fällt" mit seinem Gewicht auf die rechte Schulter.

Zauberwort „Parade"

Der Gehorsam des Pferdes ist nicht ein für allemal sicherzustellen. Ganz im Gegenteil: du musst dem Pferd beim Reiten immer wieder sagen: „Pass auf, ich will etwas von dir, gehorche auf meine Hilfen!"

Dazu musst du alle deine Reiterhilfen gemeinsam einsetzen, dich aufrichten, Bauch und Rücken strecken (dabei schwer im Sattel sitzen bleiben), beide Unterschenkel leicht andrücken und die Fäuste abwechselnd leicht eindrehen. Wenn du das alles gleichzeitig schaffst, hast du eine „halbe Parade" ausgeführt. Das Wichtigste kommt erst noch: Wenn das Pferd reagiert hat, gibst du sofort Luft am Zügel!

Halbe Paraden braucht man oft: wenn man die Gangart wechseln will, bevor man die Richtung ändert, wenn das Pferd langsamer oder schneller werden soll, zur Einleitung einer besonderen Übung...

Die halbe Parade macht das Pferd aufmerksam. Sie gelingt richtig, wenn das Pferd danach gespannt auf dein nächstes Kommando wartet, so als ob es sagen wollte: „Was darf es denn sein?"

Nach den Regeln der Mathematik sind zwei halbe Paraden eine ganze Parade. Beim Reiten ist es natürlich wieder anders: eine „ganze Parade" setzt sich aus vielen halben Parade zusammen. Eine ganze Parade nennt man das Durchparieren zum Halten aus jeder Gangart.

Wenn es nach mir geht, brauchst du diese Sache mit den halben Paraden nicht so schnell zu lernen... Ich liebe einfach meine Unabhängigkeit!

Kapitel 19

Ein ausbalanciertes Pferd hat keine Mühe, sein eigenes Körpergewicht und das des Reiters zu tragen.

Das Wichtigste ist unsichtbar

Das Geheimnis der ganzen und halben Paraden ist unsichtbar. Bei einem guten Reiter siehst du gar nicht, was er gerade tut – du kannst seine Einwirkung nur an der Reaktion des Pferdes erkennen.

Denke daran: Wenn du möchtest, dass dein Pferd mehr arbeitet, musst du dich selbst auch ein bisschen mehr anstrengen. Wenn das Pferd seine Muskeln mehr anstrengen soll, musst du deine Muskeln auch etwas mehr anspannen. Das gilt vor allem für den Oberkörper – mache Bauch und Rücken so lang, die Schultern so breit wie möglich.

Aber verfalle dabei nicht in den Fehler, die Muskeln am Po und an der Innenseite der Oberschenkel anzuspannen. Sonst klemmst du nämlich wie eine Wäscheklammer über dem Pferd ...

Mit Gefühl

Entscheidend ist, zu fühlen, was mit dir und dem Pferd gerade passiert. Probier es einmal aus: Nimm dir vor, an einem der Reitbahnpunkte zu halten. Zwei Pferdelängen vorher fängst du mit deinen halben Paraden an.

Wenn das Pferd stehen bleibt, dann gib mit beiden Zügeln ein bisschen nach – so viel, dass es gerade noch stehen bleibt und nicht wieder losläuft. Wo ist übrigens dein Knie gelandet im Vergleich zum Bahnpunkt? Na ja, aller Anfang ist schwer...

Aber mit halben Paraden geht es leichter. Auf deine Gewichts- und Schenkelhilfen hin setzt das Pferd vermehrt die Hinterbeine nach vorn, auf die Zügelhilfen reagiert es mit leichtem Kauen und Nachgiebigkeit im Genick. Jetzt brauchst du ihm nur noch zu sagen, wie es weitergehen soll.

- Der Reiter bietet die Anlehnung an den Zügel, das Pferd sucht sie. Der Reiter darf sie niemals erzwingen.
- Bei der halben Parade müssen alle Hilfen des Reiters zusammenwirken.
- Die ganze Parade besteht aus vielen halben Paraden.
- Wer den Zügel annimmt, muss wieder nachgeben, und zwar jedes Mal!

Vorwärts, seitwärts, rückwärts – alles keine Hexerei!

Tja, gewusst wie!

20 Stellung, Biegung, einfache Lektionen

Wie ein Flitzbogen

Stell dir mal vor, du wolltest deine Reitgerte biegen wie einen Flitzbogen. Du könntest zum Beispiel dein Knie in der Mitte dagegenstemmen und beide Enden mit deinen Händen zusammendrücken.
Pferde können sich in ihrer ganzen Länge einer gebogenen Linie anpassen. Sie tun es allerdings nicht ganz freiwillig, ähnlich wie deine Reitgerte. Du musst sie ebenfalls um dein Knie (das jeweils innere!) biegen und an den äußeren Enden „dagegendrücken".
Wie das funktionieren soll? Der innere Schenkel drückt die Mitte des Pferdekörpers nach außen – das leuchtet ein. Damit das Hinterteil des Pferdes nicht ausbricht, also nach außen wegschleudert, begrenzt der äußere Schenkel die Bewegung des Pferdes.
Er wird dazu eine Handbreit hinter dem Gurt angelegt und hält so die Hinterhand des Pferdes in der Biegung. In der Reitersprache heißt das außen zurückgelegte Bein „verwahrender Schenkel", im Gegensatz zum inneren „treibenden Schenkel".
Die Vorhand des Pferdes wird dabei vom äußeren Zügel begrenzt.

Das Pferd passt sich in seiner ganzen Länge der gebogenen Linie an.

Das Pferd biegt sich nicht genügend, es bricht mit der Hinterhand aus.

Gelenkstelle Genick

Bloß – wenn du einfach am äußeren Zügel ziehst, wird das Pferd den Kopf nach außen drehen. Es hat nämlich, anders als deine Reitgerte, Gelenke, in denen es sich plötzlich nach der anderen Richtung verdrehen kann. Vom Halsansatz vor dem Widerrist aus kann das Pferd den Hals weit nach beiden Seiten wenden. Nicht ganz so beweglich, aber für die Reiterei mindestens genauso wichtig ist die Gelenkstelle Genick.
Das Pferd kann im Genick den Kopf etwas nach rechts und links drehen, „Stellung" heißt das in der Pferdesprache. Dein Pferd soll immer ein wenig nach innen gestellt sein, auch auf der ganzen Bahn. Die richtige Stellung des Pferdes erkennst du daran, dass du das innere Auge und den inneren Nüsternrand des Pferdes von oben gerade ein bisschen schimmern siehst. Merke dir: Der innere Zügel gibt die Stellung, der äußere Zügel hält die Stellung.

Schnurgeradeaus

Vom Anfänger zum Fortgeschrittenen

Zirkellinie oder Ecke, leicht oder stark gebogene Linie: Der Unterschied soll beim Reiten deutlich sichtbar werden.

Stellung geben, Stellung halten

Dein Pferd soll also ein bisschen nach innen schauen und trotzdem vom äußeren Zügel begrenzt werden – eine komplizierte Sache. Mit dem inneren Zügel erreichst du (durch Eindrehen der Zügelfaust), dass sich das Pferd richtig stellt. Gleichzeitig wird es sich mehr an den äußeren Zügel anlehnen.

Jetzt kannst du am inneren Zügel wieder nachgeben, die äußere Hand dabei stehen lassen und du wirst merken: die Stellung des Pferdes bleibt erhalten. Es lehnt sich richtig an deinen äußeren Zügel an – vorausgesetzt, dein treibender und verwahrender Schenkel sind richtig im Einsatz.

Beide Hände und beide Unterschenkel musst du verschieden und trotzdem genau zusammenpassend einsetzen, damit das Pferd ihnen gehorcht.

Geradeaus und um die Ecke

Jede Ecke verlangt eine starke Biegung vom Pferd: sie soll im Idealfall als Viertel einer Volte geritten werden.

Mache dein Pferd vor der Ecke durch halbe Paraden aufmerksam und versuche in der Ecke, das Pferd mit dem inneren Schenkel gegen den äußeren Zügel zu drücken. Beim Herausreiten aus der Ecke vergiss nie, am inneren Zügel nachzugeben. Gelingt es dir, wird es anschließend sehr viel aufmerksamer auf deine Hilfen sein.

Auf jeder geraden Linie soll sich das Pferd schnurgeradeaus vorwärts bewegen. Auf jeder gebogenen Linie soll sich das Pferd in seiner ganzen Länge genau dieser Biegung anpassen. Je stärker die Krümmung der Linie ist, desto stärker ist auch die Biegung des Pferdes, und desto mehr bekommen auch deine eigenen Beine zu tun.

Die stärkste Biegung

Die stärkste Biegung, zu der ein Pferd fähig ist, wird in einer Volte mit sechs Metern Durchmesser verlangt. Um so eine enge Volte zu schaffen, muss das Pferd einige Übung haben.

Kann es sich noch nicht so gut biegen, dann versucht es, mit der Hinterhand auszuweichen. Lege deine Volten deswegen zuerst groß an, aber pass auf, dass die Hinterhand des Pferdes auf keinen Fall nach außen wegschleudert.

Abwenden zur Volte: die inneren und äußeren Hilfen müssen zusammenarbeiten.

Ich soll mich biegen? Viel zu anstrengend!

In der Biegung kannst du am besten das Gefühl herausfinden, wie sich das Pferd vermehrt an den äußeren Zügel stellt. Übe deswegen das Reiten einer Volte!

Zum Abwenden vom Hufschlag nach innen musst du den inneren Zügel durch Eindrehen der Hand etwas verkürzen. Aber im letzten Drittel der Volte, wenn das Pferd wieder zum Hufschlag zurückkommt, kannst du am inneren Zügel nachgeben und dabei merken, wie das Pferd den äußeren Zügel als Begrenzung der Biegung respektiert und nicht etwa Kopf und Hals nach außen wegdreht.

Wichtige Lektionen

„Lektionen" heißen die dressurmäßigen Übungen für dich und dein Pferd. Für die wichtigsten folgen hier ein paar Rezepte.

Anreiten, Antraben

Zum Anreiten aus dem Schritt brauchst du dein Gewicht (gerade hinsetzen, den Rücken strecken, an den Kopf denken); beide Beine lang machen, beide Unterschenkel gleichzeitig ans Pferd drücken, ein bisschen Luft am Zügel geben – aber erst, wenn du spürst, dass sich das Pferd tatsächlich in Bewegung setzt. Im Schritt treiben beide Unterschenkel abwechselnd. Genauso wie das Anreiten funktioniert auch das Antraben aus dem Schritt oder aus dem Halten. Dein Schenkeldruck muss etwas energischer sein, und du darfst erst Luft am Zügel geben, wenn du den energischen Trabtritt des Pferdes (mit dem Hinterbein nach vorne) spürst. Der richtige Zeitpunkt für das Nachgeben ist entscheidend: Gibst du zu früh Luft, läuft das Pferd einfach im Schritt los, verpasst du den richtigen Moment, dann fühlt es sich zu unrecht festgehalten und schlägt ärgerlich mit dem Kopf. Im Trab treibst du mit beiden Schenkeln gleichzeitig.

Angaloppieren

Zum Angaloppieren aus dem Schritt oder Trab muss das Pferd zunächst nach innen gestellt werden, also auf der linken Hand nach links, weil du im Linksgalopp angaloppieren willst. (Solltest du einmal im Zweifel sein: Links ist da, wo der Daumen rechts ist – oder?)

Du belastet vermehrt den inneren Gesäßknochen (aber lehne dich dabei nicht nach innen!), legst den inneren Unterschenkel an den Gurt, den äußeren eine Handbreit verwahrend zurück, machst mit einer halben Parade das Pferd aufmerksam, drückst mit dem inneren Schenkel energisch an und gibst Luft am inneren Zügel, um den ersten Galoppsprung des Pferdes nach vorn herauszulassen. Dieses Nachgeben ist im Galopp besonders wichtig, weil das Pferd seine Vorderbeine mit großem Schwung nach vorn nimmt.

(Stell dir bloß mal einen Läufer vor, dem man die Arme fest am Körper anbinden würde – so fühlt sich ein Pferd, wenn du nicht genügend Luft am Zügel gibst).
Im Galopp bleibt der äußere Schenkel verwahrend und der innere vortreibend.

Deutlich ist das Kreuzen der Pferdebeine beim Schenkelweichen zu sehen. In dieser Lektion bewegen sich die Pferde gleichzeitig nach vorne und zur Seite. Dafür sorgt der vorwärts-seitwärts treibende innere Schenkel.

Willst du im Trab oder Galopp zulegen, dann soll dein Pferd nicht schneller werden, sondern nur längere Tritte oder Sprünge machen. Dazu musst du vermehrt treiben, aber auch eine sichere Verbindung am Zügel halten.

Einfacher Galoppwechsel

Der einfache Galoppwechsel dient dazu, im Galopp die Hand (und damit auch den Galopp) zu wechseln. Kurz vor Erreichen des Hufschlags, beim Überqueren der Mittellinie oder am Punkt wird aus dem Galopp zum Schritt durchpariert. Nach ein bis drei Schritten wird das Pferd umgestellt und auf der neuen Hand wieder angaloppiert.

Wenn das anfangs nicht so schnell klappt, lass dir ruhig Zeit. Beim Durchparieren ist das Auslaufen über einige wenige Trabtritte zum Schritt ein geringerer Fehler als das heftige Ziehen am Zügel. Das Pferd soll auf jeden Fall deutlich Schritt gehen und klar wieder aus dem Schritt angaloppieren. Reite deswegen ruhig erst mehrere Pferdelängen Schritt und verkürze die Distanz zum neuen Angaloppieren erst allmählich.

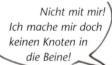

Nicht mit mir! Ich mache mir doch keinen Knoten in die Beine!

Schenkelweichen

Schenkelweichen im Schritt an der langen Seite ist eine Übung, bei der das Pferd vorwärts-seitwärts tritt (Bild S. 129). Willst du auf der linken Hand den inneren Schenkel weichen lassen, dann stellst du dein Pferd deutlich nach links und führst die Vorhand ein Stückchen in die Bahn.

Dein innerer Schenkel treibt vorwärts-seitwärts, der äußere sorgt verwahrend dafür, dass die Abstellung erhalten bleibt. Jetzt muss der äußere Schenkel jeden Schritt abfangen, und der innere Zügel muss genügend Luft geben, damit das innere Beinpaar über das äußere kreuzen kann.

Vorhandwendung

Bei der Vorhandwendung dreht sich das Pferd auf der Stelle um. Die Hinterbeine des Pferdes sollen dabei einen Kreis um die Vorderbeine beschreiben; dabei kreuzt das innere Hinterbein über das äußere. Der innere Schenkel treibt vorwärts-seitwärts, der äußere bleibt verwahrend liegen, der äußere Zügel sorgt dafür, dass das Pferd nicht nach vorne wegläuft. Ausweichen nach rückwärts ist in diesem Fall der kleinere (aber auch ein) Fehler.

Für das Schenkelweichen, die Vorhandwendung und das Angaloppieren gilt die gleiche Warnung: man kommt leicht in Versuchung, den Kopf des Pferdes zu weit nach innen zu ziehen. Dann klappt das Zusammenspiel zwischen inneren und äußeren Hilfen nicht mehr!

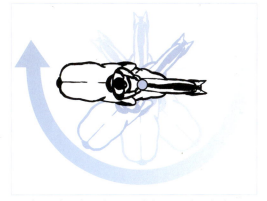

Bei der Vorhandwendung wird die Hinterhand des Pferdes Schritt für Schritt um die Vorhand herumgeführt.

Meine Spezialität ist die Mittelhandwendung!

Zügel verlängern

Ein Pferd, das sicher an den Hilfen steht, brauchst du nicht dauernd mit den Zügeln zu kontrollieren. Gewicht und Schenkelhilfen sorgen dafür, dass Gangart, Takt und Tempo des Pferdes erhalten bleiben. In der Lektion Überstreichen (Bild links) kannst du das selbst überprüfen.

Beim Überstreichen mit den Zügeln gehen die Hände am Mähnenkamm entlang vor. Die Gangart, der Takt und die Haltung des Pferdes sollen sich dabei nicht verändern.

Beim vorschriftsmäßigen Rückwärtsrichten setzt das Pferd seine Beine diagonal zurück. Das rechte Vorderbein und das linke Hinterbein werden gleichzeitig vom Boden abgehoben – und umgekehrt.

Rückwärtsrichten

Beim Rückwärtsrichten setzt das Pferd – komischerweise – die Füße wie im Trab, also das jeweilige Hinterbein und das Vorderbein der anderen Seite gleichzeitig. Du musst (wie im Trab) beide Schenkel gleichmäßig anlegen, allerdings ein bisschen weiter zurück, damit du das Pferd auf gerader Linie halten kannst.

Die Hilfen gleichen denen zum Anreiten, aber du nimmst den Oberkörper ganz wenig vor, um den Rücken des Pferdes leicht zu entlasten und gibst erst Luft, wenn das Pferd sich am Gebiss abgestoßen und den Rückwärtsgang gefunden hat. Dreieinhalb Schritt rückwärts entsprechen einer Pferdelänge – und das reicht. Danach soll das Pferd ruhig auf allen vier Füßen stehen.

Vorsicht mit dem Rückwärtsrichten! Es verlockt zum Ziehen am Zügel und bietet damit Anlass, den Widerstand des Pferdes herauszufordern.

Rückwärtsrichten? Dazu kriegen mich keine zehn Pferde!

- Zum Anreiten Gewicht und beide Unterschenkel gleichzeitig benutzen
- Im Schritt mit den Schenkeln abwechselnd, im Trab gleichzeitig treiben
- Im Galopp ist der innere Schenkel vorwärts treibend, der äußere verwahrend.

Vom Anfänger zum Fortgeschrittenen

Gut gelöst ist halb geritten

He, schon mal was von Dehnungshaltung gehört?

21 Der Aufbau einer Reitstunde

Aller Anfang ist ruhig

Hast du schon einmal einen Läufer vor dem Start zu einem Wettrennen beobachtet? Er macht Gymnastikübungen, um seine Muskeln zu lockern und zu dehnen, schließlich läuft er sich in ruhigem Tempo ein, damit er mit warmen Muskeln gelöst an den Start gehen kann.

Ganz ähnlich geht es den Pferden. Auch sie müssen ihre Muskulatur lockern und dehnen, müssen warm sein, bevor man größere Leistungen von ihnen verlangen kann: schnell laufen und springen oder schwierige Aufgaben in der Dressur. Deswegen werden zu Beginn jeder Reitstunde „lösende" Übungen geritten. Die wichtigsten sind: Schritt am langen Zügel, Leichttraben auf geraden und gebogenen Bahnfiguren, Wechsel zwischen Trab und Galopp auf dem Zirkel, Vorhandwendung, Schenkelweichen und häufiger Handwechsel.

Am wichtigsten für das Lösen der Pferde ist der Takt, eine gleichmäßige, ruhige, aber nicht faule Fußfolge in allen Gangarten. Ein Pferd, das in einer Gangart mal schnell, mal langsam läuft, kann sich schlecht lösen.

An zwei Kennzeichen siehst du, dass dein Pferd richtig gelöst ist: es trägt den Schweif frei pendelnd und dehnt sich nach vorwärts-abwärts, wenn du die Zügel aus der Hand kauen lässt. Gelingt dir das? Dann kannst du mit dem zweiten Teil der Reitstunde anfangen.

Kapitel 21

Schritt mit hingegebenem Zügel

Jede Stunde von neuem
Jede Reitstunde, mögen Pferd und Reitlehrer auch noch so verschieden sein, fängt mit lösenden Lektionen an, geht dann zu den versammelnden über und endet mit einer Zeitspanne, in der sich die Pferde beruhigen und trocknen können. Deswegen steht der Schritt am langen Zügel nicht nur am Anfang, sondern auch am Ende einer Reitstunde. Wenn dein Pferd ausgeglichen ist und die Situation es erlaubt, kannst du die Zügel auch ganz hingeben. Dieses Schema gilt ebenso für das Springen und sogar im Gelände. Vor dem Überwinden von Hindernissen muss dein Pferd gut aufgewärmt und aufmerksam auf die Reiterhilfen sein. Im Gelände soll dein Pferd gelöst sein, bevor du ein schnelles Galopptempo anschlägst, und nach einer Schrittphase am Ende des Ausrittes soll es trocken wieder im Stall ankommen.

Schritt am langen Zügel

Die Arbeitsphase
Das Gegenstück zu den lösenden Übungen sind die versammelnden. Sie sollen das Pferd veranlassen, mit den Hinterbeinen mehr Last aufzunehmen und Kopf und Hals mehr aufzurichten. Die wichtigsten versammelnden Lektionen sind: Angaloppieren aus dem Schritt und Durchparieren zum Schritt aus dem Galopp, Antraben aus dem Halten und Durchparieren aus dem Trab zum Halten, enge Wendungen, die eine starke Biegung des Pferdes verlangen (Volte, Kehrtvolte), Zulegen zum Mitteltrab oder Mittelgalopp und wieder Einfangen zum Arbeitstempo, rascher Wechsel von Gangart und Tempo.

Vom Anfänger zum Fortgeschrittenen

Leichttraben ist eine der wichtigsten lösenden Übungen.

Wie lange in welcher Gangart?

Trotz ihrer Gemeinsamkeiten fallen Reitstunden natürlich sehr verschieden aus. Unterschiedlich wird zum Beispiel die Dauer der Schritt-, Trab- oder Galopptour sein. Für mehrere Runden Trab oder Galopp brauchst du nämlich schon eine ganz gute Kondition!

In der Lösungsphase wird länger an einem Stück vorwärts geritten. Zu den versammelnden Übungen zählt das häufige Durchparieren.

Mit welcher Gangart man am besten anfängt, ist von Pferd zu Pferd verschieden; wenn du einmal alleine reitest, kannst du herausfinden, welche Reihenfolge am günstigsten für dein Pferd ist.

Du darfst deinem Pferd in diesem Punkt ruhig entgegenkommen, in einem anderen dafür nicht: Jedes Pferd hat seine Lieblingsseite, nach der ihm die Biegung leichter fällt. Du kannst auf der besseren Hand beginnen, musst aber alle Lektionen gleichzeitig auf beiden Händen üben. Ein richtig ausgebildetes Pferd soll auf beiden Händen gleich gut gehen.

Vergiss das Schritt reiten nicht! Im Schritt beruhigen sich nicht nur die Pferde, auch du kannst dich in Ruhe auf deinen Sitz konzentrieren. Die nächste Übung klappt dann wieder besser!

Schrittpausen sind auch im Gelände und beim Springen unerlässlich. Zehn Minuten Galopp sind für ein Pferd viel, viel anstrengender als zweimal fünf Minuten Galopp mit einer Schrittpause. Beim Dauerlauf kannst du das selbst ausprobieren – uns geht es nämlich genauso!

Fünf Minuten Galopp? Wer soll denn das durchhalten?

135

Theorie gehört zur Praxis: hier wird eine neue Übung erst einmal erklärt, bevor es an die Ausführung geht.

Theorie und Praxis

Jede Reitstunde sollte neben dem Üben der drei Grundgangarten noch ein besonderes Ziel verfolgen und eine spezielle Aufgabe für Reiter und Pferd stellen. Nehmen wir zum Beispiel das Angaloppieren aus dem Schritt an einem vorgeschriebenen Punkt.

Wenn du mitten in der Stunde aus heiterem Himmel plötzlich von deinem Pferd verlangst, am Punkt B aus dem Schritt anzugaloppieren, wird das nur mit viel Glück (oder auf einem sehr routinierten Pferd) klappen.

Natürlich kannst du jede Lektion erst einmal ausprobieren. Aber ohne die Theorie bleibt deine Praxis Zufall. Das heißt, wenn du die Hilfen zum Angaloppieren aus dem Schritt nicht kennst, wirst du die Lektion nicht sicher ausführen können.

Gewöhne dir deswegen an, dir beim Reiten von Lektionen vorher immer die nötige Hilfengebung zu überlegen. Das klappt allmählich immer selbstverständlicher! Wenn eine Übung misslingt, dann überlege als Erstes, ob deine eigene Hilfengebung korrekt war. Das ist viel schwieriger, als die Schuld dafür beim Pferd zu suchen. Aber dafür kannst du sicher sein, dass du auf dem richtigen Weg bist, ein guter Reiter zu werden.

Was verstehst du denn schon vom Angaloppieren? Ich habe schließlich vier Beine, nicht du!

Vom Anfänger zum Fortgeschrittenen

Ein guter Plan ist schon die halbe Ausführung...

Wenn ein Pferd rennt, stürmt, schleicht oder sich auf die Zügel stützt, ist schon vorherzusehen, dass die Lektion nicht klappen wird. Genauso wenig wird das Überstreichen gelingen, wenn der Reiter mit den Unterschenkeln wackelt, im Sattel hopst, vornüber fällt oder sich ein bisschen an den Zügeln festhält.

Wer sich mit der Theorie auskennt, für den ist auch klar, dass die Lektion nur so gut gelingen kann wie der Galopp vorher. Das heißt umgekehrt auch: Wer das Überstreichen verbessern möchte, muss erst einmal den Galopp des Pferdes und den eigenen Sitz in Ordnung bringen.

Zügel überstreichen – so klappt die Übung.

Ein guter Plan

Wenn man sich in der Reitlehre auskennt und sein Pferd sowie sich selbst aufmerksam beobachtet, kann man viele mögliche Probleme im Voraus ahnen.

Ein guter Plan für eine gelungene Lektion richtet sich daher immer nach dem einzelnen Pferd und dem einzelnen Reiter.

Die Lektion „Zügel überstreichen im Galopp" setzt beispielsweise voraus, dass ein Pferd gelassen und im Takt galoppiert und sich selbst ausbalanciert. Auch der Reiter muss unabhängig von der Zügelführung sicher und geschmeidig im Gleichgewicht sitzen können.

Vorbereiten, üben, verfeinern

Besser, als eine Übung überstürzt auszuprobieren, ist es, sie vorzubereiten. Zurück zum Beispiel Angaloppieren aus dem Schritt bei B. Diese Aufgabe lässt sich gut in kleinen Schritten vorbereiten. Die wichtige Zusammenarbeit von inneren und äußeren Hilfen kannst du dir und dem Pferd bei der Lektion Schenkelweichen noch einmal deutlich machen.

Die einfachste Stelle zum Angaloppieren in der Reitbahn ist die Zirkellinie vor der geschlossenen Seite. Erst wenn es dort sicher klappt, kannst du dazu übergehen, an anderen Stellen auf dem Zirkel anzugaloppieren. Übe erst zuletzt – weil das schwieriger ist – auch auf gerader Linie anzugaloppieren. Aber nach einer solchen Vorbereitung wird dir auch das Angaloppieren am Punkt B tatsächlich gelingen.

- Zu Beginn und am Ende jeder Reitstunde wird Schritt geritten.
- Eine Reitstunde beginnt mit lösenden Übungen, danach folgt die Arbeitsphase. Zum Schluss kommt die Beruhigungsphase.
- Jede neue Übung muss gut vorbereitet werden. Die Anforderungen langsam steigern!
- Alle Lektionen auf beiden Händen gleichmäßig üben
- Eine Lektion nur so lange wiederholen, bis sie gut gelungen ist

Du willst mit Köpfchen reiten? Na ja, meiner ist immer noch größer!

Auf diese Weise müssen auch andere Lektionen eingeübt werden. Es hilft gar nichts, eine neue Übung wieder und wieder an der gleichen Stelle zu probieren, wenn sie überhaupt nicht gelingt. Das Pferd lernt höchstens, sich vor den gestellten Anforderungen zu drücken. Eines aber gilt für alle Pferde: Sie wollen gelobt werden, wenn sie etwas gut und richtig ausgeführt haben. Und wenn's am schönsten ist, soll man aufhören – nämlich dann, wenn dir in unserer gedachten Reitstunde das Angaloppieren aus dem Schritt am Punkt B einmal sicher gelungen ist. Mit einer solchen guten Erinnerung klappt es dann am nächsten Tag viel einfacher.

Alle Pferde wollen gern gelobt werden. Denke daran nach jeder gelungenen Übung und zum Abschluss jeder Stunde.

Mal ohne Reitlehrer

22 Aufbau eines eigenen Trainingsprogramms

Vertrauen ist gut, Kontrolle ist besser

Jeder, der normalerweise im Schulbetrieb Reitstunden mitmacht, träumt davon, endlich einmal allein reiten zu können: Ohne den Zwang der Abteilung, ohne dauernde Kommandos könnte man sich in Ruhe auf das Pferd einstellen und endlich einmal ausprobieren, was man selbst am wichtigsten findet. Jeder, der normalerweise allein reitet, träumt davon, endlich einmal richtigen Reitunterricht zu bekommen: von einem Reitlehrer, der sich auf die Schwächen und Schwierigkeiten von Pferd und Reiter einstellen und die richtigen Korrekturen zur Verbesserung geben kann. Woran das liegt? – Es ist in der Theorie leicht, in der Praxis aber sehr schwierig für Pferd und Reiter, beständig neu dazuzulernen. Einerseits macht Reiterei, bei der keine Fortschritte erzielt werden, auf die Dauer keinen Spaß. Andererseits lernen Pferd und Reiter sehr schnell nicht nur Verbesserungen ihres Könnens, sondern auch Fehler. Leider kann man Pferd und Reiter nicht „einfrieren", wenn sie gerade ihren guten Tag haben – das nächste Mal schleicht sich bestimmt irgendeine neue Schwierigkeit ein. Ein alter Reiterspruch lautet: „Ein Pferd, das nicht besser wird, wird schlechter." Ich möchte noch hinzufügen: das Gleiche gilt für den Reiter... Soll das heißen, dass man eigentlich nie ohne Unterricht reiten dürfte? Sicher nicht.

Das Pferdetagebuch

Je fortgeschrittener Reiter und Pferd sind, desto besser klappt das Üben ohne Aufsicht. Aber auch wer meint, seinen reiterlichen Fähigkeiten voll vertrauen zu können, sollte sich regelmäßig dem kritischen Blick eines Reitlehrers aussetzen. Von unten sieht doch manches anders aus, als es sich von oben anfühlt!

Es gibt noch eine zweite, einfache Möglichkeit, Fortschritte zu kontrollieren: ein Pferdetagebuch. Wenn du jeden Tag kurz notierst, was du dir vorgenommen hattest, wie es geklappt hat, welche Fehler und Schwierigkeiten aufgetreten sind und was besonders gut ging, kannst du dich selbst vergewissern: Hast du mehr Fortschritte erzielt oder haben sich mehr Fehler und Probleme eingeschlichen? Aber nicht schummeln beim Eintragen!

Ein guter Plan

Wer allein mit seinem Pferd trainiert, muss sich vorher einen guten Plan zurechtlegen (am besten aufschreiben) und zwar gleich für einen längeren Zeitraum.

Jeden Tag sollte ein Stückchen dieses Plans verwirklicht werden. Dabei gilt natürlich, was im vorigen Kapitel über den Aufbau einer Reitstunde steht.

Wenn du deinem Pferd etwas Neues beibringen willst, musst du ihm geduldig begreiflich machen, was du von ihm erwartest. Das wird mit Sicherheit nicht auf Anhieb klappen!

Hi, hi, der Reitlehrer sagt immer: Das einzige, was klappt, ist das Gesäß des Reiters im Sattel!

Die drei Stufen

Jedes Erlernen einer neuen Lektion lässt sich in drei Stufen einteilen:
1. Das Pferd versteht mich.
2. Das Pferd tut, was ich will.
3. Das Pferd tut es so, wie ich es will.

Nehmen wir an, du willst mit deinem Pferd die Vorhandwendung lernen.
Die drei Stufen könnten dann so aussehen:
1. Das Pferd dreht sich auf der Stelle um und tritt dabei mit Vorder- und Hinterbeinen gleichzeitig. (Reitlehrer nennen das spöttisch eine „Mittelhandwendung"; sie kommt in der Reitlehre nicht vor.) – Das Pferd versteht, dass es sich umdrehen soll.
2. Das Pferd dreht sich zwar um die Vorhand, tritt aber zu Anfang zwei Schritte zurück und tritt mit den Hinterbeinen seitlich nicht über. – Das Pferd führt die Vorhandwendung aus, wenn auch mit Fehlern.
3. Die Vorhandwendung gelingt vorschriftsmäßig, wie du es willst.

Beim Üben der Vorhandwendung

Ein Trainingsprogramm aufstellen

Nimm mal Papier und Bleistift und entwirf das Trainingsprogramm für einen ganzen Monat. Am Ende sollt ihr beide, du und dein Pferd, an der Reiterpassprüfung teilnehmen.

Was möchtest du lernen? Welche Übungen fallen dir dazu ein? Welche Schwierigkeiten habt ihr, und was könnte man tun, um sie abzustellen? Wie lange soll das Pferd jeden Tag geritten werden?
Wie schaffst du es, einerseits genügend Zeit für Wiederholungen zu haben, andererseits für Abwechslung zu sorgen, damit ihr beide euch nicht langweilt?
Und wie veränderst du deinen Plan, wenn es nicht nach Wunsch klappt, du die vorgenommenen Übungen nicht schaffst oder das Wetter dir einen Strich durch die Rechnung macht?

Blacky's Trainingsplan

August	Mo	Di	Mi
1. Woche	Nur Weide wegen Wurmkur. Gründlich durchputzen. Führen an der Hand in Schritt u. Trab üben! Sattelzeug pflegen!	15 Uhr Reitstunde Dressur	selbständig Dressurreiten üben: Parcour Trab-Schri Galopp-Tra 18 Uhr Theorie
2. Woche	Frei laufen lassen in der Halle. Weide. evt. Kerstin zur Hilfe holen. Frisieren! Sattelzeugpflege!	15 Uhr Reitstunde Dressur	selbständig Dressur reiten üben: Halten am Punkt Vorhandswendung 18 Uhr Theor
3. Woche	Oma's Geburtstag Weide Kerstin füttert Blacky	15 Uhr Reitstunde Dressur	selbständig Dressur reit üben: Zuleg einfangen Schenkelweic 18 Uhr Theor
3. Woche	Weide Freispringen In-Out (Kerstin bescheid sagen) Sattelzeugpflege!	15 Uhr Reitstunde Dressur	selbständig Dressurreite üben: angal aus dem Schri 18 Uhr Theor

Vom Anfänger zum Fortgeschrittenen

für 4 Wochen

Do	Fr	Sa	So
...ände: ...Wasserstelle! ...stin bescheid ...en, damit ...mit Rexo ...ne weg reitet)	Arbeit in der Bahn: Bodenricks im Schritt und Trab (3 hintereinander)	16 Uhr Anfänger-Springstunde (1. Springstunde zusammen mit Kerstin)	Gemeinsamer Ausritt (üben: Reiten in der Gruppe, zu zweien nebeneinander)
...elände: ...m Steilhang ...ettern üben	In der Reitbahn: Bodenricks im Schritt und Trab. Galoppieren im leichten Sitz. (Kerstin fragen, ob sie mitmachen will)	16 Uhr Anfänger-Springstunde. Kerstin den Stall zeigen u. alles erklären, damit sie an Omas Geburtstag Blacky versorgen kann	Gemeinsamer Ausritt (üben: Galoppieren in der Gruppe, Tempo halten im Straßenverkehr)
...elände: ...ge Galopp-...ecke ...egenreinfan-...n ...hmied!	Anette zu Besuch vielleicht reitet sie Blacky. sonst: Bodenarbeit im Trab und Galopp. Leichter Sitz.	16 Uhr Anfänger-Springstunde	Gemeinsamer Ausritt üben: einer reitet von der Gruppe weg, Verhalten bei Unfall und Erste Hilfe
...elände: ...tes Ausritt ...der Prüfung! Alle Regeln ...desholen! Auf ...pflanzen ...achten!	Bodenrick-arbeit im Trab und Galopp! Leichter Sitz	Springstunde fällt aus! Dressur auf dem Platz. Blacky auf Hochglanz bringen!	**Reiter-Pass-Prüfung!**

Fachsimpeln kann nicht nur Spaß machen, sondern auch sehr hilfreich sein!

Die Anforderungen langsam steigern

Wenn man allein trainiert lauern viele Tücken. Das große Kunststück ist es, nicht zu viel und nicht zu wenig zu verlangen. Kann man sich bei der Vorhandwendung anfangs noch mit einer „Mittelhandwendung" zufriedengeben, so muss man später energisch korrigieren, wenn das Pferd auch nur einen Schritt rückwärts tritt – sonst wird die Wendung nie fehlerfrei gelingen.

Die Anforderungen sollen langsam, aber regelmäßig gesteigert werden.

Trotzdem wird es immer wieder passieren, dass etwas nicht klappt, ja sogar, dass das heute nicht mehr funktioniert, was gestern noch prima ging. Da hilft nur Geduld – und die Anforderungen wieder zu senken.

Plötzliche Rückfälle lassen sich zwar nicht ausschließen, aber vermindern, wenn man in jeder Reitstunde kurz die wichtigsten Stationen der Ausbildung wiederholt. Die Pferde erinnern sich dann besser, wie sie etwas gelernt haben. Auch sie müssen ihren Lernstoff wiederholen...

Ganz allein trainieren macht übrigens auch nicht glücklich! Spätestens nach vier Wochen würdest du wieder Sehnsucht nach einem Reitlehrer haben: dem du deine Erfolge vorführen kannst und der dir hilft, deine Schwierigkeiten zu überwinden.

Öfter mal was Einfaches!

Erlaubt ist, was beiden Spaß macht!

He, nicht ganz so fest auftreten!

23 Spiele mit Pferden

Öfter mal was Neues

Würde es dir Spaß machen, mit deinem Pferd mal etwas ganz Neues auszuprobieren, am besten mit anderen zusammen? Hier sind einige Vorschläge für lustige und sinnvolle Ergänzungen zur üblichen Reitstunde.

Um einen Slalom aufzubauen, braucht ihr eine größere Anzahl von Markierungen, zum Beispiel Kegel, Hindernisständer, Tonnen oder Plastikkästen. In so einem Slalom biegen sich die Pferde beinahe von allein! Das Halten genau an dem Punkt, an dem man es will, ist gar nicht so einfach und das Stillstehen fällt vielen Pferden schwer. Genau neben einer Tonne, einem Ständer oder zwischen Kegeln ist es einfacher!
Eine Pferdewippe besteht aus einem etwa achtzig Zentimeter breiten, mindestens drei Meter langen Brett, das über einem runden Balken schaukelt. Um einem Pferd beizubringen, ruhig darüber zu gehen, braucht man viel Geduld... Ein Tipp: Erst einmal quer über ein Ende der Wippe führen, dann wackelt das Brett nicht und das Pferd gewinnt leichter Vertrauen.
Vor Dingen, die sich schnell und unregelmäßig bewegen, haben Pferde besonders große Angst. Aber man kann sie auch daran gewöhnen.
Hänge einen Flattervorhang aus bunten Plastikstreifen zwischen zwei hohen Ständern an einer Querlatte auf. Da hindurch traut sich dein Pferd, wenn du ihm genügend Mut machst!

Die „Reise nach Jerusalem" auf dem Pferderücken: Sobald die Musik aufhört, muss jeder Reiter so schnell wie möglich auf einem Kasten stehen.

Reiterspiele

Schon Alexander der Große hat Polo gespielt: ein Ballspiel zu Pferd. Es entstand in Persien, wurde aber auch in China, Japan und Tibet gespielt. Niemand weiß genau, wie alt dieses Spiel ist – vielleicht ist es das erste Ballspiel auf ein Tor überhaupt!

Wer heute nach europäischen Regeln Polo spielen will, muss alle siebeneinhalb Minuten sein Pferd wechseln. So anstrengend ist das Jagen nach dem Ball für die zähen, wendigen und außerordentlich geschickten Poloponys. Mindestens vier Pferde braucht ein Reiter für so ein Polospiel...

Spielen geht aber auch pferdesparender: Wenn viele Mitspieler und nur wenige Pferde da sind, könnt ihr euch einen Staffellauf zu Pferde ausdenken. Um die Pferde zu schonen, empfiehlt sich ein Wettlauf im Schritt oder Trab über eine vorgeschriebene Strecke mit bestimmten Aufgaben: zum Beispiel eine Kartoffel auf einem Löffel oder einen halbvollen Plastikbecher balancieren (wer hat die ruhigsten Reiterfäuste?).

Eigene Spielregeln

Man kann ohne Sattel reiten, zumindest ohne Steigbügel. Unterwegs gilt es, die verschiedensten Aufgaben zu bewältigen: einen Slalom, ein kleines Hindernis. Man kann auch absteigen und mit dem Mund einen Apfel aus einem Wassereimer fischen. Wer kommt ohne Hilfe wieder aufs blanke Pferd? Ein Tipp: Wäre so etwas nicht eine gute Idee für eine Geburtstagsfeier?

Eine Schnitzeljagd zu Pferde ist sehr aufregend, erfordert aber auch viel Vorbereitung. Für die Verfolger müssen Spuren zu einem unbekannten Ziel im Gelände gelegt werden. Welche Gruppe findet es am schnellsten? Als Markierung eignen sich entweder Wegzeichen (Pfeile), die in den Boden geritzt oder aus Stöckchen und Steinen gebaut werden (das ist mühsam), oder Sägemehl (-späne), die man vom Pferd aus streuen kann. Papierschnitzel, die diesem Spiel seinen Namen gegeben haben, gehören nicht in die Landschaft!

Spielideen? Frag mich doch mal!

Spiele ernst nehmen

Reiterspiele werden auch auf Turnieren angeboten. Vielleicht hast du die rasanten „Mounted Games" schon einmal gesehen. Diese ursprünglich aus England stammenden Spiele stellen hohe Anforderungen an schnelle, sportliche, wendige und geschickte Ponys und ihre Reiter.
Ein sehr bekanntes traditionelles Spiel ist das „Ringstechen", bei dem mit einer Art Lanze vom galoppierenden Pferd aus durch einen hängenden Ring gestochen werden muss. Das klappt nur, wenn das Pferd ruhig und gehorsam galoppiert. Neuerdings werden auch Reiterspiele ausgeschrieben, in denen Geschicklichkeit und Vertrauen zwischen Reiter und Pferd belohnt werden.

Nicht nur viele Kinder und Jugendliche, sondern auch viele Ponys und Pferde spielen gern.
Allerdings wollen Spiele auch ernst genommen sein. Das einfachste Reiterspiel, ein Wettrennen, empfiehlt sich nicht zur häufigen Anwendung. Es stachelt den Ehrgeiz der Pferde so an, dass sie gern ausprobieren, wer der Schnellste ist, wenn du es gar nicht willst.
Egal, welche Spielregeln ihr befolgt: Spiele sollen Reitern und Pferden gefallen. Streicht Spiele, die eure Pferde unnötig aufregen oder euch zu harter und grober Einwirkung verlocken, aus dem Programm. Mit genügend Phantasie lassen sich bessere Spielideen finden.

Zu zweit auf einem Pferd macht die „Reise nach Jerusalem" noch mehr Spaß. Das geht – wie bei vielen Spielen – nur ohne Sattel.

Quadrille

Gemeinsam reitet es sich bekanntlich besser als allein. Es gibt eine besondere Form des Zusammenreitens, die „Quadrille" heißt. Dabei werden bestimmte Figuren von zwei oder mehr Reitern spiegelbildlich ausgeführt, so dass die ganze Reitergruppe aussieht wie eine Tanzformation. Die einfachsten Quadrillefiguren sind: zu zweien, zu vieren nebeneinander reiten, auf zwei Zirkeln gegeneinander reiten (die Anfangsreiter müssen sich dabei gegenüber bleiben).

Aber bestimmt hast du auch eigene Ideen. Wie wäre es, zu einem besonderen Anlass eine Quadrille einzuüben? In Kostümen ist eine solche Vorführung am wirkungsvollsten.

Damit es klappt, muss jeder seinen Platz kennen und wissen, wohin er zu reiten

Mein Platz ist ganz vorne, sonst mache ich nicht mit!

hat – das übt man am besten zu Fuß! Beim Reiten muss jeder die Abstände haargenau einhalten und darauf achten, dass er sich mit seinem Gegenüber immer auf gleicher Höhe befindet.

Wenn zwei nebeneinander reiten, muss der Äußere in der Ecke und auf dem Zirkel viel schneller reiten als der Innere, weil er einen weiteren Weg hat. Das ist im Galopp sehr schwierig. Deswegen probiert erst einmal Quadrillefiguren im Schritt und Trab.

Zum Einstudieren einer Quadrille braucht ihr einen Kommandogeber. Vielleicht hilft euch euer Reitlehrer?

Quadrille reiten macht Spaß – nicht nur den Reitern, sondern auch ihren Pferden.

Geländereiten

Endlich nach draußen!

Ist dir das Wasser auch nicht zu kalt?

24 Der erste Ausritt

Christinas Abenteuer

Nach vierzehn Tagen auf dem Ponyhof war es endlich so weit: Die Fortgeschrittenenabteilung durfte zum ersten Mal ins Gelände. Christina war dabei! Ihrer Freundin im Reiterverein zu Hause schilderte sie das große Ereignis:

Sonntag beim Abendessen sagte uns Annette, dass wir morgen früh ins Gelände dürften. Na, das Theater hättest du hören sollen! Jeder von uns brüllte natürlich sofort den Namen seines Lieblingsponys, das er unbedingt reiten wollte. Annette ergriff kurzerhand die Flucht, aber wir hatten auch so Gesprächsstoff genug. Du kannst dir vorstellen, dass wir am nächsten Morgen pünktlich im Stall waren! Annette teilte die Pferde ein und da gab es erst schon mal betretene Gesichter, aber schließlich mussten wir alle zugeben, dass sie unheimlich gerecht ist – nur Britta war absolut nicht damit zufrieden, dass sie auf den alten Jonathan sollte. Sie motzte rum, dass ihr der zu lahm sei, aber damit kam sie bei Annette schlecht an.

Nach einer besonders ausgiebigen Sattelzeugkontrolle ging's erst mal ab in die Reitbahn, wo wir die Bügel ein bis zwei Loch kürzer schnallen und die Sattelgurte gut nachziehen mussten, denn unterwegs, so prophezeite uns Annette, könnten wir damit Schwierigkeiten haben. Dann gab es Verhaltensregeln: Geritten werden sollte, da wir immerhin zwölf Reiter waren, zu zweien nebeneinander, und zwar in festgelegter Reihenfolge. Jeder sollte unbedingt auf seinem Platz bleiben!

Kapitel 24

In festgelegter Reihenfolge

Vorsichtsmaßnahmen
Annette machte den Anfang, neben ihr sollte Sybille reiten (die bekanntermaßen am meisten Angst hatte). Für das Schlusslicht, den Lumpensammler, wie Annette es nannte, wurde Gerd eingeteilt, unser bester Reiter. Er grinste etwas über die ganzen Vorsichtsmaßnahmen, versprach aber, die Gruppe zuverlässig von hinten im Auge zu behalten. „Egal, in welcher Gangart", sagte Annette noch, „das Tempo bestimme ich. Wer mich überholt, muss fünf Mark von seinem Taschengeld bezahlen!" Über diese Drohung mussten wir zwar alle lachen, aber etwas mulmig war mir doch zumute. Wie würde sich mein Blacky, den ich nur aus der Abteilung kannte, wohl draußen benehmen? Ich sollte es bald wissen.
Zuerst allerdings sagte Annette noch im Stall Bescheid, wohin und wie lange wir ungefähr reiten wollten. Diese Sicherheitsmaßnahme, so schärfte sie uns ein, ermöglicht es jemandem, im Notfall zu Hilfe zu kommen.

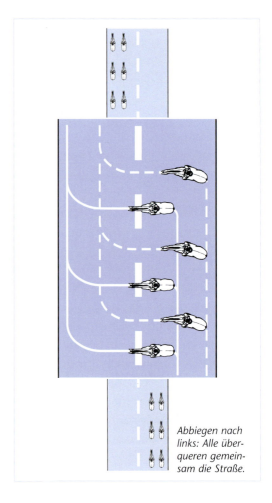

Abbiegen nach links: Alle überqueren gemeinsam die Straße.

Auf der Straße

Auf dem Teerweg in Richtung Felder wurde erst mal Schritt geritten. Aber wie flott dieser Schritt plötzlich war! Es kam mir so vor, als ob Blacky mindestens so kribbelig wäre wie ich.

Annette erklärte: „Auf Asphalt und Teer wird zur Schonung der Pferdebeine immer im Schritt geritten. Als Verkehrsteilnehmer bleiben wir ganz auf der rechten Seite des Teerweges." Unsere Abteilung hatte sich inzwischen schon leicht auseinandergezogen, weil die Shetties auf ihren kurzen Beinen Mühe hatten, mit den größeren Ponys Schritt zu halten. Vor der Querstraße hielt Annette an und ließ uns ganz dicht aufschließen, damit wir möglichst geschlossen die Straße überqueren konnten. Tatsächlich kam auch ein Auto in ziemlichem Tempo um die Ecke gebraust, aber bei unserem Anblick stieg der Fahrer sofort auf die Bremse.

Am Ende des Teerweges sollten wir alle in einen Feldweg nach links abbiegen. Wieder verordnete Annette ein strenges Manöver: Auf ihr Kommando hin schwenkten wir alle gleichzeitig auf die linke Straßenseite, um dann hintereinander in den Feldweg einzubiegen. Zweck dieser Übung war es, zu verhindern, dass ein Fahrzeug mitten zwischen die Pferdegruppe geraten könnte.

Wir waren jedenfalls alle heil auf dem Feldweg angelangt und bekamen neue Instruktionen: Annette erklärte uns alle Handzeichen für die verschiedenen Gangarten.

Am Waldrand

Aus dem Schatten

Das Abenteuer Antraben

„Ich will keine lauten Kommandos geben", sagte sie, „weil die Pferde meine Stimme zu gut kennen", und damit hatte sie zweifellos recht. Also, Arm einmal nach oben ausstrecken heißt „nächsthöhere Gangart", Arm zweimal nach oben ausstrecken heißt „übernächsthöhere Gangart", und gerade gestreckten Arm von oben seitlich im Halbkreis nach unten senken heißt „durchparieren".

Blacky spurtete los, als ob er das nächste Rennen gewinnen sollte und ich fasste die Zügel blitzschnell zwei Handbreit kürzer, um wieder Abstand zu gewinnen. Ein Blick zur Seite zeigte mir, dass der sonst so phlegmatische Jonathan unter der immer noch maulenden Britta ebenfalls einiges Temperament entwickelte. Sybille mit Cherry machte schon Anstalten, Annette einige Längen hinter sich zu lassen, und die beiden Ponys dahinter waren sogar angaloppiert und wurden von ihren Reitern nur mit aller Kraft gebändigt.

Nur Annette trabte völlig gelassen dahin, drehte sich nach uns um und schaffte es, durch einige strenge Korrekturen einigermaßen Ordnung in die Abteilung zu bringen. Aber wir, die in den Reitstunden manchmal Mühe hatten, unsere Pferde vorwärts zu kriegen, hingen mit aller Kraft in den Zügeln und waren froh und dankbar darüber, dass der Weg nicht breiter war und wir das Hinterteil des Vorderpferdes vor der Nase hatten.

Mir fielen schon beinahe die Arme ab, aber Annette machte keine Anstalten, durchzuparieren. Wir trabten und trabten... Es ging um mehrere Ecken, schließlich an einem Waldrand entlang – ich hatte gar keine Zeit, auf den Weg zu achten. Aber ganz allmählich wurden die Pferde ruhiger: ich konnte die Zügel ein bisschen durch die Finger rutschen lassen, und Blacky fand langsam zu einem einigermaßen normalen Tempo.

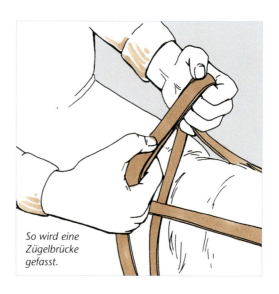

So wird eine Zügelbrücke gefasst.

Geländereiten

Die Bank am Wegesrand

Den anderen ging es ähnlich. Die Pferde waren schon leicht warm geworden, wir Reiter schwitzten nach Kräften, und einige hatten hochrote Gesichter. Jetzt erst ließ Annette durchparieren, offenbar mit uns zufrieden. Im Schritt durften wir sogar vorsichtig die Zügel aus der Hand kauen lassen und am langen Zügel reiten, was den Pferden ausnahmslos bestens gefiel. Zu meinem Erstaunen blieben sie alle ganz gelassen dabei. Mein Blacky prustete sogar zufrieden. Ausgerechnet Cherry machte zwar vor einer Bank am Wegrand einen großen Satz, aber Sybille hielt sich wacker. Ich war darauf gefasst, dass Blacky wenigstens einen Bogen machen wollte und lenkte ihn energisch dagegen, worauf er so tat, als wäre die Bank Luft für ihn.
Ein kleines Wäldchen durchquerten wir im Schritt. Unter einigen niedrigen Ästen mussten wir uns ganz tief neben den Pferdehals bücken, um nicht abgestreift zu werden.

In die Sonne

Der Steilhang

Und dann standen wir plötzlich vor einem Steilhang. „Beine zu, Oberkörper vor, Zügel kurz, Brücke fassen und Hände am Hals aufstützen, genau senkrecht zum Hang reiten!", kommandierte Annette und machte es auch gleich vor. Mir wäre beinahe das Herz in die Hose gerutscht. Da sollte ich runter? Aber Blacky machte sich ohne Zögern an den Abstieg. Erstaunlicherweise kletterte er ganz gelassen abwärts.

Ein kleines Kletterhindernis

153

In breiter Front

Herzklopfen

Ich dachte schon, das Abenteuer wäre glimpflich überstanden, da ließ Annette ihre Stimme ertönen: „Das Ganze nochmal! Bergauf Oberkörper vor, Knie zu, Unterschenkel ans Pferd, Zügel kurz und Mähne fassen!" Bergauf hatten es die Pferde alle eilig, offenbar ging es mit Schwung leichter. Den zweiten Abstieg schafften wir alle beinahe profireif.

Aber schon war die große Wiese in Sicht, wo wir letzte Woche Heu gemacht hatten. Weil sie zum Weg hin durch eine Hecke und an den übrigen drei Seiten durch breite Gräben eingegrenzt ist, war sie für unseren ersten Galopp ausersehen. Wir sollten uns hinter der Hecke alle in einer Reihe nebeneinander aufstellen und möglichst ruhig Seite an Seite bis zum anderen Ende der Wiese galoppieren. Dort sollte auf alle Fälle durchpariert werden;

Richtung Heimat ging es dann zurück im Schritt. Annette warnte uns noch davor,

Klettern bergauf

Geländereiten

Klettern bergab

dass die Pferde mit der Nase Richtung Stall um einiges schneller würden und erinnerte uns an den leichten Sitz, den wir in den Reitstunden zuvor geübt hatten.

Ich hatte etwas Herzklopfen, aber es blieb nicht viel Zeit, sich zu fürchten. Schon hatten wir die Wiese erreicht und uns in einer Reihe aufgestellt. „Langsam antraben, ruhig angaloppieren!" rief Annette noch, aber da war es auch schon geschehen. Blacky tobte los, als wären Furien hinter ihm her, Sybille fing an zu schreien und links von mir konnte ich sehen, wie die beiden Shetties ein Tempo vorlegten, dass ich ihnen keinesfalls zugetraut hätte. Allmählich bekam ich Blacky wieder in meine Gewalt.

So im Galopp auf der Wiese entlangzusausen war ein ganz tolles Gefühl, mindestens so gut wie fliegen. In ziemlicher Entfernung sah ich den breiten Graben vor mir liegen und versuchte, Blacky etwas einzufangen. Das ging auch ganz gut, bis ausgerechnet Britta auf Jonathan an mir vorbeisauste, vor dem Graben eine elegante Wendung vollführte und in voller Geschwindigkeit den Rückweg antrat. Sie hatte gar nicht erst versucht, das Tempo zu verringern. Blacky sauste weiter Richtung Graben und machte dann eine Vollbremsung, so dass ich beinahe zwischen seinen Ohren saß – aber wenigstens hielt er. Ich rappelte mich in den Sattel zurück, fasste die Zügel ganz kurz und drehte vorsichtig um. Gerade konnte ich noch sehen, wie die zwei Shetties beim Anblick des entgegenstürmenden Jonathan blitzschnell kehrtmachten und hinterhersausten – die beiden Reiterinnen blieben allerdings in der ursprünglichen Richtung und machten so nähere Bekanntschaft mit dem Boden.

Mit Schwung um die Kurve

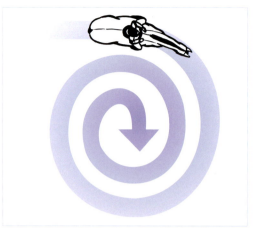

Einfangen in einer Spirale ist das beste Mittel gegen ein durchgehendes Pferd.

Der Heimweg

Annette hatte auf halber Strecke angehalten und versucht, durch Zurufe Schlimmeres zu verhüten. Sybille, Gerd und noch zwei andere waren bei ihr, die übrigen sausten wie wild gewordene Handfeger hinter Jonathan und den Shetties her. Jonathan dachte nicht daran, vor der Hecke zu halten. Er schlug einen eleganten Haken, hatte auch schon den Eingang zur Wiese verlassen und sauste mit Britta auf dem geteerten Feldweg Richtung Heimat davon, die beiden reiterlosen Shetties mit wehenden Zügeln und Bügeln hinterher. Wir konnten Britta noch schreien hören, dann waren die drei Vierbeiner ganz aus unserem Blickfeld verschwunden. Alle anderen hatten es geschafft, ihre Pferde vor der Hecke durchzuparieren. Wir alle warteten jetzt auf das große Donnerwetter, aber es kam nicht. Mit zusammengebissenen Zähnen ritt Annette schweigend voraus, wir alle ziemlich betreten hinterher. Unterwegs trafen wir Britta zu Fuß an. Jonathan hatte sie abgeschmissen, aber zum Glück nicht auf den Teerweg, sondern nebenan auf eine Wiese. Annette ließ einen Seufzer der Erleichterung hören. Zu Hause angekommen, konnten wir uns davon überzeugen, dass auch die drei Ponys unbeschadet im Stall angekommen waren, allerdings hatten die Shetties ihre Zügel zerrissen und jeweils einen Bügel verloren. Was Annette der großkotzigen Britta erzählt hat, kriegten wir anderen nicht zu hören. Aber keiner hätte in ihrer Haut stecken mögen. Am Nachmittag gab es jedenfalls eine Reitstunde, die sich gewaschen hatte, mit Übungen zum Galoppieren im leichten Sitz, Zulegen und Einfangen, bis wir alle nur noch „wie ein Schluck Wasser in der Kurve" (laut Annette) auf unseren Ponys hingen. Aber der Ausritt am nächsten Tag klappte wie am Schnürchen!

Mit wehenden Bügeln und Zügeln

Einfach querfeldein?

25 Geländereiten, Regeln und Bestimmungen

Otto Sonntagsreiter

Otto Sonntagsreiter erzählt am Stammtisch: „Heute war ich mal wieder unterwegs, nachdem der Bock die ganze Woche gestanden hat. Dafür war er beim Aufsteigen ganz schön munter! Kaum hatte ich einen Fuß im Steigbügel, da donnerte er auch schon los, die Straße entlang. Ich ließ ihn im Galopp erst mal ein bisschen Dampf ablassen, da kam uns so ein blöder Laster im Mordstempo entgegengeschossen und hupte. Dabei war ich schon auf der linken Seite! Höflich, wie ich nun mal bin, machte ich mit Leo einen Satz auf den Bürgersteig. Da kam so 'ne Mutti mit Kinderwagen und Dreikäsehoch am Rockzipfel, die fing doch tatsächlich an zu zetern – als ob mein Leo ein Kinderfresser wäre. Na, der hab ich erst mal was erzählt...

Kaum war ich aus dem Ort draußen, nahm ich die Abkürzung über den Fahrradweg – ich kann nur sagen, Leo hat die Radfahrer um Längen abgehängt! Dabei war er noch kein bisschen müde, so steuerte ich gleich zur großen Wiese links – so durch den hohen Klee zu galoppieren war vielleicht 'ne Wucht! Da kam mir ein Bauer mit dem Traktor entgegen und fing an, irgend etwas Unverständliches zu brüllen. Das ließ sich mein Leo natürlich nicht gefallen. Er machte gleich einen großen Bogen um den Schreihals durchs benachbarte Weizenfeld.

Am anderen Ende vor dem Waldrand gibt's neuerdings eine Schonung, wo wir ein paar Sätze über die Fichten machten – na ja, mein Leo ist halt ein sicherer Springer.

Gebot für Reiter

Verbot für Reiter

Das kleine Wettrennen

Am Eingang zum Wald ist doch tatsächlich eine neue Schranke angebracht, dazu noch ein Schild „Reitverbot". Dabei sind wir immer da lang geritten, es ist sogar ein offizieller Wanderweg. Leo hätte die Schranke ganz lässig genommen, wenn da nicht plötzlich so 'ne Oma mit Wanderstock aufgetaucht wäre und gebrüllt hätte! Die hatte ich aber schnell verscheucht und im zweiten Anlauf klappte es dann. Daraufhin steckte ich mir erst mal ein Zigarettchen an und ließ Leo seinen Weg durchs Unterholz selbst suchen. Auf dem nächsten Weg sah ich schon von weitem eine ganze Reitergruppe vorbeitraben. Leo wurde ganz Ohr und entwickelte plötzlich Ehrgeiz. Das war ein Spaß! Wir sausten hinter den anderen Pferden her und überholten sie lässig. Das kleine Wettrennen ließen sich die anderen natürlich auch nicht entgehen. Nur so ein Miesepeter, das war wohl der Reitlehrer, brüllte immerzu, dass die Leute ihre Pferde zurückhalten sollten. Aber die dachten gar nicht daran! So ein Blödmann kippte tatsächlich noch runter, aber das war ja schließlich nicht meine Sorge.

Weil ich mir von dem zeternden Reitlehrer nicht die Laune verderben lassen wollte, machte ich einen Schwenk nach links und kletterte auf den Hochwasserdamm. Damit hatte ich die anderen endgültig abgehängt.

Inzwischen war mir ganz schön warm geworden und da kam ja auch schon glücklicherweise der „Goldene Anker" in Sicht. Ich hängte Leo mit den Zügeln am Zaun fest und genehmigte mir drinnen ein kühles Blondes. Na ja, eins bleibt nicht gern allein und als ich wieder rauskam, war es schon dämmrig. Ich machte mich schleunigst auf den Heimweg. Da saß doch tatsächlich schon ein Förster auf dem Hochsitz. Ich kann ja froh sein, dass er meinen Leo nicht für einen Hirsch gehalten hat.

So ein blöder Autofahrer hätte mich doch im Dunkeln beinahe angefahren. Die passen ja heutzutage überhaupt nicht mehr auf! Jedenfalls kam ich gerade noch pünktlich zum Stammtisch hier an und konnte Leo einem von den Pflegern in die Hand drücken. Der erklärte mir zwar, er hätte jetzt keinen Dienst mehr, aber ich frage mich, was diese faulen Kerle eigentlich die ganze Woche machen? Inzwischen wird er es ja geschafft haben, Leo wieder in seine Box zu befördern..."

Geländereiten

Gebote und Verbote

Otto Sonntagsreiter auf Leo ist zum Glück nur eine Erfindung. Einige seiner „Heldentaten" sind es leider nicht...

Mein Namensvetter hat mit mir nicht viel gemeinsam. Gegen einen Sonntagsreiter weiß ich mich zu wehren.

Die gesetzlichen Regelungen, die für das Geländereiten gelten, sind in allen Bundesländern unterschiedlich. Erkundige dich bei erfahrenen Geländereitern, welche Bestimmungen für das Gelände gelten, in dem du ausreiten möchtest.
Es gibt allerdings ein paar Regeln, nach denen du dich überall richten musst:
Grundsätzlich ist Ausreiten nur auf Wegen erlaubt
Einfach querfeldein reiten darf man weder im Wald noch auf einem Feld, selbst wenn es ein abgeernteter Stoppelacker ist. Äcker und Wiesen sind Privatgelände und können nur überquert werden, wenn es der Eigentümer erlaubt. Dabei darf natürlich kein Schaden entstehen. Die schmalen, grasbewachsenen Ränder von Äckern und Wegen sind auf jeden Fall tabu!
In der Nähe von Städten ist oft dafür gesorgt worden, dass sich die verschiedenen Erholungssuchenden gegenseitig nicht stören: es gibt eigens angelegte Spazier-, Rad- und Wanderwege, Trimmpfade und auch Reitwege, die alle besonders gekennzeichnet sind. Die speziell für Fußgänger und Radfahrer angelegten Wege sind für Reiter verboten, ebenso natürlich alle Strecken, die durch ein eigenes Reitverbotsschild gekennzeichnet sind.

Bei Dunkelheit

In der Dämmerung und im Dunkeln müssen Pferd und Reiter auf der Straße ausreichend beleuchtet sein; es gibt spezielle Taschenlampen fürs Reiterknie. In einer großen Pferdegruppe reicht es aus, wenn jeweils der Anfangs- und Schlussreiter beleuchtet sind.

Hufspuren

Selbstverständlich dürfen Geländereiter keine Schäden verursachen. Pferde mit ihrem beträchtlichen Gewicht hinterlassen auf aufgeweichten Wegen bleibende Spuren. Im Zweifelsfall wird zur Schonung des Bodens im Schritt geritten.

Mit der Taschenlampe am Knie richtig ausgerüstet in der Dunkelheit.

In manchen Gemeinden ist die Kennzeichnung der Pferde durch sichtbare Nummern Pflicht. Erkundige dich danach, bevor du in fremdem Gelände ausreitest!

Höflich bei Begegnungen

Begegne Fußgängern, Radfahrern und anderen Reitern im Gelände höflich und im Schritt! Fremde Reiter durch Herangaloppieren oder flottes Überholen in Bedrängnis zu bringen, ist äußerst unkameradschaftlich!

Reite auch an Pferde- und Viehweiden ruhig und mit Abstand vorbei. Vermeide die Begegnung mit Ackergeräten, vor denen die meisten Pferde Angst haben. Reite in der Morgen- und Abenddämmerung nicht in der Nähe von Waldrändern und Wildwiesen, wo sich das Wild zur Nahrungsaufnahme ins Freie wagt.

Unterwegs in schwierigem Gelände.

Im Straßenverkehr

Zum Verhalten im Straßenverkehr gibt es einige gesetzliche Bestimmungen und feste Regeln: Auf der Straße ist der Reiter ein Verkehrsteilnehmer; Pferde gehören auf der Straße an den rechten Fahrbahnrand und nicht auf den Bürgersteig (es sei denn im Fall akuter Gefahr).

Zur Schonung der Pferdebeine und aus Sicherheitsgründen wird Schritt geritten. Wenige Reiter reiten einzeln hintereinander, eine große Reitergruppe kann zu zweit nebeneinander reiten, wenn dadurch der Verkehr nicht behindert wird. Klar ist, dass ruhige, verkehrssichere Pferde vorangehen und die unsicheren Kandidaten jeweils auf der dem Verkehr abgewandten Seite bleiben. Den Schluss sollte wieder ein sicherer Reiter bilden.

Vor dem Überqueren einer Straße müssen alle Reiter dicht aufschließen. Alle überqueren die Straße gemeinsam, auch beim Abbiegen nach links. Es darf kein Fahrzeug zwischen die Pferdegruppe geraten.

Sicher nach Hause

Jeder Ausritt beginnt in ruhigem Tempo. Wege mit leichter Steigung eignen sich gut dafür, heftige Pferde zu beruhigen. Bergab wird immer langsam geritten. Der erste Galopp sollte nie Richtung Heimatstall erfolgen.

Wetten, dass ich weiß, wo es nach Hause geht?!

Wer es nicht schafft, sein Pferd im Gelände ruhig zu galoppieren, darf erst recht kein Renntempo versuchen.

In der Gruppe muss sich das Tempo dem schwächsten Reiter und dem schwierigsten Pferd anpassen.

Auf dem Heimweg wird rechtzeitig zum Schritt durchpariert, damit die Pferde trocken im Stall ankommen.

Nach dem Ausritt muss jedes Pferd besonders gut versorgt werden – kontrolliere die Hufe auf eingeklemmte Steine, die Beine auf kleine Verletzungen und die Sattel- und Gurtlage auf mögliche Druckstellen.

Nach dem Ausritt müssen die Pferde besonders gründlich versorgt werden.

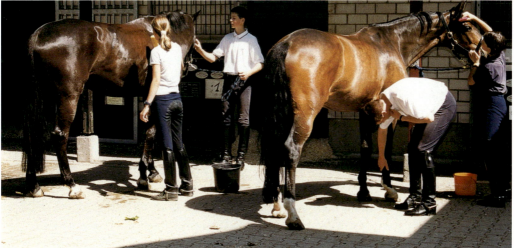

Kapitel 26

Vorsicht ist besser als Nachsicht

Spielverderber! Ich hab nichts von Runterfallen gesagt!

26 Unfälle, Erste Hilfe, Giftpflanzen

Der Schwächste ist der Wichtigste

Nicht immer ist es so einfach, die Fehler von Reitern im Gelände zu erkennen wie in der Geschichte von Otto Sonntagsreiter im vorigen Kapitel. Das große Kunststück besteht darin, so zu reiten, dass gefährliche Situationen gar nicht erst entstehen können. Eine Kette ist immer so schwach wie ihr schwächstes Glied – und eine Reitergruppe ist genauso unsicher wie ihr schwächster Teilnehmer.

Junge, unausgebildete, nicht ausgelastete oder verdorbene Pferde können im Gelände scheuen, steigen oder durchgehen und damit die anderen Pferde anstecken. Alle Pferde entwickeln draußen nämlich mehr Ehrgeiz, Vorwärtsdrang und Temperament als in der Reitbahn. Genauso kann natürlich ein einziger unsicherer Reiter die ganze Gruppe durcheinander bringen. Hier hilft nur, Rücksicht auf Schwächere zu nehmen.

Es gibt viele kleine Kniffe und Tricks, die das Reiten im Gelände erleichtern können. Ein richtiges Grundtempo sorgt dafür, dass dein Pferd gelassen bleibt. Einerseits musst du genügend vorwärts reiten, andererseits darfst du dein Pferd nicht durch unkontrolliertes Rennen nervös machen. Auch ein übereilter Renntrab regt die Pferde sehr auf!

Geländereiten

Vorwärts – mit Maßen

Es gibt Spezialisten unter ihnen, die in jeder Gangart allmählich immer schneller werden – da musst du besonders gut aufpassen und auf einem gleichmäßigen, freien, aber nicht zu flotten Tempo beharren. Zu Anfang jedes Ausrittes wirkt eine längere Trabstrecke, auf der sich die Pferde lösen und vorwärts gehen dürfen, meist schon Wunder. Pferde kennen jeweils den Heimweg sehr genau und werden mit der Nase Richtung Stall gern schneller – also zunächst vom Stall weg galoppieren. Für den ersten Galopp solltest du dir eine Strecke mit einer natürlichen Begrenzung aussuchen, vor der dein Pferd gerne durchpariert. Nie auf eine Teerstraße, eine gefährliche Umzäunung oder einen sumpfigen Graben losgaloppieren!

Schnell galoppieren

Es gibt übrigens auch bombensichere Methoden, um eine ganze Pferdegruppe ordentlich aufzumischen. Eine davon ist, die gleiche Strecke hin und zurück im Galopp zu nehmen – der Rückweg wird garantiert schneller, als dir lieb ist!

Oder wie wäre es mit einem kleinen Wettrennen?

Natürlich macht es Spaß, im Galopp mal ein richtig hohes Tempo vorzulegen. Aber lass dich nicht täuschen: es ist ein großer Unterschied, ob du schnell reitest oder dein Pferd von allein schnell rennt. Letzteres ist schlicht und einfach gefährlich. Stell dir vor, du müsstest aus einem dringenden Grund mitten auf einer Galoppstrecke durchparieren – dann erkennst du den Unterschied. Und so ein Grund findet sich eher, als dir lieb ist!

Renngalopp: an den Hilfen – und nicht an den Hilfen.

Mach mal Pause...

Eine Pause im Gelände will gut geplant sein. Nicht alle Pferde bleiben unterwegs einfach ruhig stehen; schon gar nicht, wenn etwa am Waldrand lästige Insekten über sie herfallen.

Zum Absitzen stellt ihr die Pferde am besten in Zweierreihen auf; Nachbarpferde sollten sich gut verstehen. Ein Reiter kann immer zwei Pferde halten und stellt sich ihnen dabei gegenüber. Lasst die Pferde nicht mit den Nasen zusammenkommen. Wenn Pferde nicht stehen bleiben wollen, ist es einfacher, sie im Schritt zu führen als einen Ziehkampf auszufechten.

Lass dein Pferd nicht fressen, solange es ein Gebiss im Maul hat. Abgerupfte Grashalme wickeln sich unweigerlich um das Gebiss und verfälschen dessen Einwirkung.

Wenn ein Unfall passiert

Bei einem Unfall im Gelände heißt die beste allererste Hilfe: Ruhe bewahren. Du könntest nämlich zehn Hände auf einmal brauchen: um dem Gestürzten, der vielleicht verletzt ist, zu helfen; um ein freilaufendes Pferd wieder einzufangen; um das eigene Pferd zu beruhigen. Überlege genau, woher akute Gefahr droht.

Braucht ein Verletzter sofort erste Hilfe oder versucht ein frei laufendes Pferd gerade, die Autobahn zu überqueren? Versuche herauszubekommen, wie schwer der Gestürzte verletzt ist. Vermutlich hat er einen Schock erlitten. Die Anzeichen dafür sind Blässe, Frieren, veränderte Reaktionen. Sprich möglichst ruhig mit einem Verletzten und frage nach Schmerzen. Wer nicht freiwillig wieder aufstehen und weiterreiten will, soll liegen bleiben!

Geländereiten

So kannst du vom Sattel aus mit zwei Pferden fertig werden.

Wenn ihr zu mehreren seid, könnt ihr euch die Aufgaben teilen. Einer bleibt bei dem Verletzten und spricht mit ihm; auch bei einem Schock hilft der Trost einer bekannten Stimme. Nötige fremde Hilfe – einen Arzt, einen Krankenwagen, einen Pferdetransporter – holst du am schnellsten, wenn du auf der nächsten Straße einen Autofahrer anhältst und ihn bittest, zu telefonieren. Dazu musst du den Unfallort genau angeben können und Art und Schwere der Verletzungen beschreiben. Jeder jugendliche Reiter sollte möglichst bald einen Erste-Hilfe-Kurs absolvieren.

Wer einen Schock erlitten hat, wird am besten mit erhöhten Beinen gelagert. Notfalls kannst du einen Sattel unterlegen. Wer allerdings über heftige Rückenschmerzen klagt, soll auf keinen Fall bewegt werden oder sich selber bewegen. Lagere ein bewusstloses oder nicht ansprechbares Unfallopfer in der stabilen Seitenlage.

Schocklage

Stabile Seitenlage

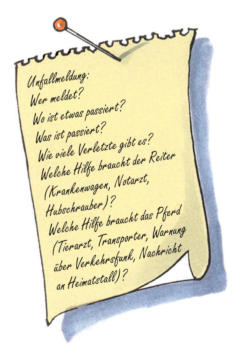

Unfallmeldung:
Wer meldet?
Wo ist etwas passiert?
Was ist passiert?
Wie viele Verletzte gibt es?
Welche Hilfe braucht der Reiter (Krankenwagen, Notarzt, Hubschrauber)?
Welche Hilfe braucht das Pferd (Tierarzt, Transporter, Warnung über Verkehrsfunk, Nachricht an Heimatstall)?

Das mit der stabilen Seitenlage würde ich an deiner Stelle lieber mal zu Hause in Ruhe ausprobieren!

Auf Pferdefang

Wenn du versuchst, das frei laufende Pferd wieder einzufangen, veranstalte keinesfalls eine wilde Jagd! Versuche, das Pferd anzulocken oder ihm im großen Bogen den Weg abzuschneiden.

Hat sich das Pferd in hohem Tempo selbstständig gemacht, wird es höchstwahrscheinlich zielsicher den Heimweg antreten (Pferde haben einen untrüglichen Ortssinn). Dann alarmiere den nächsten Autofahrer und bitte ihn, jemanden anzurufen, der das allein heimkehrende Pferd in Empfang nimmt.

Seid ihr zu zweit ausgeritten und kommt in eine solche Situation, dann könnt ihr euch um das reiterlose Pferd nur kümmern, wenn es von sich aus in der Nähe bleibt. Verunglückst du allein und kannst nicht mehr aufstehen, dann hast du – hoffentlich! – jemandem Bescheid gesagt, wohin und wie lange du ungefähr reiten wolltest; nur dann darfst du auf baldige Hilfe hoffen.

Ein verletztes Pferd

Verletzt sich ein Pferd im Gelände, dann muss natürlich auf der kürzesten Strecke der Heimweg angetreten werden und zwar im Schritt. Ein Pferd, das stark lahmt, muss geführt werden, selbst wenn das mühsam ist. Auch wenn ein Pferd ein Eisen verloren hat oder es nur lose ist (man hört das deutlich am Klappern auf dem Asphalt), solltest du im Schritt nach Hause reiten. Das schont den Huf und verhindert eine mögliche Lahmheit. Tritt ein Pferd plötzlich nicht mehr richtig auf, dann kann sich ein Stein zwischen den Strahl und das Eisen eingeklemmt haben. Mit dem hoffentlich in der Tasche steckenden Hufkratzer, notfalls mit Hilfe des Steigbügels, kannst du ihn wieder herausbekommen. Und noch etwas: Reiter müssen unbedingt gegen Tetanus (Wundstarrkrampf) geimpft sein! Der Pferdestaub ist ein beliebter Aufenthaltsort für die Tetanuserreger. Frage deine Eltern, ob dein Impfschutz noch ausreicht.

Hat sich ein Stein im Huf verklemmt, kann das Pferd nicht mehr richtig auftreten.

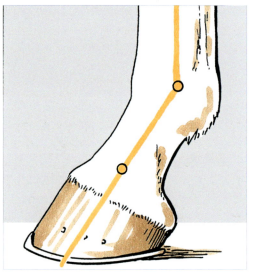
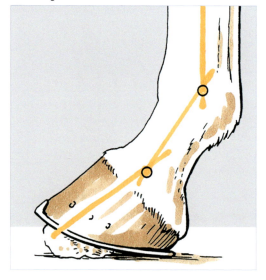

Nicht nur die Tollkirsche...

Dass Tollkirschen giftig sind, sagt schon der Name. Du wirst sicher nicht auf die Idee kommen, dein Pferd Tollkirschenzweige kauen zu lassen. Aber hast du auch gewusst, dass der Adlerfarn, der im Wald häufig zu finden ist, ein tödliches Gift enthält? Giftig sind auch Bäume, zum Beispiel Eiben oder die Robinie, die wir (fälschlicherweise) als Akazie bezeichnen. Und giftig sind nicht nur der dekorative Fingerhut und die hübschen kleinen gelben Sumpfdotterblumen, sondern auch Buchsbaum- und Ligusterhecken, die es in vielen Vorgärten, Parks und Friedhöfen gibt. Wenn du dein Pferd bei einer Rast irgendwo anbindest oder grasen lässt, dann vergewissere dich vorher, dass keine giftigen Pflanzen in erreichbarer Nähe sind. Vergiftungen bei Pferden äußern sich durch vielerlei verschiedene Anzeichen: durch heftige Koliken (Bauchschmerzen), Atemnot, Durchfall und Krämpfe bis hin zur Bewusstlosigkeit. Besteht Verdacht auf eine Vergiftung, dürfen Pferde kein Futter aufnehmen. Der Tierarzt muss so schnell wie möglich kommen.

Wer gerne ausreitet, sollte die wichtigsten giftigen Pflanzen kennen. Eine Übersichtstafel findest du auf den folgenden Seiten im Buch.

Für Pferde

Hierbei handelt es sich nur um eine Auswa...

Roter Fingerhut
Digitalis purpurea
Blume, Zierpflanze.
Durchfall, Schwanken,
Lähmung, Herzstillstand.
100–200 g frische Blätter tödlich.

Gemeiner Buchsbaum
Buxus sempervirens
Baum, Busch, Hecke, Zierstrauch.
Schwindel und Unruhe, Durchfall,
Krämpfe, Lähmung des
Zentralnervensystems.
Tod durch Atemlähmung,
750 g Blätter → in kurzer Zeit.

Sumpf-Schachtelhalm
Equisetum palustre
Strauch, verbreitet auf
nassen Wiesen,
Gräben, Ufern.
„Taumelkrankheit".
Schreckhaftigkeit, Ängstlichkeit,
Schwanken, Lähmung der
Hinterhand, Zusammenbruch.
Pflanze insgesamt giftig → tödlich.

Beeren-Eibe
Taxus baccata
Geschützter Zierstrauch, Busch
oder Baum mit immergrünen Nadeln.
Magen-Darm-Entzündung, Nierenschädigung
Herz- und Atmungsgift
Tod schon 5 Minuten nach dem Fressen
Nadeln und Zweigen (100–200 g Nad...

Gemeiner Goldregen
Laburnum anagyroides
Busch, Baum oder gelb
blühender Zierstrauch.
Erregung, Bewegungsstörung,
Krämpfe, Schweißausbrüche,
Schwindel, völlige Lähmung.
Tod durch Atemlähmung.
Wurzeln, Samen, Blüten giftig,
250–300 g Samen → tödlich,
endet im Koma.

Schwarzes Bilsenkraut
(Zigeunerkraut, Hühnertod)
Hyoscyamus niger
Strauch, Unkraut.
Auffälliges Aussehen der Pflanze.
Erhöhte Atmung, Tobsucht, Durst,
Verstopfung, Lähmung (wie Tollkirsche).
180–360 g frische Pflanze → tödlich.

**Ginster/
Besenginster**
*Cystisus scoparius/
Sarothamnus scoparius*
Busch, Zierstrauch.
Hochgradige Erregu...
Lähmungserscheinunge...
Herzklopfen, Verfol...
Gesamte Pflanze gif...
bei zeitiger Behandlung nicht tö...

giftige Pflanzen

wichtigsten Giftpflanzen.

Sumpfdotterblume
Caltha palustris

Sumpf- und Wiesenblume, Strauch.
Nierenentzündung, Krämpfe,
Hinterhand. **Geringe Giftwirkung,
meist nicht giftig.**

Weiße Robinie
(Falsche Akazie)
Robinia pseudo-acacia

Zier- und Alleebaum, zum Teil verwildert,
Raserei, Speicheln, Benommenheit,
Entzündung der Magen- und Darmschleimhaut,
Durchfall, Kolik, Hufrehe, Lähmungserscheinungen
Rinde, Blätter und Laub stark giftig → 150 g tödlich.

Bingelkraut
*Mercurialis perennnis
und Mercurialis annnua*
Strauch, Staude, Unkraut
Durchfall, Blutharnen,
Leberschädigung, Hufrehe,
Schiefhals.
**Frische und getrocknete
Pflanze stark giftig → tödlich.**

Herbstzeitlose
Colchicum autumnale

Blume, Strauch, Wiesenpflanze.
Appetitlosigkeit, Benommenheit,
Lähmung, Speicheln, Kreislaufversagen.
**Ca. 1200–3000 g → tödlich innerhalb
von 1–3 Tagen.**

Adlerfarn
Pteridium aquilinum

Busch, verbreitete Waldpflanze.
„Taumelkrankheit" (wie Sumpf-
Schachtelhalm). Fressunlust,
Schreckhaftigkeit, Ängstlichkeit,
Schwanken, blutiger Durchfall,
Blutharnen, Zusammenbruch.
Ganze Pflanze giftig → tödlich.

Jakobskreuzkraut
Senecio jacobea

Strauch, Busch, Unkraut.
Verstopfung, Durchfall,
Gähnen, angestrengtes
Atmen, Abmagerung,
Leberschädigung, Unruhe,
Taumeln, Wandern, Blindheit,
Krämpfe, Leberkoma.
**Ca. 4–8% des KGW an
Pflanze frisch, in Heu und
Silage tödlich; Kleinere Mengen
oder kontinuierliche Aufnahme
→ chronische Erkrankung;
oft tödlich endend.**

Schwarze Tollkirsche
Atropa belladonna

Strauch, Baum.
Pupillenerweiterung,
Durst, Verstopfung,
Kolik, Mattigkeit,
Schwäche,
erhöhte Puls- und Atemfrequenz.
**120 g trockenes Kraut und Blätter wirken
giftig; ab 180 g trockene Wurzeln tödlich.**

Ich bin doch kein Packesel!

Große Reise auf vier Beinen

27 Wir planen einen Wanderritt

Mit Karte und Kompass

Hast du schon einmal davon geträumt, einen richtigen Wanderritt mitzumachen? Ich kann mir kaum schönere Ferien vorstellen! Für die erste Ideenschmiede braucht ihr eine Landkarte eurer nächsten Umgebung. Nehmt euch nicht zu viel vor: ein Ritt von drei bis fünf Tagen mit einer Strecke von etwa 30 Kilometern am Tag ist gut zu schaffen.

Wo soll es hingehen? Am wichtigsten sind die Nachtquartiere für die Pferde und euch. Wo gibt es in entsprechender Entfernung Reitervereine, Gestüte, Pferdehalter? Fremdenverkehrsvereine geben darüber Auskunft. Die Broschüre „Urlaub im Sattel", die von der FN herausgegeben wird, kann euch helfen, entsprechende Adressen zu erfahren. Je nachdem, wie es die Pferde gewöhnt sind, müssen für die Übernachtung Boxen oder Weiden zur Verfügung stehen.

Erst wenn die Unterbringung der Pferde gesichert ist, geht es an die Frage eurer Schlafplätze. Am besten und billigsten übernachtet ihr mit dem Schlafsack im Heu in der Nähe der Pferde. Aber nicht jeder Gastgeber wird das erlauben! Vielleicht gibt es auch die Möglichkeit, zu zelten. Besprecht vorher, ob ihr ein Feuer machen dürft, um etwas zu kochen, oder ob vielleicht ein Herd zur Verfügung steht. Schließlich müsst ihr auch ein Waschbecken und eine Toilette benutzen können.

Geländereiten

Je länger der Ritt, desto ruhiger das Tempo – dafür gibt es viel Landschaft zu sehen.

Gut geplant

Sind die Quartierfragen geklärt, könnt ihr versuchen, die genaue Strecke vorauszuplanen. Dazu braucht ihr eine Karte mit großem Maßstab (1:50000 oder sogar 1:25000), die alle Feldwege enthält. Man kann sogar darauf erkennen, ob die Feldwege geteert sind. Gibt es auf eurer geplanten Strecke Reitwege, dann solltet ihr die natürlich benutzen. Ansonsten legt die Strecke mit möglichst wenig Asphalt und Teer fest – dafür könnt ihr ruhig einen Umweg in Kauf nehmen. Um unterwegs jederzeit die Himmelsrichtung bestimmen zu können, leistet ein Kompass gute Dienste.

Auf jeder Tagesstrecke sollte mindestens eine Rastmöglichkeit vorgesehen sein, wo ihr eine Pause einlegen könnt und die Pferde Wasser bekommen. Auch das muss vorher abgesprochen werden, damit zum Beispiel das Waldgasthaus, das ihr angesteuert habt, nicht gerade Betriebsferien macht...

Die besten Wege findest du sowieso erst unterwegs!

Speziell für Wanderreiter werden praktische Kombinationen von Halfter und Trense angeboten.

Dem Muskelkater vorbeugen

Entscheidend ist natürlich die Frage, welche Pferde, welche Reiter und welches Auto die Tour mitmachen. Ein Begleitfahrzeug ist nötig, um Putzzeug, Eimer und eventuell Kraftfutter für die Pferde sowie eure Schlafsäcke, das übrige Gepäck und die Verpflegung zu transportieren. Wenn ihr das alles zu Pferde mitschleppen wolltet, brauchtet ihr schon ein Packpferd. Eine Tagesstrecke von 30 Kilometern ist so gewählt, dass jedes gesunde Pferd sie gut bewältigen kann. Aber ein Training im Gelände ist nötig, um die Pferde auf den Ritt vorzubereiten. Auf einem Wanderritt geht es nämlich anders zu als auf einem üblichen Ausritt: je länger die Strecke, desto ruhiger das Tempo. Es wird sehr viel Schritt geritten. Glaubt nur nicht, dass das langweilig oder für euch zu einfach wäre – gerade vom Schrittreiten wird man müde, bekommt einen höllischen Muskelkater und Scheuerstellen, mit Vorliebe an den Knien und am Hinterteil. Auch ihr müsst für den Wanderritt trainieren, wenn ihr am zweiten Tag noch munter in den Sattel steigen wollt. Lasst euch Zeit und steigert die Anforderungen für Pferde und Reiter langsam. Anstrengend für die Pferde sind nicht nur Dauer und Tempo eines Rittes, sondern auch die Beschaffenheit des Geländes. Schont eure Pferde in steilem Gelände bergauf, vor allem aber bergab

Wanderreiten ist eine gute Gelegenheit, andere Reitweisen kennen zu lernen. Wie wäre es mal mit einem Ausflug auf Western- oder Islandpferden?

und meidet harten Boden. Auf längeren Asphaltstrecken heißt es daher: absteigen und führen!

Achtet auf den Beschlag eurer Pferde. Er sollte frisch sein, nicht ganz neu, aber auch noch nicht abgelaufen. Kontrolliert alle Nägel! Auch das müsst ihr jeden Abend auf eurem Wanderritt tun und fehlende Nägel sofort ersetzen lassen.

Und wenn ich Muskelkater kriege? Das hebt meine Laune nicht gerade!

Vor dem Start

Klar ist, dass ihr der Ausrüstung für euch und die Pferde vor dem Ritt besondere Aufmerksamkeit widmen müsst. Die Pferde brauchen tadellos passendes, gepflegtes Sattelzeug. Schaut euch besonders die Sattelunterdecken an – da die Pferde unterwegs stark schwitzen, müssen die Unterdecken gut abpolstern, Schweiß aufsaugen können und sie dürfen nicht verrutschen. Ein Satteldruck, durch eine schlecht sitzende Unterdecke verursacht, setzt eurem Ritt ein vorzeitiges Ende! Die Sattellagen der Pferde müssen nach jeder Etappe gut mit Wasser gekühlt werden. Eure eigene Garderobe sollte bequem sein, gut sitzen und für wechselnde Temperaturen eingerichtet sein. Nicht nur als Schutz vor Kälte und Wind, sondern auch vor starker Sonneneinstrahlung und Insektenstichen empfehlen sich lange Ärmel. Denkt daran, dass ihr mit euren Schuhen auch mal ein Stück laufen und eure Pferde führen müsst. Eine Jacke gegen Kälte und Wind sowie einen Regenschutz könnt ihr leicht vor euch am Sattel befestigen. Außerdem braucht jeder Halfter und Anbindestrick für sein Pferd.

Euer Gepäck sollte so gering wie möglich und so umfangreich wie nötig sein. Vieles Überflüssige lässt sich durch Absprachen vermeiden. Macht eine Liste für das, was unbedingt mitgenommen werden soll.
Für die Pferde braucht ihr Putzzeug, Eimer, Kraftfutter, Werkzeug für den Hufbeschlag und Hufnägel, Fliegenschutzmittel sowie eine kleine Stallapotheke. Für euch selbst denkt an Wäsche zum Wechseln, Trainingsanzug, Taschenlampe, Decke, Schlafsack.
Na, hast du Lust bekommen? Dann fang schon einmal ganz vorsichtig mit dem Planen an...

Mit Packtaschen, Woilach und Trinkflasche bist du unterwegs gut ausgerüstet. Stelle für unterwegs eine kleine Reiseapotheke mit Sonnen- und Insektenschutzmittel, Heftpflaster, Wundsalbe, einer Salbe gegen Insektenstiche und Verbandszeug zusammen.

Erst mal auf dem Boden bleiben!

Stör mich ja nicht! Ich konzentriere mich gerade...

28 Bodenrickarbeit

Klein anfangen

„Ein Weg von tausend Meilen beginnt mit einem Schritt", schrieb der chinesische Philosoph Laotse mehr als ein halbes Jahrtausend vor Christus (man weiß nicht ganz genau, wann er gelebt hat). Seine Einsicht gilt heute noch und lässt sich in vielen Situationen anwenden: Das Springen eines ganzen Parcours beginnt mit einem Schritt über eine liegende Stange. Es fängt also ganz einfach mit einer Stange an, die quer zum Hufschlag auf dem Boden liegt und über die im Schritt geritten wird.

Für die Vorbereitung zum Springen benutzt man am besten Bodenricks. Die seitlichen Kreuze geben ihnen besseren Halt, sie verrutschen nicht so leicht wie einfache Stangen. In der Reitersprache heißen die Bodenricks auch Cavalettis.

Den Schritt über die Stange merkt man als Reiter kaum, das Pferd hebt die Beine nur ein wenig höher als sonst und wölbt dabei den Rücken etwas mehr auf. Aber eines spürt man ganz deutlich: Über der Stange dehnt das Pferd seinen Hals nach vorwärts-abwärts und will dabei etwas mehr Luft am Zügel haben. Merke: Das ist über jeder Stange und jedem Hindernis so! Wenn es dir gelingt, jetzt im richtigen Moment nachzugeben mit beiden Zügelfäusten Richtung Pferdemaul, ohne Ruck und ohne Zügelschlabbern, dann hast du schon etwas ganz Wichtiges gelernt.
Als nächstes kannst du das Bodenrick vom Hufschlag weg frei in die Reitbahn legen. Versuche, es gerade in der Mitte anzusteuern, ohne dass dein Pferd nach rechts oder links schwankt.

Sitzübungen im leichten Sitz helfen, mit kurzen Bügeln das Gleichgewicht zu finden.

Ein neues Sitzgefühl

Klappt das Überwinden einzelner Stangen im Schritt, dann versuche das Gleiche im Trab. Dabei wird leicht getrabt. Um den Rücken des Pferdes über der Stange zu entlasten, bleibst du einen Augenblick in den Bügeln „stehen". Weil das Pferd über der Stange einen etwas größeren Schritt vorwärts macht, muss auch dein Oberkörper mit nach vorne gehen. Und nicht vergessen: Über der Stange braucht das Pferd Luft am Zügel. Klappt das alles auf einmal? Prima, dann kannst du dir mehrere Stangen hintereinander vornehmen.

Den Springsitz, der ganz anders aussieht, als der langgestreckte Sitz beim Dressurreiten, hast du bestimmt schon gesehen (wenigstens im Fernsehen). Also: Bügel kürzer, Hinterteil aus dem Sattel, Oberkörper nach vorn – das sieht ja ganz einfach aus. Denkste! Der richtige leichte Sitz ist gar nicht leicht zu lernen, weil er anstrengend ist und zu vielen Fehlern verleitet. Zunächst schnallst du die Bügel zwei bis vier Löcher kürzer. Dein Knie kommt jetzt etwas höher und weiter vorn am Sattel zu liegen. Beim leichten Sitz ist der Knieschluss, der beständige Kontakt zwischen Knie und Sattelblatt, besonders wichtig. Die Unterschenkel bleiben unbedingt an ihrem Platz! Sie sollen weder nach hinten oben wegrutschen noch nach vorne weg-

He, warum wackelst du so komisch?

gestemmt werden. Wenn dabei noch der Absatz tief bleibt, wirst du merken, wie sehr die Wade auf diese Weise angespannt wird. Das gibt Muskelkater in den Beinen! Der leichte Sitz ist anstengend und erfordert viel Übung. Am besten lernst du ihn an der Longe.

Im Entlastungssitz ist der Oberkörper leicht nach vorne geneigt, das Gewicht wird von den federnden Knien und Fußgelenken getragen.

Leichter Sitz – Entlastungssitz

Im leichten Sitz wird der Rücken des Pferdes entlastet. Dazu musst du das Gesäß ein wenig aus dem Sattel nehmen, aber wirklich nur ein wenig. Der Oberkörper wird leicht nach vorne in die Richtung der Bewegung geneigt. Das Gewicht des Oberkörpers soll von Hüft-, Knie- und federnden Fußgelenken getragen werden.

Wie weit der Oberkörper nach vorne und das Gesäß aus dem Sattel kommt, richtet sich nach dem Grad der Entlastung.

Aus dem Gleichgewicht: Hier wird der Oberkörper zu weit nach vorne genommen.

Springen

Im leichten Sitz wird der Pferdrücken völlig entlastet; der Oberkörper kommt noch weiter vor und das Gesäß berührt den Sattel nicht mehr.

Im Gleichgewicht

Der leichte Sitz ist ein Spiel mit dem Gleichgewicht. Du musst dich sicher ausbalancieren können, ohne die Hände aufzustützen oder mit dem Hinterteil den Sattel zu berühren.

Hast du dein Gleichgewicht gefunden, dann kannst du damit regelrecht spielen: Je schneller du reiten willst, desto mehr wird entlastet, und desto weiter kommt der Oberkörper nach vorn. Zwischen leichter Entlastung und völliger Entlastung ist jede Zwischenstufe denkbar.

Aus dem Gleichgewicht: Hier sind die Bügel zu lang und die Beine werden nach vorne weggestreckt.

Kapitel 28

Im Trab über Cavalettis – Stangen am Boden sind die beste Vorbereitung für das Springen.

Im Trab und Galopp über Cavalettis

Beim Reiten über mehrere liegende Stangen hintereinander kannst du am besten den korrekten leichten Sitz über einem Sprung einüben.

Bemühe dich stets darum, dem Pferd über jeder Stange gerade so viel Luft am Zügel zu geben, wie es braucht. Im Idealfall sollen die Hände dabei auf gerader Linie in Richtung Pferdemaul vorgehen. Anfangs ist es manchmal leichter, die Hände oben am Mähnenkamm entlang vorzuschieben. Ein grober Fehler ist es, wenn die Hände nach unten stoßen oder gar rückwärts ziehen.

Im Galopp passiert es am leichtesten, dass ein Pferd vor einer Reihe von Cavalettis ausweicht. Für deine ersten Versuche sollten deswegen unbedingt seitliche Begrenzungen vorhanden sein.

Bodenricks (Cavalettis) müssen mit gleichmäßigen, passenden Abständen aufgebaut werden. Als Faustregel für ein Großpferd mit großer Schrittlänge gilt: im Schritt 80 cm, im Trab 1,30 Meter und im Galopp 3,50 Meter. Für Ponys müssen die Abstände entsprechend verkürzt werden. Nicht passende oder verrutschte Stangen sind Stolperfallen für die Pferde.

Springen

Der erste Sprung

Der erste Sprung

Der erste Sprung sollte am besten aus dem Trab erfolgen.
Als erstes kleines Hindernis genügt ein aufgestelltes Cavaletti mit vorgelegten Trabstangen. Sie erleichtern dem Pferd den rechtzeitigen Absprung. Wenn du ruhig

Stell dich nicht so an. Ich muss schließlich springen, nicht du!

über die liegenden Stangen trabst, danach das Pferd mit beiden Zügeln gut einrahmst und beide Unterschenkel dicht am Pferdekörper hältst, wird das Pferd ohne Zögern das kleine Hindernis überwinden. Nimm den Oberkörper mit nach vorne, gib Luft am Zügel und pass auf, dass die Unterschenkel nicht nach hinten rutschen: Schon ist der erste Sprung geschafft.
Aber Achtung: Beim ersten Anreiten eines neuen Sprunges machen manche Pferde einen Satz, als ob sie ein größeres Hindernis vor sich hätten. Fass beim ersten Mal sicherheitshalber in die Mähne, damit du den Absprung nicht verpasst.

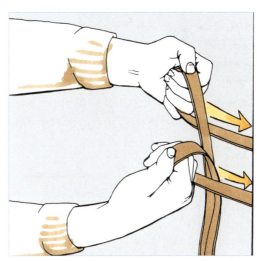

Die Zügelfäuste werden im Leichten Sitz rechts und links am Hals getragen. Die Handhaltung bleibt die gleiche wie im Dressursitz. Aus dem entspannten Ellbogen heraus wird über jedem Hindernis mit beiden Händen nach vorn in Richtung Pferdemaul nachgegeben. Gib lieber zu viel als zu wenig nach!

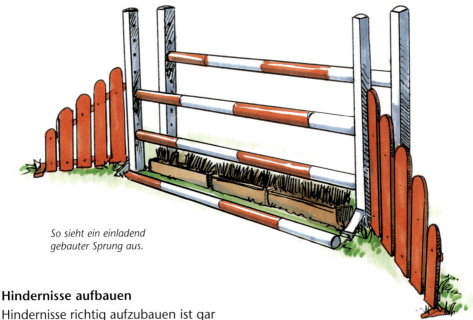

So sieht ein einladend gebauter Sprung aus.

Hindernisse aufbauen

Hindernisse richtig aufzubauen ist gar nicht so einfach. Pferde sehen die Sache nämlich ganz anders als wir. Dir erscheint anfangs vielleicht nur eine luftige Stange Vertrauen erweckend, dein Pferd dagegen springt lieber über einen dicken, wuchtigen Baumstamm.

Je kompakter ein Sprung aussieht und je besser er ausgefüllt ist, desto einfacher ist er für das Pferd zu taxieren. Eine Stange direkt am Boden dicht vor dem Hindernis erleichtert es dem Pferd, den Absprung zu finden. Ein Hoch-Weit-Sprung, dessen hintere Stange höher ist als die vordere, gibt dem Pferd eine ideale Sprungkurve vor. Seitliche Begrenzungen lassen beim Pferd den Gedanken ans Ausweichen gar nicht erst aufkommen.

Für den korrekten Aufbau eines einzelnen Sprunges brauchst du mindestens drei Stangen. Spare nicht am Material! Ein richtig aufgebautes Hindernis springt dein Pferd noch mal so gern.

Ich weiß was Besseres: Laß Platz unter der obersten Stange, dann pass ich darunter durch!

- Das oberste Teil eines Hindernisses muss stets abgeworfen werden können.
- Die hintere Stange ist stets gleich hoch wie die vordere oder höher.
- Stangen dürfen sich nicht verklemmen. Zwischen gekreuzten Stangen muss stets ein Zwischenraum frei bleiben.
- Eine Stange auf dem Boden darf nur vor, nicht in einem Hindernis liegen.
- Lass keine unbenutzten Auflagen an Ständern hängen — ein Reiter könnte sich daran verletzen.

Springen

Was bist du denn für ein komischer Vogel?

Nur Fliegen ist schöner!

29 Springtraining

Anlauf, Absprung, Flug, Landung

Kannst du beschreiben, wie er war, dein erster Sprung? Sicher weißt du das selbst gar nicht so ganz genau – es ging viel zu schnell.

Nur theoretisch können wir einen Sprung in einzelne Phasen zerlegen, so, als würden wir ihn in Zeitlupe sehen: Anlauf, Absprung, Flug, Landung.

Für den Anlauf ist es wichtig, in ruhigem Tempo gerade und genau senkrecht die Mitte des Hindernisses anzusteuern. Um sich mit den Hinterbeinen abdrücken zu können, braucht das Pferd Schwung. Es zieht sich vor dem Absprung ein bisschen wie eine Ziehharmonika zusammen. .

Nimm den Anlauf deswegen nicht zu groß. Verpasse den Absprung nicht! Dein Oberkörper soll mit nach vorn in die Bewegungsrichtung gehen und die Hände geben gerade so viel Luft am Zügel, wie das Pferd braucht.

„Nicht stören!", heißt die Devise während des Fluges. Das Gewicht liegt auf den Knien und Fußgelenken, keinesfalls darfst du dem Pferd ins Kreuz fallen. Gib lieber zu viel als zu wenig Luft, vor allem, wenn das Pferd nicht im richtigen Moment abgesprungen ist. Um doch noch heil über das Hindernis zu kommen, braucht es seinen Hals als Balancierstange.

Bei der Landung musst du besonders darauf achten, dass die Unterschenkel vorne bleiben, um selbst nicht nach vorn zu fallen. Richte deinen Oberkörper auf, stelle sofort wieder eine weiche Verbindung zum Pferdemaul her und reite in gerader Linie vom Sprung weg mit Blick auf das nächste Hindernis.

Eine Springreihe hilft Pferd und Reiter, Balance und Rhythmus zu finden.

Nie ohne!

Für dein Springtraining, wenn es nicht sowieso unter Aufsicht eines Reitlehrers stattfindet, merke dir: nie ohne Reithelm, nie ohne Hilfsperson.

Den vorschriftsmäßigen Helm mit Drei- oder Vierpunktbefestigung solltest du beim Reiten immer tragen. Springen ohne Helm ist bodenloser Leichtsinn!

Trägst du ihn nicht, wird unter Umständen eine Versicherung, die du nach einem Reitunfall in Anspruch nehmen willst, nicht in voller Höhe zahlen.

Eine Hilfsperson brauchst du zu deiner eigenen Sicherheit: beim Springen ist die Sturz- und damit Verletzungsgefahr sehr viel größer als bei der Dressur, bei einem Sturz benötigst du Hilfe für dich und dein Pferd.

Außerdem sind helfende Hände aus praktischen Gründen unerlässlich: um gefallene Stangen aufzulegen, Hindernishöhen zu verstellen und den Aufbau zu verändern. Wolltest du das alles allein bewältigen, kämest du gar nicht richtig zum Reiten.

Immer der Reihe nach

Um dir und dem Pferd das Gefühl für den richtigen Absprung zu geben, sind passend aufgebaute Kombinationen und Reihen von mehreren Sprüngen hintereinander das beste Mittel.

Das Wichtigste sind dabei richtige Abstände, die es dem Pferd ermöglichen, im Rhythmus seines Galoppsprungs abzuspringen.

Fange mit einfachen Kombinationen an, bevor du dir ganze Hindernisreihen aufbaust. Stelle immer nur einen weiteren Sprung dazu. Verweigert dein Pferd den neu hinzugekommenen Sprung, dann übe ihn zunächst einzeln. Die übrigen Hindernisse deiner Reihe musst du notfalls tiefer legen oder zur Seite räumen.

Mit seitlichen Fängen, Stangen oder Bodenricks lässt sich die Sprungreihe seitlich absichern. So kannst du dich ganz auf deinen Sitz konzentrieren. Du wirst merken, dass Sprungreihen einfacher zu springen sind als einzelne Hindernisse nacheinander. Wenn du erst einmal den richtigen Rhythmus gefunden hast, klappt das Mitgehen mit der Pferdebewegung wie von selbst. Auch den Pferden macht diese Arbeit besonders viel Spaß.

Was heißt hier Aufsichtsperson? Ich probiere meine Tricks, wann ich will!

Springen

Ganz langsam werden die Anforderungen gesteigert: höher, weiter, schwerer.

Ohne Bügel, ohne Zügel

Versuche einmal, die Zügel loszulassen, wenn du über dem ersten Sprung bist (mache vorher einen Knoten in die Zügel, damit sie nicht durchhängen).

Traust du dich, die Hände in die Hüften zu stemmen? Oder übe mit den leeren Händen das Nachgeben Richtung Pferdemaul. Hast du deine Balance in der Reihe gefunden, dann schlag zusätzlich die Bügel über. Keine Angst! Über niedrigen Sprüngen störst du das Pferd nicht, wenn du mit dem Gesäß am Sattel bleibst. Ohne Bügel kannst du besonders gut lernen, deinen Oberkörper und deine Beine überm Sprung richtig auszubalancieren.

Wenn die erste Angst überwunden ist, macht das Springen auf diese Weise riesigen Spaß. Auch die Pferde springen mit mehr Lust, wenn sie sich vor einer ungeschickten Reiterhand sicher fühlen. Trotzdem solltest du das Springen ohne Zügel und ohne Bügel nicht ohne Reitlehrer und nicht zu oft üben. Ohne Zügelführung geraten die Pferde gern ins Flitzen und werden zwischen den Sprüngen immer schneller, dabei aber auch flacher und unaufmerksamer.

Aus dem Trab

Das Springen aus dem Trab hat einen entscheidenden Vorteil: der Absprung passt eigentlich immer. Diese Übung eignet sich daher ganz besonders für junge Pferde oder unerfahrene Reiter.

Sitze zum Anreiten im Trab leichten Sitz. Reite nach dem Sprung in gerader Richtung weiter und versuche, möglichst bald wieder die Kontrolle über das Pferd zu gewinnen.

> Einer meiner Tricks: Direkt nach dem Sprung linksum!

Pferd und Reiter kommen in einer Reihe prima in Schwung.

Springpferde müssen sich im Durcheinanderreiten zwischen Hindernissen ruhig traben und galoppieren lassen.

Springtraining

Reitest du über mehrere Sprünge in Folge, dann kommt es für dich auf die beste Linienführung und einen flüssigen, gleichmäßigen Rhythmus von Sprung zu Sprung an. Baue deine Hindernisse deswegen zu Anfang niedrig und übe alles erst einmal aus dem Trab, bevor du galoppierst.
Sorge auf jeden Fall für Abwechslung in deinem Training. Wieder und wieder denselben Sprung zu springen, lässt das Pferd nicht gehorsamer, sondern unaufmerksamer werden.
Das Tempo beim Anreiten eines Hindernisses bestimmst du. Wird dein Pferd zu heftig oder geht es nicht genügend vorwärts, dann wende vor dem Hindernis ab und reite einen Bogen, bevor du es noch einmal versuchst.
Dein eigentlicher Anlauf soll gerade und genau senkrecht auf das Hindernis zu erfolgen, aber du kommst mit wenig Anlauf aus.

Kombinationen und Distanzen

Sprünge mit bis zu zwei Galoppsprüngen dazwischen nennt man Kombinationen, Sprünge mit drei bis sechs Galoppsprüngen dazwischen nennt man Distanzen.

Niedrige Hindernisse? Das höre ich gern!

- Nie ohne Kappe, nie ohne Hilfe!
- Reite an in ruhigem Tempo, in gleichbleibendem Rhythmus, in gerader Linie senkrecht auf die Mitte des Hindernisses zu!
- Über dem Sprung Oberkörper vor, Hände vor; bei der Landung Unterschenkel vorne lassen, Blick aufs nächste Hindernis!

Springen

Damit die Pferde mühelos springen können, müssen Kombinationen und Distanzen der Länge ihres Galoppsprungs angepasst sein. Die richtigen Abmessungen dafür sind eine Wissenschaft für sich. Lass dich beim Aufbau fachmännisch beraten!

Hast du dir den Parcours gemerkt? Ich vergesse nämlich immer, wo es langgeht!

Im Parcours

Einen vorgegebenen Weg über eine Reihe von Hindernissen mit bestimmten Anforderungen nennt man Parcours.
Auf großen Springturnieren, wie du sie im Fernsehen sehen kannst, überwinden die besten Springreiter der Welt mit ihren Pferden Hindernisse in Schwindel erregender Höhe. Aber du kannst dich beruhigen: auch Spitzenpferde und Spitzenreiter haben einmal klein angefangen...
Du darfst spätestens dann deinen ersten kleinen Parcours reiten, wenn du die Prüfung zum Großen Hufeisen ablegen willst. Wie so ein Parcours aussehen könnte, siehst du auf dem Bild.

Beim Reiten geht es nicht nur darum, die Sprünge fehlerfrei zu überwinden, sondern auch zu zeigen, dass du das Pferd zwischen den Sprüngen unter Kontrolle hast. Deswegen werden in einen solchen Parcours oft sogenannte „Standardanforderungen" eingebaut. Zum Beispiel:
– Reiten über Trabstangen
– Anreiten einzelner Sprünge aus dem Trab
– Übergänge zwischen Galopp und Trab an vorgegebener Stelle
– Traben und Galoppieren auf bestimmten Hufschlagfiguren um die Sprünge herum
– Zügel aus der Hand kauen lassen
– Kombinationen und Distanzen

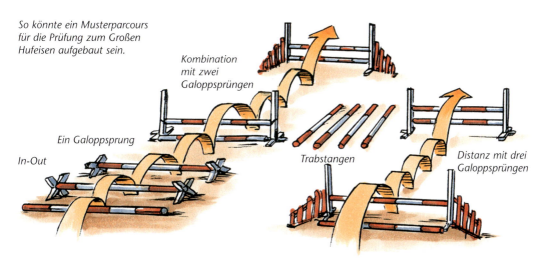

So könnte ein Musterparcours für die Prüfung zum Großen Hufeisen aufgebaut sein.

Kombination mit zwei Galoppsprüngen

Ein Galoppsprung

In-Out

Trabstangen

Distanz mit drei Galoppsprüngen

*Höher!
Weiter!
Schwerer!*

30 Hindernisse aller Art

Von Sprung zu Sprung

Ein vollständiger Parcours, wie er auf einem Turnier von Pferd und Reiter verlangt wird, kommt mit einigen Ständern und Stangen nicht aus. Im Fernsehen hast du bestimmt schon einmal gesehen, wie viele verschiedenartige Hindernisse es gibt. Dennoch haben sie auch viele Gemeinsamkeiten: sie bestehen zum Beispiel hauptsächlich aus Holz oder Plastik, um die Verletzungsgefahr für die Pferde zu verringern. Die oberen Teile der Hindernisse können herunterfallen, wenn ein Pferd daran stößt.

Es ist wichtig, ein Pferd mit vielen verschiedenartigen Sprüngen vertraut zu machen. Rechne damit, dass dein Pferd vor einem neuartigen Hindernis stutzt, vielleicht sogar verweigert.

Mauern sollen zum Überspringen da sein? Dass ich nicht lache!

Dann lass dein Pferd den Sprung zunächst anschauen und reite dann energisch dagegen. Einige Hindernisse sind besonders schwierig und erfordern etwas mehr Geduld, zum Beispiel die Mauern. Sie flößen Pferden und Reitern leicht Angst ein.

Ein gelegentlich schwieriges Kapitel ist das Springen von Gräben. Manche Pferde schrecken instinktiv davor zurück. Hier kann ein Führpferd helfen, hinter dem auch dein Pferd sich den Sprung zutraut. Das Springen von Gräben ist manchmal auch ein Problem des Reiters. Zum flachen Überfliegen eines Grabens brauchen Pferde einen Anlauf mit mehr Tempo als für einen Steilsprung.

Springen

Das Abgehen einer Distanz zwischen zwei Sprüngen mit Meterschritten will gelernt werden. Übung macht den Meister!

Einen Parcours abgehen

Der Erfolg im Parcours fängt zu Fuß an. Beim Abgehen der Hindernisse und dem Abmessen mit Meterschritten von Sprung zu Sprung kanst du dir die Anforderungen selbst klarmachen.

Die genaue Entfernung in Distanzen und Kombinationen ist eine Wissenschaft für sich. Aber eine einfache Schätzung solltest du kennen: Kombinationen mit einem Galoppsprung haben 7 bis 8 Meter Zwischenraum. Rechne für jeden weiteren Galoppsprung 3,50 Meter dazu.

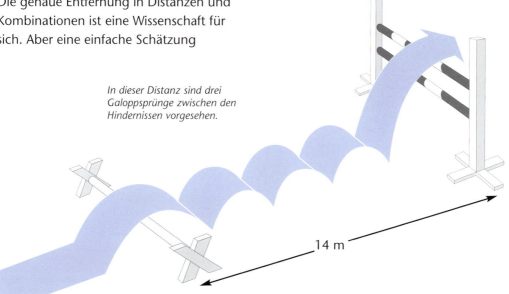

In dieser Distanz sind drei Galoppsprünge zwischen den Hindernissen vorgesehen.

14 m

Ein typischer Steilsprung hat als oberstes Teil abwerfbare Stangen. Unten wurde das Hindernis mit einem stehenden Gatter ausgefüllt.

Hoch, weit oder beides

Die wichtigste Unterscheidung zwischen verschiedenen Hindernisarten ist die Einteilung in zwei Gruppen: Steil- und Hochweitsprünge. Als reine Weitsprünge gelten nur Wassergräben.

Ein typischer Hochweitsprung ist dieser Oxer, gut eingerahmt von zwei Mauerteilen. Die obersten Stangen sind abwerfbar.

Springen

Diese Hindernisarten kannst du häufig auf Turnierplätzen finden. Es sind allerdings nur einige von vielen verschiedenen Aufbau-Möglichkeiten.

Konzentriert und voller Vertrauen meistern Pferd und Reiterin den Sprung in die Tiefe.

Springen im Gelände macht einfach mehr Spaß!

Springen im Gelände

Ohne viel zeitaufwendige Vorbereitung lässt sich das Springen im Gelände üben. Es bietet zudem einen entscheidenden Vorteil: Die Pferde springen draußen meist freiwillig, flüssig und fliegend.

Passende kleine Geländesprünge sind eine gute Geschicklichkeitsschule für dich und dein Pferd.

Aber du kannst auch natürliche Geländehindernisse finden: Baumstämme, Gräben, umgefallene Nadelbäume, Erdwälle, Auf- und Absprünge.

Hüte dich allerdings davor, ein Geländehindernis zu springen, bevor du die Absprung- und Landestelle genau in Augenschein genommen hast. Unter Umständen kannst du dabei unangenehme Überraschungen erleben: Hinter einem Baumstamm liegen Steine verborgen, ein Grabenrand ist sumpfig und hinter einer umgestürzten Fichte liegen noch weitere...

Einige Hindernisse solltest du meiden: Drahtzäune, weil Pferde sie vielleicht nicht sehen, Wegeschranken, weil sie nicht fallen können wie ein Stangenhindernis oder lose aufgetürmte Strohballen, die deinem Pferd zwischen die Beine kullern.

- Mache dein Pferd mit möglichst vielen verschiedenen Sprüngen vertraut.
- Reite nur korrekt und sicher gebaute Sprünge an.
- Übe den Meterschritt, damit du den Abstand zwischen zwei Sprüngen abschätzen kannst.
- Mache dich mit Abmessungen in Kombinationen und Distanzen vertraut.

Springen

Wenn Pferde „parken"...

Du wolltest doch unbedingt drüber – ich nicht!!

31 Ungehorsam beim Springen

Schwierigkeiten – warum?

Eine ungesattelte Kuh auf der Weide kann ohne weiteres 1,20 Meter hoch springen. Pferde, die viel athletischer gebaut sind und sich viel besser zu sportlichen Höchstleistungen eignen, haben manchmal mit sehr viel geringeren Höhen Schwierigkeiten.
Sie brechen vor einem Hindernis seitlich aus, werden davor nicht etwa schneller, sondern immer langsamer oder bleiben einfach aus voller Fahrt davor stehen. Sie „parken", wie es manche Springreiter ganz salopp nennen. Dabei ist das Hindernis oft nicht einmal besonders hoch oder schwierig zu springen.

Offene Widersetzlichkeiten treten beim Springen sehr viel häufiger auf als in der Dressur. Soll man daraus schließen, dass Springen für Pferd und Reiter besonders schwierig zu bewerkstelligen ist? Sieht man andererseits wieder manche Ponys mit ihren jungen Reitern in völlig selbstverständlicher Manier kleine und große Hindernisse überwinden, dann kann man Zweifel hegen, ob die Sache wirklich so besonders schwierig ist.
Worin liegt nun aber das Geheimnis des Erfolges oder Misserfolges?

Ein ungesatteltes Pony kann natürlich auch über 1,20 Meter springen. Aber manchmal hat es einfach keine Lust dazu!

Es kann so selbstverständlich aussehen... Jeder Reiter und jedes Pferd sollten lernen, ein kleines Hindernis ruhig und gelassen zu überwinden.

Springen nur, wenn's sein muss

Um zu verstehen, warum ein Pferd manchmal nicht springen will, muss man sich wieder in das Leben der Wildpferde in der Steppe zurückversetzen.

Der Körperbau der Pferde, insbesondere die starke Hinterhand mit den kräftigen, gewinkelten Gelenken, machen diese Tiere sicherlich gut geeignet zum Springen. Tatsächlich konnte es lebensrettend für ein Urpferd gewesen sein, auf der Flucht einen gestürzten, quer liegenden Baumstamm oder einen tiefen Graben überwinden zu können. Aber – der Instinkt riet den Urpferden auch, ihre Kräfte nicht unnötig zu vergeuden. Sie sprangen, wenn es sein musste, aber auch nur dann.

Erst einmal versuchten sie, ein Hindernis zu vermeiden, zu umgehen, sich einen anderen Weg zu suchen. Gesprungen wurde nur, wenn Gefahr im Verzug war und es keinen anderen Ausweg gab. Etwas von diesem Instinkt steckt auch noch in vielen heutigen Ponys und Pferden. Wenn sie also zunächst versuchen, einem neuen Hindernis auszuweichen, dann proben sie nicht in erster Linie Widerstand gegen den Reiter, sondern folgen ihrem Instinkt.

Wer wird denn schon freiwillig große Sprünge machen?

Taxieren lernen

Sobald du dir diese Tatsache klarmachst, verstehst du, warum der behutsame Anfang, das Reiten über liegende Stangen, so wichtig ist: Er macht das Pferd mit dem selbstverständlichen Überwinden kleiner Hindernisse vertraut. Es gewöhnt sich allmählich daran, nicht auszuweichen, sondern ruhig darüber zu steigen oder aus dem Schwung zu springen.

Auch das Springen über achtzig Zentimeter Höhe will gelernt sein. Wer einmal beobachtet, wie ein junges, ungeübtes Pferd seine ersten Springversuche macht, wird feststellen, dass es oft viel zu viel Schwung nimmt. Es springt über eine am Boden liegende Stange etwa so, als ob dort ein Hindernis von einem Meter Höhe stünde. Aber nicht nur in der Höhe verschätzen sich die Pferde, auch in der Entfernung und der Wahl des richtigen Absprungpunktes. Sie springen viel zu früh los oder unterlaufen das Hindernis regelrecht. Damit ihr beide, du und dein Pferd, das richtige Taxieren lernt, müsst ihr in einem gleichmäßigen Rhythmus zum Sprung galoppieren. Nur so könnt ihr eurer Sache sicher werden.

Wenn Pferd und Reiter nicht genügend Zeit gelassen wird, das richtige Einschätzen einfacher Hindernisse, das Taxieren, zu lernen, wird keiner von beiden Spaß am Springen bekommen.

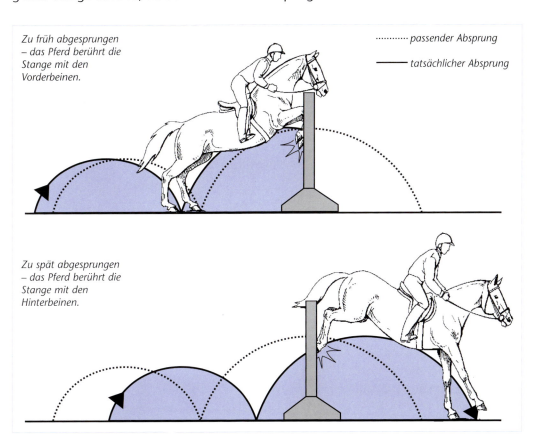

Zu früh abgesprungen – das Pferd berührt die Stange mit den Vorderbeinen.

.... *passender Absprung*
——— *tatsächlicher Absprung*

Zu spät abgesprungen – das Pferd berührt die Stange mit den Hinterbeinen.

Plumps und Ruck

Die häufigste Ursache dafür, dass einem Pferd die Lust am Springen vergangen ist, liegt allerdings an den Reitern selbst: Reiterfehler, wie der Plumps ins Kreuz und der Ruck ins Maul über dem Sprung, lassen kein Pferd einen Sprung in angenehmer Erinnerung behalten!

Andere Reiterfehler, wie ein zu hohes oder zu niedriges Tempo, führen dazu, dass das Pferd sich vielleicht die empfindlichen Beine an einer Hindernisstange anschlägt. Die Erinnerung an einen Schmerz steigert die Lust des Pferdes zum Springen keineswegs...

Korrektur mit Köpfchen

Hat ein Pferd die Lust am Springen verloren oder gar nicht erst bekommen, musst du zunächst kritisch (und selbstkritisch!) nach der Ursache forschen. Bei der Korrektur sollte auf jeden Fall ein Fachmann helfen.

Als erstes muss das Pferd schlechte Erfahrungen gründlich vergessen. Eine gute Hilfe dabei ist das Freispringen ohne Reiter.

Das verloren gegangene Vertrauen eines Pferde lässt sich am besten in passenden Kombinationen und Sprungreihen zurückgewinnen. Der zweite und dritte Sprung in Folge klappen im Rhythmus des Galoppsprungs oft viel besser als der erste. Um die verlorene Lust am Springen wieder herzustellen, kann man dem Pferd auch einfache Geländehindernisse anbieten. Draußen gehen die Pferde meist lieber vorwärts – auch beim Springen. Versagen alle reiterlichen Hilfen vor dem Sprung, kannst du es noch mit List versuchen: hinter einem sicheren Führpferd her wird auch das widerspenstigste Pferd – hoffentlich – seinem Herdentrieb folgen... War ein unsicherer Reiter die Ursache für den Ungehorsam, dann ist Reiterwechsel geboten: ein sicherer Springreiter wird auch einem ängstlich gewordenen Pferd über die schlechten Erfahrungen hinweghelfen und ihm wieder neues Vertrauen zum Reiter schenken können.

Aua – den Plumps in den Rücken und den Ruck ins Maul behält kein Pferd in angenehmer Erinnerung. So fangen Schwierigkeiten beim Springen oft an.

Probleme mit Pferden

*Hilfe –
ein Gespenst!!!*

Ich weiß genau, wo du dich versteckt hast!

32 Das Scheuen

Angst hab ich keine – aber schnell laufen kann ich!

Wovor Pferde scheuen

Ein Blumentopf auf dem Podest, ein gelbes Postauto, flatternde Wäsche auf der Leine, bellende Hunde, eine weiße Plastiktüte mitten auf dem Weg, Kälber, die plötzlich zum Zaun gelaufen kommen, der Rettungshubschrauber im Landeanflug zum nahen Krankenhaus, eine Pfütze, in der sich das Sonnenlicht spiegelt, die frisch gestrichene Bank am Wegrand, eine wehende Plastikplane, ein Lichtflecken auf dem Boden der Reithalle, ein ratternder Traktor, ein Motorradfahrer, der auf einmal Gas gibt, ein quer über den Weg hoppelndes Kaninchen, ein stinkender Abfallhaufen, Pferdedecken auf der Bande in der Reithalle... haben eines gemeinsam: Pferde können davor erschrecken.

Hast du schon einmal erlebt, dass ein Pferd vor etwas gescheut hat? Das kommt nicht gerade selten vor. Reiter wissen viele Geschichten darüber zu erzählen, was alles passieren kann, wenn Pferde Angst bekommen.

Denn Pferde sind auf der Flucht, oft bevor der Reiter überhaupt mitbekommen hat, warum.

Kapitel 32

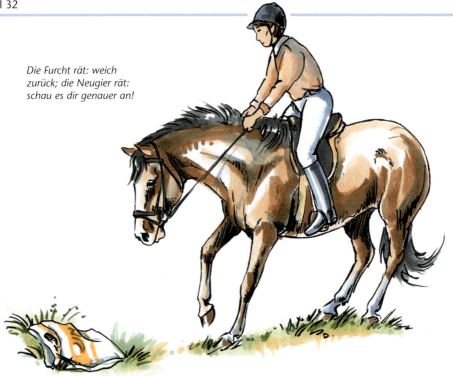

Die Furcht rät: weich zurück; die Neugier rät: schau es dir genauer an!

Warum Pferde weglaufen wollen

Sind Pferde deswegen dumm oder feige? Keines von beiden! Um zu verstehen, warum Pferde scheuen, muss man sich daran erinnern, wie die wild lebenden Vorfahren unserer heutigen Pferde und Ponys Gefahren begegnet sind. Wenn Pferde scheuen, dann wollen sie erst einmal versuchen, unbekannten, beängstigenden und unangenehmen Dingen auszuweichen. In der flachen Steppe, in der sie zu Hause waren, konnten sie einen weiten Raum überblicken. Wenn ein Feind in Sicht war, wenn Gefahr drohte, half nur eines: die Flucht.

Für Pferde war es lebenswichtig, zunächst einmal einen sicheren Abstand zwischen sich und die drohende Gefahr zu bringen – oft schon, bevor sie die Gefahr richtig einschätzen konnten. Die Waffen der Pferde zur Selbstverteidigung, ihre Hufe und Zähne, richteten beispielsweise gegen den Angriff eines Raubtieres wenig aus. Das Kommando zur Flucht befolgen alle Herdenmitglieder. Die Angst steckt auch beim Reiten in der Gruppe an: Wenn ein Pferd scheut, machen die übrigen erst einmal vorsichtshalber mit.

Die Sinnesorgane helfen den Pferden, mögliche Gefahren vorherzusehen. Pferde können viel mehr wahrnehmen als ihre Reiter! Zum Beispiel erkennen sie besonders gut Bewegungen, sowohl in weiter Ferne als auch am Boden, etwa eine Maus im Gras. Darum merken wir manchmal gar nicht, wovor ein Pferd Angst hat; selbst im Hören und Riechen ist es uns weit überlegen. Aber auch die Erinnerung an unangenehme Erfahrungen (wie die Spritze des Tierarztes), jagt Pferden Angst ein.

Probleme mit Pferden

Zwischen Furcht und Neugier

Wie geht dieses Scheuen eigentlich vor sich? Nicht immer gleich und nicht immer mit sofortiger Flucht. Manche Pferde bleiben abrupt stehen, manche drängeln seitwärts, einige suchen ihr Heil in der Flucht nach vorn, andere gehen rückwärts, machen Sätze, buckeln, steigen oder versuchen, nach einer Kehrtwendung möglichst schnell in den rettenden Stall zu gelangen. Aber Pferde sind (zu unserem Glück) auch

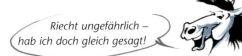

Riecht ungefährlich – hab ich doch gleich gesagt!

zutraulich und vor allem sehr neugierig. So kann es sein, dass sie erst einmal abwarten, ob sie ein unbekanntes Geräusch mit den Augen identifizieren können, damit sie wissen, ob Gefahr droht. Versuche, dein Pferd zu veranlassen, an einem als gefährlich eingestuften Gegenstand zu schnuppern. Dann überzeugt es sich selbst davon, dass ihm keine Gefahr droht.

Vertrauen siegt

Scheut ein Pferd in der Reitbahn – über neue Cavalettis, einen aufgerollten Schlauch, Pferdedecken über der Bande (und ähnliches mehr), dann nimm dir Zeit dafür, dem Pferd beim Überwinden seiner Angst zu helfen. Nutze seine Neugier und sein Vertrauen zu dir aus! Ein bisschen Geduld brauchst du freilich schon dazu... Versuche, das Pferd langsam an den bedrohlichen Gegenstand heranzuführen, Überredung hilft dabei. Manchmal unterstützt dich ein anderes Pferd, das vorangeht.

Wer ein ängstliches Pferd schlägt oder straft, erreicht nur, es sich noch mehr fürchtet. Aber ins Gegenteil darfst du auch nicht verfallen: wer selbst ängstlich nach jedem Anlass zum Scheuen Ausschau hält, statt energisch vorwärts zu reiten, braucht sich nicht zu wundern, wenn auch sein Pferd beständig auf der Lauer liegt.

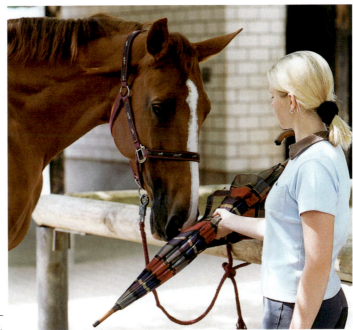

Die Furcht ist noch da – aber die Neugier hat gesiegt.

Stelle dein Pferd immer gegen die Gefahr! Wenn sich eine Baustelle rechts von dir befindet, dann reite nach links gestellt – notfalls im Schenkelweichen – daran vorbei.

Mit Pferdeaugen sehen

Ein Patentrezept gegen das Scheuen ist bis heute noch nicht erfunden worden. Vor unangenehmen Überraschungen ist kein Reiter sicher. Aber er kann durchaus etwas gegen die Pferdeangst tun.

Als erstes musst du lernen, mit Pferdeaugen zu sehen und mit Pferdeohren zu hören. Ganz wirst du das nie schaffen, aber Aufmerksamkeit und Erfahrung helfen dir.

Als nächstes gilt es, geschickt zu reiten, damit das Vertrauen des Pferdes in die Reiterhilfen größer wird als seine Angst. Möglichen Gefahren begegne im zügigen Schritt. Wer stehen bleibt, zeigt dem Pferd die eigene Unsicherheit an! Nicht an einer Gefahr vorbeigaloppieren, denn Galopp ist die Fluchtgangart der Pferde.

Oft hilft schon ein Sicherheitsabstand, um die Situation zu entschärfen.

- Scheuen ist natürlich. Pferde scheuen vor dem, was sie sehen, hören oder riechen können.
- Gefahren begegne im Schritt. Zeige keine Angst.
- Reite zügig vorwärts und stelle das Pferd gegen die Gefahr.
- Beim Reiten in der Gruppe geht ein sicheres Pferd vorneweg. Nie die Gefahrenquelle zwischen die Pferdegruppe kommen lassen!
- Gewöhnung gibt Sicherheit. Übe unbekannte Situationen ein!

Probleme mit Pferden

Benehmen ist Glücksache!

Au – nicht schon wieder!

33 Unarten im Stall

Anstandsunterricht für junge Pferde

Ein Fohlen lernt im ersten Lebensjahr am meisten von seiner Mutter. Sie bringt ihm die Pferdesprache bei, macht ihm klar, wie man sich gegenüber anderen Pferden benimmt, weist das kleine Pferd zurecht, wenn es sich beim Spiel zu viel herausnimmt, lehrt es das Einfügen in die Pferdegemeinschaft. Von seiner Mutter schaut sich das Fohlen ab, unbefangen und freundlich auf die Menschen zuzugehen. Schon bald bekommt es selbst mehr mit den Menschen zu tun: Es muss lernen, ein Halfter zu tragen und daran geführt zu werden, still zu stehen, die Füße einzeln hoch zu halten und zu ertragen, dass daran herumgeklopft wird; es muss sich überall berühren lassen, wird angebunden und lernt vor allen Dingen, dass gegenüber den Zweibeinern so lustige Spiele wie Steigen und nach hinten Ausschlagen verboten sind.

Ein gewissenhafter Züchter nimmt sich die Zeit, bereits einem kleinen Fohlen die wichtigsten Benimm-Regeln für sein späteres Leben beizubringen.

Das ist nicht immer einfach! Wie soll ein kleines, verspieltes Tier auch begreifen, dass es plötzlich stillstehen muss, dabei auch noch festgebunden ist und die Füße nicht einfach wegziehen darf, wenn es ihm zu langweilig wird, sie hochzuheben. Je später mit der Erziehung angefangen wird, desto schwieriger ist sie. Manches lernt ein älteres Pferd möglicherweise nie mehr: Es hat herausgefunden, wie man sich beim Anbinden losreißt, lässt sich nur äußerst widerstrebend anfassen und putzen, hat beim Aufheben der Hufe Angst vor Schlägen und zuckt dann erst recht...

Alarmstufe eins: Das Pferd legt die Ohren an und winkt drohend mit einem Hinterbein. Sei auf Widerstand gefasst!

Machtkampf: Beißen und Schlagen

Wer eine schlechte Fohlenerziehung wieder gutmachen will, braucht vor allem Ruhe und Konsequenz. Das heißt, genauer gesagt: Er darf sich nicht ärgern und über die Fehler des Pferdes in Wut geraten – und er darf selbst keine Fehler machen. Wer einmal dem Pferd seinen Willen lässt und ein andermal plötzlich versucht, seinen eigenen Willen durchzusetzen, wird erleben, dass das Pferd dann ausprobiert, wer der Stärkere ist. Auf solche Kämpfe darf sich niemand, kein Kind und kein Erwachsener, einlassen. Warum? Weil auch das kleinste Pferd immer der Stärkere ist. Nur – die meisten Pferde wissen das zum Glück nicht. Von Anfang an war der Mensch derjenige, der bestimmt hat, dem sie aber auch vertrauensvoll folgen konnten.

Hat ein Pferd – leider – dennoch gelernt, seine Waffen, nämlich Hufe und Zähne, gegen den Menschen einzusetzen, dann ist die allererste Abhilfe die: Man darf dem Pferd keine Angriffsfläche und -möglichkeit bieten.

Ein beißendes Pferd wird immer kurz angebunden, so dass es uns möglichst nicht erreichen kann. Beim Putzen behält man notfalls eine Hand am Halfter, damit das Pferd nicht die günstige Gelegenheit ausnutzt, wenn der Mensch ihm den Rücken zudreht. Man darf keinen Moment unaufmerksam sein und muss das Pferd in den Augenblicken, in denen es sich vielleicht wehren will (beim Putzen an kitzligen Stellen oder beim Anziehen des Sattelgurtes) gut im Auge behalten. Wenn das Pferd trotzdem einmal zugebissen hat, ist auch eine Strafe am Platz, aber dauerndes Schimpfen und Schlagen nützt überhaupt nichts.

Probleme mit Pferden

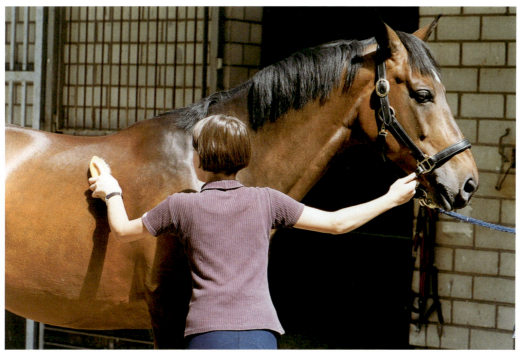

Binde ein Pferd, das knabbert oder beißt, kurz an. Lasse notfalls eine Hand am Halfter.

Konflikte möglichst vermeiden

Noch gefährlicher, weil schlechter auszuschalten, sind die Pferdehufe. Auch hier ist es der beste Schutz, Konflikte zu vermeiden. Nähere dich nur von der Seite oder von vorn, nie seitlich von hinten. Lass dir keine Angst anmerken, geh ruhig und bestimmt mit einem schwierigen Pferd um. Das Pferd muss beim Putzen und Satteln in der Box angebunden werden, notfalls auch beim Absatteln. Wichtig ist es, beim Putzen dicht neben dem Pferd zu stehen, dort können dir die Hufe des Pferdes nichts anhaben. Direkt neben der Pferdeschulter bist du in Sicherheit.

Ein Pferd, dem sich keine Angriffsziele für seine Hufe bieten und das ruhig und vernünftig behandelt wird, hat bald keinen Anlass mehr, auszuschlagen.

Aber Vorsicht mit solchen Pferden ist immer angebracht – in kritischen Situationen können schlechte alte Angewohnheiten wieder zum Vorschein kommen.

Vielleicht schlägt das Pferd gar nicht, sondern droht nur. Es versucht zum Beispiel, dich beim Putzen an die Wand zu quetschen. Gegen diese Frechheit musst du dich mit ruhiger, bestimmter Stimme zur Wehr setzen, notfalls mit einem energischen Klaps auf die Hinterhand.

Dulde deswegen beim Putzen erst gar nicht, dass das Pferd hin- und hertrampelt. Binde es nicht zu lang an! Es muss lernen, so stehen zu bleiben, wie du es willst.

Falls du Streit möchtest: Ich kann mit den Hinterbeinen in alle Richtungen und mit den Vorderbeinen nach vorne ausschlagen!

Füße hoch, oder...

Wenn dein Pferd nicht richtig gelernt hat, die Füße hochzuheben, stehst du vor einem schwierigen Problem. Schließlich kannst du kein Pferd mit Gewalt dazu zwingen, auf drei Beinen zu stehen! Du hast ein wahres Geduldspiel vor dir, getreu nach dem Motto: „Jeden Tag ein kleines Stückchen mehr ..."

Hebe die Hufe erst nur wenige Zentimeter vom Boden und setze sie nach kurzer Zeit wieder ab; wiederhole dieses Spiel möglichst oft, am besten mehrmals am Tag. Ganz allmählich kannst du das Bein höher anheben und länger festhalten. Irgendwann wird es hoffentlich eine Selbstverständlichkeit sein...

Braucht dieses Pferd den Schmied, dann hole dir einen erfahrenen Erwachsenen zu Hilfe. Pferde, die sich beim ersten Mal mit Zappeln erfolgreich gegen das Aufhalten gewehrt haben, stehen beim nächsten Versuch erst recht nicht.

Wenn ein Pferd aber mit seinen anfänglichen Bemühungen, den Huf wieder auf den Boden zu bekommen, keinen Erfolg hatte, wird es sich viel eher fügen und die unangenehme Prozedur dulden. Ebenso musst du dir natürlich helfen lassen, wenn du es überhaupt nicht schaffst, einen Huf ein bisschen hochzuheben.

Manche Schmiede ärgern sich sehr über Pferde, die schlecht und unruhig stehen. Aber eines ist klar: Ein Pferd, das beim Beschlagen Prügel bekommen hat, wird sich beim nächsten Schmiedetermin daran erinnern und die ganze Angelegenheit noch scheußlicher finden. Sorge du dafür, dass dein Pferd den Schmied in möglichst angenehmer Erinnerung behält!

Ein Pferd, das dich so gegen die Wand quetscht, hat nicht genügend Respekt vor dir.

Knabbern und Kneifen

Das unangenehme Knabbern und Kneifen ist übrigens oft keine Pferde-, sondern eine Reiterunart.

Solche Pferde haben Spielen mit dem Pferdemaul und häufiges Füttern aus der Hand als vergnügliche Erfahrung kennen gelernt. Nun fordern sie eine endlose Fortsetzung.

Abhilfe schafft nur, das Füttern aus der Hand und das Herumspielen radikal einzustellen. Binde das Pferd stets kurz an und füttere Leckerbissen nur nach dem Reiten aus der Krippe.

Nach einer Weile – die allerdings Monate dauern kann – vergeht dem Pferd der Spaß am Knabbern und Kneifen.

Probleme mit Pferden

Krach im Stall

Leider vertragen sich nicht alle Pferde und Ponys friedfertig miteinander. Zwar ist es normal, dass neue Stallgenossen notfalls mit Zähnen und Hufen ihren Pferdenachbarn klarmachen, wer in Zukunft Herr im Hause sein wird, aber diese Rangeleien legen sich meist nach kurzer Zeit. Störenfriede, die sich im Stall gegenseitig nicht in Ruhe lassen, sollte man am besten trennen.

Der größte Stein des Anstoßes ist das Futter. Pferde können die besten Freunde sein – beim Anblick des Hafereimers gehen sie plötzlich mit angelegten Ohren aufeinander los. Diesen Futterneid kann man Tieren leider nicht abgewöhnen – man kann nur möglichst wenig Anlass dafür bieten: Beim Füttern rasch und immer in der gleichen Reihenfolge vorgehen, notfalls dem größten Schreihals zuerst das Maul stopfen. Jedes Pferd braucht seinen eigenen Futtertrog, auch in einem Laufstall oder in einer gemeinsamen Box. Dort müssen die Pferde, zumindest, wenn es um Kraftfutter geht, beim Füttern angebunden werden, sonst frisst der Schnellste den anderen das Futter weg. Stehen futterneidische Pferde in Boxen nebeneinander, dürfen die Futtertröge nicht beiderseits einer Trennwand angebracht sein, so dass die Pferde beinahe Nase an Nase fressen müssen. Manchmal genügt schon die Beseitigung einer solchen Herausforderung, um die Ruhe im Stall wiederherzustellen.

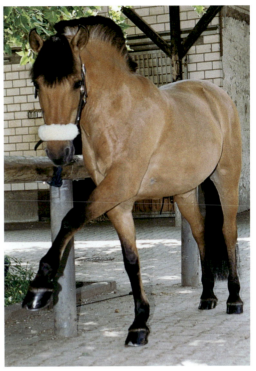

Dieses Scharren heißt nicht etwa: „Bitte, bitte, gib mir was zu fressen!" sondern „Futter her, oder...!"

- Das beste Mittel gegen Konflikte ist es, sie zu vermeiden.
- Biete dem Pferd keine Angriffsfläche für Bisse oder Tritte.
- Binde es kurz an, behandle es ruhig und energisch.
- Wenn du unsicher bist oder Angst hast, lass dir helfen.

Ich bin das friedlichste Pferd der Welt, ich bin nur immer sehr hungrig!

203

Wälzen und sich festlegen

Alle Pferde wälzen sich für ihr Leben gern. Auf der Weide kannst du das gut beobachten, bei manchen Pferden auch im Stall. Dann kann es passieren, dass ein Pferd seine Beine so an der Stallwand einklemmt, dass es nicht mehr aufstehen kann. Dazu muss es nämlich erst die Vorderbeine ausstrecken können.

Pferde, die sich festgelegt haben, geraten oft in große Angst, weil sie nicht wieder auf die Füße kommen. Sie strampeln wild und fügen sich dabei selbst Verletzungen zu.

Auf jeden Fall brauchst du in einer solchen Situation Hilfe. Das Pferd muss nämlich ein Stück zurück oder zur Seite gezogen werden, im schwierigsten Fall sogar über den Rücken auf die andere Seite gewälzt werden, damit es wieder aufstehen kann.

Dazu braucht man ein starkes Seil, um dem Pferd die Füße zu fesseln. Es muss aufgehalftert werden und ein Helfer muss am Kopf bleiben. Mindestens zwei Personen ziehen an dem Seil, um das Pferd über den Rücken auf die andere Seite zu rollen. Gleichzeitig muss auch der Kopf gedreht werden.

Nur Mut! Ein Pferd ist erstaunlich gelenkig und es merkt, dass ihm geholfen werden soll. Wenn es auf der richtigen Seite liegt, muss es unbedingt abwarten, bis die Seilschlinge von seinen Füßen gelöst ist.

Zum Schluss noch ein Tipp: Ein Pferd kann sich nicht so leicht festlegen, wenn die Einstreu an den Boxenwänden etwas höher ist als in der Mitte, die Box also wie eine kleine Kuhle gebaut ist. Dann kullert ein Pferd, das sich wälzt, leichter von allein in die Boxenmitte zurück.

Was ein vernünftiges Pony ist, kommt immer wieder allein auf seine Füße!

Schlechtes Pferd – schlechter Reiter?

34 Ungehorsam beim Reiten

Allmählich wird's immer schlimmer

Von einem klugen Pferdemann stammt der Spruch: „Es gibt keine schlechten Pferde – bloß schlechte Reiter." An diesem harten Urteil ist vermutlich etwas Wahres dran.

Offensichtlich bestehen die großen Schwierigkeiten, die Pferde ihren Reitern machen können, nicht von Anfang an. Ob es sich um Buckeln oder Steigen, Durchgehen oder totale Faulheit, Kehrtmachen oder Streik bei bestimmten Dressurübungen handelt – in den meisten Fällen schleicht sich der Ungehorsam ganz allmählich ein. Pferde sind nicht immer bereits „schwierig" auf die Welt gekommen; sie werden erst schwierig. Schuld daran trägt leider meist der Reiter. Natürlich will ich nicht abstreiten, dass es schwieriger und einfacher zu behandelnde und zu reitende Pferde gibt; sensiblere, die Fehler sehr übel nehmen und phlegmatischere, die auch einmal darüber hinwegsehen. Zudem sind alle Pferde verschieden begabt: was dem einen auf Grund von Körperbau, Gangarten und Temperament leicht fällt, ist für das andere schon eine große Herausforderung.

Diese Tatsache darf dir aber nicht zur bequemen Entschuldigung dienen. Schritt, Trab und Galopp (auf beiden Händen) beherrscht jedes Fohlen von Geburt an. Die Grundbegriffe der Dressurausbildung, des Springens und des richtigen Verhaltens im Gelände kann jedes Pferd, jedes Pony erlernen; höchstens die dafür benötigte Zeit ist verschieden. Wenn etwas überhaupt nicht klappt, liegt der Fehler höchstwahrscheinlich in der Ausbildung.

Kapitel 34

Mit hoch erhobener Nase und starrem Hals wehrt sich das Pferd gegen den Zügel.

Das verflixte Gedächtnis

Pferde sind sprichwörtliche Gewohnheitstiere. Sie neigen dazu, schnell Gewohnheiten anzunehmen und hartnäckig daran festzuhalten. Den Drang zur Wiederholung kann man für die Ausbildung junger Pferde nutzen.

Auch von einem älteren Pferd, das wir reiten, erwarten wir, dass es – manchmal mit uns zusammen – etwas lernt: zum Beispiel unsere Hilfengebung besser zu verstehen, so dass die reiterliche Einwirkung immer leichter und feiner werden kann.

Wenn das misslingt, die Reiterhilfen missverstanden oder ignoriert werden, dann verweigert das Pferd den Gehorsam. Schafft es der Reiter nicht, diesen Ungehorsam zu korrigieren, dann wird das Pferd beim nächsten ähnlichen Anlass seinen Widerstand neu erproben. Manche Pferde galoppieren zum Beispiel lieber links als rechts an. Sie versuchen, sich beim Angaloppieren rechts in letzter Sekunde nach außen zu stellen und springen dann zwar in den Galopp, aber in den falschen. Kann der Reiter das falsche Angaloppieren nicht korrigieren, wird das Pferd allmählich nur noch den bequemeren Linksgalopp verwenden.

Ähnlich verhält es sich mit anderem Ungehorsam gegen den Reiter. Hat das Pferd mit seiner Gegenwehr die Erfahrung gemacht, dass der Reiter hilflos war, Angst bekam oder gar herunterfiel, dann braucht man auf den zweiten Versuch dieser Art meist nicht lange zu warten. Und je mehr Punkte ein Pferd in diesem Machtkampf sammelt, desto schwieriger wird es für den Reiter.

Wenn ich mir was merken will....

Reiterwechsel

Besser, als allein Korrekturversuche zu machen, ist es immer, auftretende Probleme mit einem Ausbilder oder wenigstens einem guten Reiter zu besprechen und ihn zu bitten, sich die Sache anzusehen.

Oft liegt es an der mangelnden und unkorrekten Hilfengebung des Reiters, wenn ein Pferd den Gehorsam verweigert; Fehler des Reiters – zum Beispiel beim Angaloppieren – provozieren erst den falschen Galopp. Zur Korrektur muss in erster Linie die Hilfengebung des Reiters richtig gestellt werden. Typische Fehler wie das Einknicken der Hüfte kann man leider selbst schlecht kontrollieren. Klappt die Korrektur des Fehlers auch unter Anleitung nicht, dann hilft nur eines: Reiterwechsel.

Mit dieser betrüblichen Tatsache finden sich besonders junge Pferde- und Ponybesitzer nicht gern ab. Jeder junge Reiter träumt von der unzertrennlichen Einheit mit seinem Pferd. Lass den Büchern, lass den Filmen diese schönen Träume! Lerne zu akzeptieren, dass ein guter Reiter unter Umständen mit deinem Pferd besser fertig wird als du selbst.

Wenn sich ein harmloser Fehler wie das falsche Angaloppieren erst einmal zur hartnäckigen Gewohnheit verschlimmert hat, wird selbst der gute Reiter eine Weile brauchen, bis das Pferd wieder willig korrekt anspringt.

Als nächsten Schritt musst du selbst unter Anleitung versuchen, deine Hilfengebung zu verbessern und damit die eigentliche Fehlerursache abzustellen.

Hast du schon mal ausprobiert, wie angenehm sich ein Pferd nachreiten lässt, auf dem kurz zuvor ein guter Reiter gesessen hat? Es lässt sich besonders weich sitzen, geht angenehm vorwärts und reagiert auf die kleinste Andeutung. Du merkst gleich, wie wohl sich das Pferd unter deinem Vorgänger gefühlt hat und kannst dein eigenes Reiten durch „Nachfühlen" verbessern.

Reiterwechsel ist eine sinnvolle Lösung für manche Probleme mit dem Pferd.

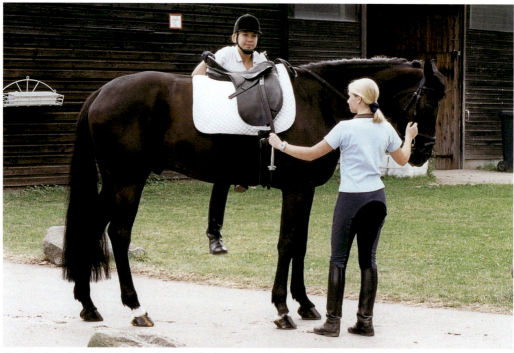

Eine Hand am Backenstück, die andere am Bügelriemen – so hilfst du richtig beim Aufsitzen.

Nicht aufsteigen lassen

Die Angewohnheit mancher Pferde, beim Aufsitzen herumzappeln und zu tänzeln, ist nicht nur lästig, sondern auch gefährlich. Bei dem Versuch, einen „fliegenden Start" einzuüben, hat sich schon mancher Reiter das linke Knie verzerrt.

Die wirksamste Abhilfe schafft jemand, der das Pferd beim Aufsteigen von unten hält. Um ihm das Losstürmen gleich nach dem Aufsitzen abzugewöhnen, gibt es ein einfaches Mittel: steige gleich nach dem Aufsitzen in Ruhe wieder ab und erneut auf, zur Not mehrmals. Achte darauf, dein Pferd erst antreten zu lassen, wenn du beide Bügel und beide Zügel aufgenommen hast.

Stillstehen ist so langweilig!

Übermut

„Den sticht der Hafer", sagt man von einem übermütigen Menschen. Das gilt auch für Pferde: Bei zu viel Futter und zu wenig Bewegung macht sich der Übermut in Buckeln, Luftsprüngen und Durchgehen unangenehm bemerkbar.

Bekommt der Reiter dabei Angst oder fällt gar herunter, probiert das Pferd dieses lustige Spiel vielleicht beim nächsten Mal gleich wieder aus. Hat dein Pferd tatsächlich Grund zum Übermut, dann biete ihm ruhig die Gelegenheit, sich auf der Weide, im Auslauf oder in der leeren Halle ohne Reiter auszutoben. Danach gilt es, so lange ruhig vorwärts zu reiten, bis das Pferd sich ausgelastet fühlt und keine Lust auf Mehrarbeit hat.

Bocken und Steigen

Geht das Pferd mit dir doch einmal in die Luft, dann reite vorwärts! Auf der Stelle kann das Pferd viel besser (und für den Reiter unangenehmer) buckeln als im Vorwärts. Versuche, die Nase des Pferdes oben zu halten. In einem solchen Notfall darfst du ausnahmsweise mit den Zügeln energisch durchgreifen.

Soll ich euch ein Geheimnis verraten? Buckeln macht Spaß!

Von den Cowboys, die sich beim Rodeo auf wild bockenden Pferden zu halten versuchen, kannst du dir die richtige Technik für das Obenbleiben abgucken: Oberkörper immer senkrecht lassen!
Steigen ist die Kampfhaltung eines Pferdes – es sagt seinem Reiter den Kampf an.
Das Steigen ist die gefährlichste Unart des Pferdes. Pferd und Reiter können sich dabei rückwärts überschlagen und der Reiter kann vom stürzenden Pferd lebensgefährlich verletzt werden.
Wenn dein Pferd steigt, geh mit dem Oberkörper so weit wie möglich nach vorn und gib Luft am Zügel! Fasse notfalls mit beiden Armen um den Pferdehals.
Forsche nach den Gründen für das Steigen. Warum kämpft das Pferd gegen dich? Wogegen will es sich wehren? Meist sind reiterliche Probleme die Ursache. Hier tut mehr noch als in allen anderen Fällen ein guter Reiter not, der die aufgetretenen Konflikte löst und das Steigen ins Vorwärts korrigiert. Mache selbst keine Experimente – das ist zu gefährlich!
Unter Reitern kursieren viele Geschichten über das gewaltsame Kurieren von Steigern. Versuche nicht, so etwas nachzumachen! Ein steigendes Pferd zu korrigieren, ist keine Sache der richtigen Prügel, sondern des richtigen Reitens.

Steigen (links) ist eine gefährliche, Bocken (rechts) eine unangenehme Form des Widerstands gegen den Reiter.

Wenn ein Pferd durchgeht, verliert der Reiter die Kontrolle über Gangart und Tempo – eine gefährliche Situation.

Durchgehen im Gelände

Der übermäßige Vorwärtsdrang der Pferde im Gelände kann wie das Buckeln durch zu viel Kraftfutter angestachelt werden.
Dazu kommt der Ehrgeiz der Pferde, der sich erst in Gesellschaft richtig entwickelt: Jeder will der Schnellste sein. Unterstützt wird die Lust der Pferde am Rennen durch die Lust ihrer Reiter am schnellen Galoppieren: Wettrennen, Galopp auf den immer gleichen „Rennstrecken", ständig forsches Tempo, sogar noch auf dem Heimweg – das alles zerrt an den Nerven. Allmählich wird aus dem willigen Vorwärtsgaloppieren ein unkontrolliertes Durchgehen.

Spare dich selbst bei der Fehlersuche nicht aus. Wie hat es angefangen? Wie, wann und warum hat sich das Pferd das Durchgehen angewöhnt?

Ab jetzt muss im Gelände diszipliniert und mit Köpfchen geritten werden, anfangs erst einmal ohne Galopp, um die innere Ruhe des Pferdes wieder herzustellen. Schaffst du es, eine beliebte „Rennstrecke" im ruhigen Schritt zu nehmen, dann hast du schon halb gewonnen. Jede neue Galoppierstrecke sollte auf dem Hinweg des Rittes liegen, lang genug sein und möglichst bergauf führen, vor allem aber ein natürliches Ende (zum Beispiel einen Waldrand) haben, wo das Pferd fast von allein durchpariert.

Reite im Schritt vorwärts, im Trab ruhig und im Galopp so langsam wie möglich. Wenn dir das gelingt, kannst du ruhig größere Galoppstrecken einbauen, damit das Pferd das beruhigende Gefühl hat, sich genügend bewegen zu dürfen.

Faulheit, Kleben

Das gegensätzliche Problem stellt sich auch: Manche Pferde sind so faul, dass man sie kaum vorwärts treiben kann, dass sie im Gelände stehen bleiben oder überhaupt nicht angaloppieren wollen. Manche weigern sich hartnäckig, ihre gewohnte Umgebung zu verlassen (Stallkleber) oder sich von anderen Pferden zu entfernen (Kleber).

Ein Pferd, das nicht vorwärts gehen will, kann Gründe dafür haben: es ist entweder in schlechtem Futterzustand (zu fett, zu mager), in schlechtem Trainingszustand oder nicht gesund. Zudem kann es schlecht geritten sein und gelernt haben, sich auf bequeme Weise allen Anforderungen zu entziehen.

Pferde, die in der Herde groß geworden sind und nie für sich allein gearbeitet wurden, kleben gern an anderen Pferden, weil sie sich allein unsicher fühlen.

Als Gegenmaßnahme überprüfe den Futter-, Trainings- und Gesundheitszustand deines Pferdes und schaffe, wenn nötig, Abhilfe. Die Lust des Pferdes am Laufen lässt sich am leichtesten im Gelände und in Gesellschaft anderer Pferde steigern. Nutze das ruhig aus, bis dein Pferd von sich aus williger vorwärts geht.

In der Reitbahn kann dir auch ein Reiter mit starker Einwirkung helfen, dein Pferd einmal energisch vorwärts zu reiten und ihm so den Gehorsam auf die treibenden Hilfen erneut abzuverlangen.

Warte nicht so lange, bis es durch dauerndes Klopfen mit dem Schenkel und durch ständiges Antippen mit der Gerte völlig abgestumpft ist! Ein einmaliges, sehr energisches Durchsetzen mit den vorwärts treibenden Hilfen ist sehr viel wirksamer als dauerndes „Würgen".

Denke dir im Gelände einfache Übungen aus, bei denen einer ein kleines Stückchen von den anderen weg reitet und dann zurückkommt. Das ist manchmal gar nicht so einfach! Verlange erst wenig und allmählich etwas mehr. In der Reitbahn sorge dafür, dass sich dein Pferd gut konzentriert.

So wird es von den anderen Pferden abgelenkt und passt mehr auf das auf, was du von ihm willst.

Mit angelegten Ohren und schlurfenden Hinterbeinen signalisiert das Pferd: Ich mag nicht vorwärts gehen.

Schritt am langen Zügel in gelassener und entspannter Atmosphäre – das gefällt Reitern und Pferden.

Kleine Ursache, große Wirkung

Kleine Fehler im Umgang mit dem Pferd oder beim Reiten können eine große Wirkung haben.

Bei allen Problemen des Pferdes, die durch Angst verursacht werden, brauchst du Geduld, Geduld und noch einmal Geduld. Gib dem Pferd Zeit, die schlechte Erfahrung zu vergessen. Und lass dich keinesfalls dazu verleiten, ein ängstliches Pferd gewaltsam zu strafen.

Sorge dafür, dass neben allem Training der Spaß nicht zu kurz kommt. Gemeinsam mit Freunden gemütlich schlendern oder entspannt ausreiten – das lässt manches Problem ganz einfach in Vergessenheit geraten.

- Alle Probleme haben ihre Ursachen. Forsche nach!
- Jeder Ungehorsam des Pferdes soll in Ruhe und im Vorwärts auskorrigiert werden.
- Keine Experimente mit steigenden Pferden!
- Beginne und beende jede Reitstunde in Frieden mit dem Pferd.

Die Qual der Wahl

35 Das richtige Pferd finden

Das Traumpferd

Mein Lieblingspferd ist ein wunderschöner, dunkelbrauner Vollbluthengst mit Namen „Pinocchio". Er ist nur mittelgroß, aber sehr muskulös, hat ein dunkelbraunes, ein kleines bisschen rötlich schimmerndes Fell, einen auffallend gleichmäßig gezackten weißen Stern auf der Stirn seines edlen Kopfes und die muntersten, intelligentesten Augen, die man sich denken kann.

Er geht wunderbar Dressur, kann „Häuser" springen, hat Mut im Gelände und ist temperamentvoll und übermütig wie ein Fohlen. Fremde fürchten sich deswegen vor ihm, aber mir gehorcht er auf den leisesten Wink. Alles in allem hat er bloß einen einzigen Fehler: er galoppiert nur durch meine Träume...

Wenn ich wach bin und der Wirklichkeit ins Auge sehen muss, wird mir leider klar, dass ich „Pinocchio", selbst wenn es ihn gäbe, gar nicht gebrauchen könnte. In unserem Reitstall dürfen keine Hengste gehalten werden, sein Springtalent wäre größer als mein eigenes und da ich unbedingt jemanden brauche, der ab und zu an meiner Stelle reitet, wäre ein Pferd, vor dem sich alle anderen fürchten, bei mir schlecht aufgehoben... Hast du auch ein Traumpferd?

Wenn der große Augenblick gekommen ist, in dem du dir wirklich dein eigenes Pferd aussuchen darfst, dann stell dir nochmal ganz intensiv dein Traumpferd vor – und dann mach die Augen auf und nimm Abschied von diesem Traum. Jetzt musst du dich fragen: Welches Pferd passt zu mir, so dass es ihm gut geht und ich Freude an ihm habe, damit wir beide gute Freunde werden können?

Die Checkliste

Am besten nimmst du ein Blatt Papier und schreibst die wichtigsten Punkte auf. Als erstes sammle alle Fragen, die dich und deine Reiterei betreffen. Dann sammle alle Stichpunkte, die die Versorgung des Pferdes betreffen. Wenn du all diese Fragen beantwortet hast, zeichnet sich auf dem Papier ein neues Traumpferd ab: eines, das du mit Glück und Geduld vielleicht findest.

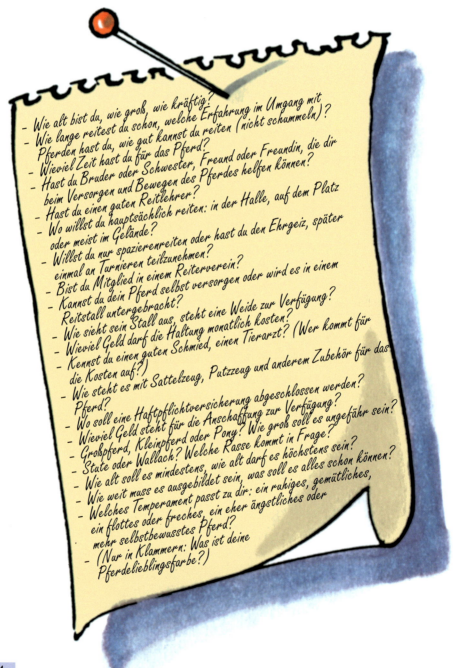

- Wie alt bist du, wie groß, wie kräftig?
- Wie lange reitest du schon, welche Erfahrung im Umgang mit Pferden hast du, wie gut kannst du reiten (nicht schummeln)?
- Wieviel Zeit hast du für das Pferd?
- Hast du Bruder oder Schwester, Freund oder Freundin, die dir beim Versorgen und Bewegen des Pferdes helfen können?
- Hast du einen guten Reitlehrer?
- Wo willst du hauptsächlich reiten: in der Halle, auf dem Platz oder meist im Gelände?
- Willst du nur spazierenreiten oder hast du den Ehrgeiz, später einmal an Turnieren teilzunehmen?
- Bist du Mitglied in einem Reiterverein?
- Kannst du dein Pferd selbst versorgen oder wird es in einem Reitstall untergebracht?
- Wie sieht sein Stall aus, steht eine Weide zur Verfügung?
- Wieviel Geld darf die Haltung monatlich kosten?
- Kennst du einen guten Schmied, einen Tierarzt? (Wer kommt für die Kosten auf?)
- Wie steht es mit Sattelzeug, Putzzeug und anderem Zubehör für das Pferd?
- Wo soll eine Haftpflichtversicherung abgeschlossen werden?
- Wieviel Geld steht für die Anschaffung zur Verfügung?
- Großpferd, Kleinpferd oder Pony? Wie groß soll es ungefähr sein?
- Stute oder Wallach? Welche Rasse kommt in Frage?
- Wie alt soll es mindestens, wie alt darf es höchstens sein?
- Wie weit muss es ausgebildet sein, was soll es alles schon können?
- Welches Temperament passt zu dir: ein ruhiges, gemütliches, ein flottes oder freches, ein eher ängstliches oder mehr selbstbewusstes Pferd?
- (Nur in Klammern: Was ist deine Pferdelieblingsfarbe?)

Junge Pferde

Eines solltest du von vornherein von deinem Wunschzettel streichen, wenn du das erste eigene Pferd bekommst: ein junges Pferd, das erst drei bis vier Jahre alt ist. Die Ausbildung eines solchen Pferdes gehört unbedingt in die Hand eines erfahrenen Reiters!

So verlockend der Gedanke ist, mit einem eigenen Pferd gemeinsam zu lernen, so selten klappt das in der Praxis. Junge Pferde nehmen jeden Reiterfehler übel und lernen nicht nur schnell die von ihnen geforderten Übungen, sondern genauso schnell, wie man sich davor drücken kann. Lass dich nicht täuschen, wenn dir auf deiner Pferdesuche ein junges Pferd zum Ausprobieren angeboten wird. Oft sind junge Pferde ganz besonders bequem zu sitzen und wunderbar weich im Maul. Aber das kann sich ganz schnell ändern!

Dein erstes Pferd soll ein erfahrenes Pferd sein, von dem du selbst ein bisschen lernen kannst.

Woher nehmen und nicht stehlen?

Pferde stehlen ist nur im Sprichwort eine lobenswerte Angelegenheit. Aber wo bekommt man denn nun das richtige Pferd her? Pferde werden von Händlern, Züchtern, von Reitställen und speziellen Ausbildungsbetrieben angeboten, aber auch von Privatbesitzern, die in Reiterzeitschriften oder unter den Kleinanzeigen in der Tageszeitung inserieren.

Es gibt Pferdemärkte, auf denen jeder sein Pferd anbieten kann und Auktionen, auf denen ausgesuchte Sportpferde (manchmal auch Ponys) meistbietend versteigert werden.

Überall kann man zu einem guten Pferd kommen. Ein Züchter ist die richtige Adresse für jemand, der unbedingt ein Pferd einer ganz bestimmten Rasse sucht, aber Züchter bieten meist nur junge Pferde zum Verkauf an.

Ich bin übrigens nicht käuflich!

Dein erstes Pferd sollte ein Lehrpferd sein.

Sympathie entscheidet: Suche dir nur ein Pferd aus, das du magst und das dir wirklich gefällt.

Händler und Auktionen

Händler haben die größte Auswahl an Pferden, aber sie kennen ihre Tiere oft selbst nicht genau. Schließlich muss ein Händler vom Pferdeverkauf leben, er ist deswegen nicht unbedingt dein bester Ratgeber in Sachen Pferdekauf (Ausnahmen bestätigen die Regel!).

Auf Auktionen werden ausgesuchte, überwiegend junge Pferde angeboten, die man vorher nur kurz ausprobieren kann. Keine befriedigende Möglichkeit zum Ausprobieren besteht meist auf Pferdemärkten; auf einen überstürzten Kauf solltest du verzichten.

Ein Ausbildungsstall bietet dir Gewähr für fachgerechte Ausbildung deines Pferdes, die freilich ihren Preis kostet. Auch beim Kauf von einem Privatbesitzer kannst du Glück oder Pech haben. Der größte Glücksfall ist für dich, ein gutes Pferd zu finden, das vorher fachmännisch und liebevoll behandelt wurde. Frage deswegen nach, ob es bei einem Züchter aufgewachsen ist. Nimm kein Pferd, das schon durch zu viele Hände gegangen ist!

Einfach ausprobieren

Schau dir mehrere Pferde an, bevor du deine Wahl triffst. Gefällt dir ein Pferd, dann probier es in Ruhe aus. Meist wird es dir vorgeritten, anschließend darfst du es selbst reiten. Nimm dir Zeit, dich in Ruhe mit dem fremden Pferd vertraut zu machen. Reite ruhig etwas länger – aber nur, wenn das Pferd dich wirklich interessiert. Spätestens, wenn die Vorentscheidung gefallen ist, brauchst du den Rat eines Fachmanns. Probier das Pferd in Ruhe ein zweites Mal aus, wenn er (oder sie) dabei ist. Bestehe darauf, selbst zu putzen und zu satteln. Beobachte das Pferd dabei genau: Lässt es sich anbinden? Gibt es alle vier Hufe? Kannst du es allein satteln und auftrensen?

Diesmal solltest du das Pferd von Anfang an allein reiten – es kann nämlich ein großer Unterschied sein, ob vorher ein sehr guter Reiter darauf gesessen hat oder nicht. Du musst aber auch allein zurechtkommen.

Fühlst du dich wohl auf dem Pferd, hast du Vertrauen zu ihm, findet es sich allmählich an deinen Hilfen?

Mache zum Schluss einen kleinen Sprung oder lass dir zeigen, wie das Pferd springt. Wenn du später ausreiten willst, dann mache auf jeden Fall in Begleitung einen kurzen Geländeritt. Und noch einen Test rate ich dir: Versuche, im Schritt allein ein kleines Stückchen von der Reitanlage weg zu reiten.

Soll ich dir verraten, wie ich einen neuen Reiter teste?

Pferdepreise

Spätestens jetzt taucht die Frage auf: Stimmt der Preis? In jedem Fall trifft der boshafte Spruch zu: Ein Pferd ist immer so viel wert, wie ein Narr dafür bezahlt.

Ich bin unbezahlbar!

Für rund achthundert Euro kann man schon ein älteres kleines Pony bekommen und für ein Turnierpferd sind achttausend Euro nicht viel. Ponys sind billiger als Großpferde, Tiere mit „Papieren", also Abstammungsnachweisen, teurer als Pferde ohne, die meist aus dem Ausland stammen. Ein gut ausgebildetes Pferd, vielleicht sogar mit Turniererfolgen, kostet (zu Recht) mehr als ein unerfahrenes. Trotzdem gibt es Durchschnittswerte, nach denen man sich richten kann. Dein Berater wird dir sagen, ob der geforderte Preis angemessen ist.

Der Kauf

Ein Pferd ist nur so viel wert wie sein schlechtestes Bein – mit anderen Worten, ein Pferd, das ein unheilbar krankes Bein hat, ist nichts wert. Auf jeden Fall solltest du deine Kaufentscheidung von einer gründlichen tierärztlichen Untersuchung abhängig machen.

Die Gesundheit des Pferdes ist – neben dem Preis – wichtigster Punkt des Kaufvertrags, der unbedingt abgeschlossen werden soll.

Lass dir vom Vorbesitzer schriftlich zusichern, dass ihm keine akuten oder chronischen Erkrankungen des Pferdes bekannt sind. Frage nach früheren Erkrankungen, insbesondere Lahmheiten und Husten und ob die Behandlungen mit Erfolg abgeschlossen wurden. Das alles sollte schriftlich festgehalten werden, damit euer Tierarzt bei der Untersuchung bessere Anhaltspunkte hat.

Pferdekaufvertrag

§ 1
Kaufgegenstand

1. Herr/Frau _____ (Verkäufer)

    verkauft

    Herrn/Frau _____ (Käufer)

    das Pferd _____
    _____
    (Name, Geschlecht, Abstammung, Farbe, Alter, Abzeichen)

2. Der Käufer hat Einsicht in die Abstammungspapiere genommen.

§ 2
Kaufpreis

Der Kaufpreis beträgt _____ € (i.W.: _____ Euro) zuzüglich _____ % MWSt.
Der Kaufpreis ist bei Kaufabschluss/bis zum _____ bar zu zahlen/
auf das Konto _____ bei _____ einzuzahlen.

Mit Hilfe einer Beugeprobe kann der Tierarzt verborgene Lahmheiten feststellen.

Beim Tierarzt

Der sicherste Weg für den Käufer ist es, eine Ankaufsuntersuchung vornehmen zu lassen. Der Tierarzt wird das Pferd auf seinen Allgemeinzustand, mögliche Lahmheiten, Herz und Lunge sowie versteckte Krankheitsanzeichen hin untersuchen. Wer bei einem hohen Kaufpreis auf Nummer sicher gehen will, kann die am meisten beanspruchten Gelenke an Hufen und Beinen röntgen lassen.

Jedes Pferd muss seit dem Jahr 2000 über einen Pferdepass verfügen, indem seine unverwechselbaren Kennzeichen notiert sind. Außerdem trägt der Tierarzt in den Pferdepass alle Impfungen und eventuell weitere Medikamente ein. Der Pferdepass und – wenn vorhanden – die Abstammungspapiere müssen beim Kauf mit übergeben werden.

Die ersten Tage

Ist das neue Pferd endlich da, dann lass ihm Zeit zum Eingewöhnen. Alles ist ihm fremd: der Stall, das Futter, der Platz zum Putzen, die Halle, der Außenplatz. Rechne damit, dass es sich unwohl fühlt oder auch einmal scheut. Führe es langsam in die ungewohnte Umgebung, lass es sich in Ruhe alles anschauen. Wenn das Pferd zunächst nicht frisst, ist das nicht so schlimm (das darf natürlich kein Dauerzustand bleiben). Beginne mit dem Reiten in der Halle oder auf dem Platz und reite so lange Schritt, bis sich das Pferd an die Umgebung gewöhnt hat. Denke dir ein einfaches Programm aus, mit dem ihr beide gut zurechtkommt – wenn du deinen Vereinskameraden gleich vorführen willst, was dein Pferd alles kann, geht das garantiert schief!

Gute Freunde

Und wie gewöhnst du dein Pferd am besten an dich? Ganz einfach: Versuche, für einen regelmäßigen Tagesablauf zu sorgen. Pferde lieben feste Gewohnheiten. Dann darf auch ruhig einmal etwas Abwechslung sein!

Die schönste Abwechslung für dein Pferd ist, dich mal los zu sein: Wenn es frei laufen darf, in der Halle, auf der Weide oder im Auslauf. Lasse es aber nur dort frei, wo es sich auskennt und ein genügend stabiler Zaun vorhanden ist. Schließe in der Halle die Außentür, damit das Pferd nicht versucht, über die Bande ins Freie zu springen. Es wäre nicht der erste Versuch dieser Art...

Möchtest du mein Freund sein? Regel Nummer eins: Lass mich ja nicht verhungern!

Zwei gute Freunde... Die Freundschaft mit Pferden braucht Geduld, Zeit und Einfühlungsvermögen.

Kapitel 36

Einmal so aussehen wie mein Nachbar – und sich dann die fehlenden Pfunde genüsslich anfressen!

Auf Diät?

36 Fütterung und Gesundheitskontrolle

Die Futtermenge

Zwar kann in diesem Buch nicht oft genug stehen, dass Ponys nur wenig oder gar kein Kraftfutter nötig haben, aber zu ihrer Gesundheit und ihrem Wohlbefinden brauchen sie mehr als Gras auf der Weide. Die richtige Fütterung hängt von vielen Faktoren ab: Rasse, Größe, Gewicht und Alter des Pferdes, vor allem aber von der Leistung, die ihm abverlangt wird. Schließlich gibt es auch noch gute und schlechte Futterverwerter. Die Tabelle auf der gegenüberliegenden Seite kann daher nur ein Anhaltspunkt sein.

Den wichtigsten Aufschluss gibt dir der Futterzustand des Pferdes: Ist er richtig, oder ist es zu fett oder zu mager?
Bei zu viel oder zu wenig Futter verändern die Pferde nicht nur ihr Aussehen, sondern auch ihr Verhalten.

Manchmal ist es gar nicht so leicht, den Futterzustand zu beurteilen. Bei einem richtig gefütterten Pferd soll man gerade noch eine Andeutung der Rippen unter dem Fell sehen können.

Bei einem mageren Pferd dagegen stehen die Knochen, die dicht unter der Haut liegen, deutlich hervor: die Rippen, die Wirbelsäule, die Hüfthöcker. Dagegen sind die Flanken sichtbar eingefallen. Ein fettes Pferd hat nicht nur einen dicken Bauch, sondern Speckpölsterchen überall, besonders deutlich am Hals und am Hinterteil. Magere und fette Pferde sind meist unlustig und schlapp. Bei zu viel Kraftfutter kann auch das Gegenteil eintreten: Dieses Pferd sticht dann der Hafer...

	Bei leichter Bewegung	*Im Training*
Pony (bis 300 kg)	1 kg Kraftfutter 2 kg Heu	1,5 kg Kraftfutter 2 kg Heu
Kleinpferd (bis 400 kg)	1,5 kg Kraftfutter 3 kg Heu	2,5 kg Kraftfutter 3,5 kg Heu
Großpferd (bis 600 kg)	3,5 kg Kraftfutter 5 kg Heu	5 kg Kraftfutter 5 kg Heu

Alles, was ein Pferd braucht

Für die richtige Fütterung ist nicht nur die Wahl der Futtermenge, sondern auch die Zusammensetzung des Futters und die Größe der einzelnen Portionen entscheidend.

Wenn Pferde sich in freier Natur von Gras ernähren, sind sie bis zu zwanzig von vierundzwanzig Stunden mit der Nahrungsaufnahme beschäftigt. Sie haben einen winzigen Magen und einen riesenlangen Darm.

Daher vertragen sie es nicht, ihr Futter in ganz großen Portionen zu bekommen – vielleicht sogar nur einmal am Tag. Viele kleine Portionen bekommen ihnen besser. Damit ihr Darm beständig arbeiten kann, brauchen sie regelmäßig Nahrung mit vielen Ballaststoffen, also Heu, Stroh oder Gras.

Sie können notfalls ohne Kraftfutter, aber nicht ohne ballaststoffreiches Futter auskommen.

Ganz wie bei uns Menschen, muss die Nahrung der Pferde in ihren Bestandteilen ausgewogen sein und die richtige Menge an Vitaminen und Mineralien enthalten. Falsche Fütterung macht Pferde krank. Scheue dich nicht, im Zweifelsfall einen Fachmann zu fragen, wie du dein Pferd am besten füttern sollst.

Auf zwei Dinge kannst du selbst achten: dein Pferd braucht stets genügend frisches, sauberes Wasser und einen Salzleckstein.

Ponys brauchen für ihr Wohlbefinden außerdem Leckerlis, Äpfel, Karotten, trockenes Brot, Zuckerstückchen...

Wurmkur und Impfungen

Der Verdauungsapparat der Pferde reagiert sehr anfällig auf Würmer. Mit jedem Pferd muss daher zweimal im Jahr eine Wurmkur gemacht werden, bei Weidepferden auch öfter.

Wurmbefall ist bei Pferden nicht nur eklig, sondern sehr gesundheitsschädlich. Sie können davon ernsthaft krank werden. Verdacht auf Würmer besteht, wenn Pferde sich den Schweif scheuern (das kann allerdings auch andere Ursachen haben) oder trotz guter Fütterung abmagern. Manchmal findet man sogar Würmer in den Pferdeäppeln.

Wurmkuren gibt es als Pulver oder Paste in einer Spritze, mit der das Medikament direkt ins Maul gespritzt werden kann (praktisch für Pferde, die das Pulver nicht fressen wollen). Bei sehr starkem Wurmbefall kann der Tierarzt auch ein flüssiges Präparat spritzen.

Im Handel sind viele verschiedene Präparate, die alle etwas nützen, bloß – du musst die Sorte wechseln. Die Würmer gewöhnen sich nämlich daran! Frage deinen Tierarzt um Rat.

Manche Pferdeimpfungen sind unbedingt nötig, andere zusätzlich noch sinnvoll. Die drei wichtigsten Impfungen beugen gegen Pferdegrippe, Wundstarrkrampf (es gibt auch eine kombinierte Impfung gegen beides) und gegen Tollwut vor.

In vielen Ställen und auf vielen Turnierplätzen sind Impfungen gegen die hochgradig ansteckende Pferdegrippe inzwischen Pflicht. Die Impfungen müssen regelmäßig durchgeführt werden, sonst geht der Impfschutz verloren. Der Tierarzt hält die Impfungen im Impfpass fest.

Ich persönlich ziehe Schluckimpfungen vor! Spritzen sind Tierquälerei!

Die Tollwutimpfung ist sinnvoll für Weidepferde in tollwutgefährdeten Bezirken. Da sich die Erreger des gefährlichen Wundstarrkrampfs (Tetanus) mit Vorliebe im Pferdemist aufhalten, können sich Pferde auch bei kleinen Verletzungen infizieren. Daher sollte jedes Pferd gegen Tetanus geimpft sein. Die Tetanusspritze ist spätestens dann fällig, wenn das Pferd eine offene Wunde hat (auch wenn sie nur klein ist).

Gegen Tetanus solltest du selbst auch geimpft sein.

Mit einer großen Spritze wird eine Wurmkur direkt ins Pferdemaul eingegeben.

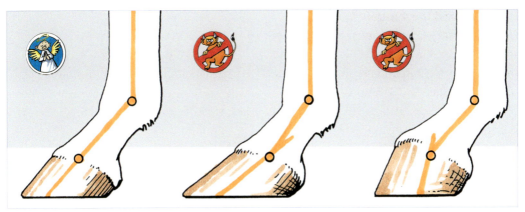

Links ist eine korrekte, in der Mitte und rechts jeweils eine fehlerhafte Hufstellung zu sehen.

Zehen kurz, Trachten lang

Eine regelmäßige Hufpflege ist für dein Pferd wichtiger als piekfeiner Putz. Fellpflege betreibt es nämlich selber, die Hufe dagegen müssen vom Fachmann korrigiert werden, immer nach dem alten Motto: „Zehen kurz und Trachten lang!"

Am einfachsten ist es, wenn dein Pferd barfuß bleiben kann, also keine Eisen braucht. Das ist nicht nur billig, sondern auch gesund. Viele Ponys und Robustpferde haben außerordentlich harte Hufe und halten es gut ohne Beschlag aus. Dabei kommt es natürlich auf den Boden an, auf dem das Pferd hauptsächlich läuft. Asphalt und Teer, aber auch scharfer Sand greifen die Hufe an, weicher Hallenboden dagegen kaum.

Wenn ein Huf zu schnell abnutzt, splittert oder ausbricht, braucht er ein schützendes Hufeisen. Es ist auch eine Zwischenlösung möglich: vorne Eisen und hinten barfuß. Hufe ohne Eisen sollten alle vier Wochen ausgeschnitten werden, ein neuer Beschlag ist alle sechs bis acht Wochen fällig. Dabei müssen es nicht jedes Mal neue Eisen sein; nicht zu stark abgelaufene können wieder verwendet werden.

In steilem, bergigem, rutschigem Gelände und bei Glätte im Winter empfehlen sich Stollen, die das Rutschen verhindern.

Sichere dir rechtzeitig Hilfe für das Aufhalten deines Pferdes beim Schmied. Viele Pferde, die sonst ganz brav die Hufe geben, fangen dabei an zu zappeln, weil ihnen das lange Stillstehen langweilig wird. Manche finden auch das Nageln besonders unangenehm.

Hat dein Pferd ein Eisen verloren, dann braucht es Schonung. Kommt der Schmied nicht gleich, dann ist es besser, das gegenüberliegende Eisen auch abzunehmen, damit das Pferd nicht ungleich auftritt. Regelmäßige Kontrolle der Hufe bewahrt dich vor unliebsamen Überraschungen!

Husten und Kolik

Husten oder Bauchschmerzen hast du bestimmt schon mal gehabt. Bei Pferden sind das keine harmlosen Erkrankungen, die ohne Behandlung vorübergehen. Husten und Nasenausfluss müssen auf jeden Fall behandelt werden!

Der Virushusten der Pferde ist sehr ansteckend und wird von Pferd zu Pferd, aber auch von Menschen, übertragen. Ein Pferd, das Fieber hat, frisst wenig oder gar nicht, lässt traurig den Kopf hängen, wirkt müde und abgespannt und reagiert nicht wie sonst.

Fieber messen kann man bei Pferden wie beim Menschen. Allerdings sind Pferde von Natur aus wärmer. Temperaturen zwischen 37,5° und 38,2° sind normal, leichtes Fieber reicht von 38,3° bis 39,5°, mittleres Fieber von 39,6° bis 40,5°.

Plötzlich auftretende, heftige Bauchschmerzen des Pferdes werden unter dem Namen „Kolik" zusammengefasst. Sie äußern sich durch Unruhe, Scharren, Wälzen, Ausschlagen, rasches Hinwerfen und wieder Aufstehen, Schweifschlagen, seitliches Umsehen nach dem Bauch, Schweißausbruch, Zittern, erhöhte Puls- und Atemwerte.

Es gibt viele Ursachen für Koliken, vor allem verdorbenes und unverträgliches Futter, aber nur eine Maßnahme: Sofort den Tierarzt rufen. Bis dahin kann das Pferd zur Beruhigung im Schritt geführt werden, am besten eingedeckt.

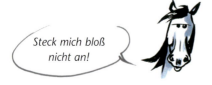

Steck mich bloß nicht an!

Fette das Fierberthermometer ein und befestige es sicherheitshalber mit einer Wäscheklammer am Pferdeschweif.

Den Puls kannst du am besten am Unterkiefer im Kehlgang fühlen. 30 bis 44 Pulsschläge pro Minute sind normal. Die Atemzüge – durchschnittlich 8 bis 16 pro Minute – kannst du an der Bewegung der Nüstern und am Heben und Senken der Flanken feststellen.

Verletzungen

Offene Wunden beim Pferd müssen immer behandelt werden. Für kleine Verletzungen eignet sich Blauspray (Achtung, manche Pferde fürchten sich vor dem Zischen) oder ein Wundpuder. Große Verletzungen muss der Tierarzt behandeln. Er entscheidet, ob genäht werden muss, ob und wie ein Verband angelegt wird.

Lahmheiten

Lahmheiten erkennst du am besten von unten, aber du spürst sie auch beim Reiten. Bei starker Lahmheit knickt das Pferd ein und nickt dabei mit dem Kopf. Trotzdem ist es gar nicht so leicht festzustellen, auf welchem Bein das Pferd eigentlich lahmt.

Mir tut halt alles weh!

Versetze dich am besten in die Lage des Pferdes: Es versucht, das schmerzende Bein zu schonen. Es tritt damit also möglichst kurz auf, übernimmt möglichst wenig Gewicht und tritt möglichst wenig nach vorn. Dafür wird das jeweilige andere Vorder- oder Hinterbein mehr belastet, im Trab auch das diagonal zugehörige Bein. Lahmheiten zeigen Schmerzen an und diese haben immer eine Ursache. Versuche, sie herauszubekommen! Schaue zuerst nach offenen Wunden, nach Schwellungen, nach heißen oder druckempfindlichen Stellen. Kannst du nichts finden, dann ist die Wahrscheinlichkeit groß, dass du einen Schmied brauchst. Die meisten Lahmheiten haben ihre Ursache im Huf! Der Schmied kann mit der Hufzange prüfen, ob das Pferd auf Druck empfindlich reagiert. Die Ursache kann eine Verletzung im Hufbereich oder ein Hufgeschwür sein, das unter der Sohle eitert. Wenn der Schmied das Übel gefunden und beseitigt hat, wird es dem Pferd in kurzer Zeit besser gehen.

Findest du die Ursache einer Lahmheit nicht und wird es nach zwei Tagen nicht besser, brauchst du den Tierarzt.

Empfindliche Haut

Pferde sind anfällig für ansteckende Hautausschläge, zum Beispiel Pilzbefall. Fühle beim Putzen die Haut deines Pferdes ab, insbesondere in der Sattellage, an den Beinen und in den Fesselbeugen. Wenn sich eine Hautunreinheit ausbreitet, brauchst du den Tierarzt.

Er berät dich auch beim Einrichten einer Stallapotheke, in der Medikamente für die erste Hilfe beim Pferd aufbewahrt werden.

Wann der Tierarzt kommen muss:
- bei Kolik
- bei Husten
- bei größeren Verletzungen
- bei länger als zwei Tage dauernden Lahmheiten, deren Ursache du nicht selbst finden und beheben kannst
- bei Fieber und wenn das Pferd sich deutlich krank fühlt
- bei starken Schwellungen und sich ausbreitenden Hautausschlägen

Keine Ferien vom Pferd

Und das seit vierzehn Tagen...!

37 Die Verantwortung für das eigene Pferd

Sommer und Winter, Tag und Nacht

Hast du dir eigentlich schon mal überlegt, wie das ist, keine Lust zum Reiten oder zur Pferdepflege zu haben? Das kommt bei dir nicht vor? Na, dagegen würde ich jede Wette riskieren.

So ein Pferd will auch betreut werden, wenn es Bindfäden regnet und Schusterjungen schneit, wenn es so kalt ist, dass dir Hände und Füße beinahe abfrieren oder so heiß, dass du es eigentlich nur mit einem Eisbecher im Schatten aushalten kannst. Ein Pferd darfst du weder nach Südfrankreich an den Strand noch nach Österreich zum Skilaufen, weder zur Klassenfahrt nach Wien noch beim Wochenendausflug zur Oma mitnehmen. Es ist an Neujahr

Wo bleibst du???

genauso früh auf wie immer, selbst wenn du die Silvesternacht durchgefeiert hast. Es will an Weihnachten bewegt werden wie an Ostern. Und wenn es krank ist, braucht es deine Betreuung vielleicht mehrmals am Tag und sogar in der Nacht. Du müsstest schon ein Übermensch sein, um nicht auch mal keine Lust zu haben. Bloß: Das hilft dir nichts. Bevor du die Verantwortung für dein eigenes Pferd übernimmst, musst du (wenigstens für dich ganz allein) den Schwur leisten, schlechte Laune und mangelnde Lust nie am Pferd auszulassen. Sonst verliert es sein Vertrauen zu dir.

Für den Ernstfall

Tatsächlich kann aber schnell der Fall eintreten, dass du für dein Fernbleiben vom Pferd gar nichts kannst. Als „höhere Gewalt" zählen nicht die Eltern, die dir vielleicht wegen mangelnder schulischer Leistungen das Reiten verbieten... So weit solltest du es im eigenen Interesse nicht kommen lassen!

Aber du könntest einmal krank werden, einen ganz und gar ungünstigen Stundenplan bekommen, auf Klassenfahrt gehen, an einem Familienfest teilnehmen und so weiter...

Für alle diese Fälle brauchst du eine eingearbeitete Vertretung, die das Pferd kennt und selbstständig versorgen und bewegen kann. Ob Freund oder Freundin, Geschwister, Reitervereinskamerad oder Eltern ist ganz egal – Hauptsache, jemand kann sofort an deine Stelle treten.

Geteilte Freude

Überhaupt macht es viel mehr Spaß, wenn man seine Leidenschaft für Pferde und Reiten mit jemandem teilen kann. Und so wunderbar es ist, ein eigenes Pferd zu haben – viele neue oder schwierige Situationen im Stall und in der Reitbahn sind zu zweit einfacher zu meistern.

Nicht nur wir Menschen, auch Pferde lieben Gesellschaft!

Schließlich brauchst du auch jemanden, mit dem du über dein Pferd reden kannst, der sich mit dir über Erfolge freut und der Schwierigkeiten versteht, denn geteilte Pferdefreude ist doppelte Freude.

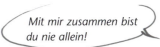
Mit mir zusammen bist du nie allein!

Drei gute Freunde...

Kapitel 37

Wenn es den Pferden gut geht, freut sich der Mensch...

Zusammen reiten

Mit anderen Reitern zusammen kann man viel mehr unternehmen als allein, es gibt viel mehr Abwechslung und Anreiz zu neuen Versuchen.

Tauscht mal die Pferde! Du wirst staunen, was du von unten alles sehen kannst, wenn dein Pferd unter einem anderen Reiter geht. Ob da die gleichen Höhepunkte gelingen, die gleichen Schwierigkeiten auftreten wie bei dir? Und was tut der andere Reiter dafür oder dagegen?

Für dich ist es gut, ab und zu ein anderes Pferd zu reiten – wer immer nur auf einem sitzt, sammelt leicht fehlerhafte Angewohnheiten, ohne es selbst zu merken. Ausreiten mit anderen zusammen ist nicht nur für die Reiter, sondern auch für die Pferde lustiger. Und wenn Konkurrenz in der Reitbahn ist, strengst du dich selber gleich viel mehr an.

Tierschutz ernst nehmen

Viele Pferde und Ponys in Reitställen werden gut gehalten und liebevoll behandelt. Und doch – das Thema Tierschutz geht alle an.

Es gibt nämlich immer noch Beispiele für tierquälerische Pferdehaltung. Geschundene Tiere werden monatelang in Boxen eingesperrt oder auf abgefressenen Weiden ohne genügend Futter und Wasser sich selbst überlassen. Zum Schlachten bestimmte Pferde werden unter schlimmsten Bedingungen kreuz und quer durch Europa transportiert.

Und selbst liebevolle Pferdebesitzer machen aus Unwissenheit und falsch verstandener Tierliebe grobe Schnitzer, unter denen die Pferde zu leiden haben.

Ich stehe unter Tierschutz!

Das eigene Pferd

Die große Verantwortung

Als Pferdefreund, Reiter und Pferdebesitzer übernimmst du eine große und manchmal schwere Verantwortung. Sorge stets dafür, dass es dem Pferd, mit dem du umgehst, das du reitest oder das dir selbst gehört, gut geht.

Fühle dich aber auch für alle anderen Pferde verantwortlich. Zeige Mut und Zivilcourage, wenn du beobachtest, dass aus Nachlässigkeit, Unwissenheit oder Grobheit Pferde falsch behandelt werden.

Bei jeder Landeskommission kannst du Namen und Telefonnummer des zuständigen Tierschutzbeauftragten erfragen. Der Amtstierarzt ist zuständig dafür, grob mangelhafte Tierhaltung unter die Lupe zu nehmen und eventuell zu verbieten.

Wer mich quält, bekommt es hoffentlich mit dir zu tun!

AUSZUG AUS DEM TIERSCHUTZGESETZ

§ 1
Niemand darf einem Tier ohne vernünftigen Grund Schmerzen, Leiden oder Schäden zufügen.

§ 2
Wer ein Tier hält, betreut oder zu betreuen hat, muss
1. das Tier seiner Art und seinen Bedürfnissen entsprechend angemessen ernähren, pflegen und verhaltensgerecht unterbringen,
2. darf das artgemäße Bewegungsbedürfnis eines Tieres nicht dauernd und nicht so einschränken, dass dem Tier vermeidbare Schmerzen, Leiden oder Schäden zugefügt werden,
3. muss über die für eine angemessene Ernährung, Pflege und verhaltensgerechte Unterbringung erforderlichen Kenntnisse und Fähigkeiten verfügen.

§ 3
Es ist verboten,
... einem Tier, außer in Notfällen, Leistungen abzuverlangen, denen es wegen seines Zustandes offensichtlich nicht gewachsen ist oder die offensichtlich seine Kräfte übersteigen,
... an einem Tier bei sportlichen Wettkämpfen Dopingmittel anzuwenden,
... ein Tier auszubilden oder zu trainieren, sofern damit erhebliche Schmerzen, Leiden oder Schäden für das Tier verbunden sind.
Verstöße gegen das Tierschutzgesetz werden mit Geldbußen oder Gefängnis bis zu 3 Jahren bestraft.

Kapitel 38

Das traurige Kapitel

38 Die Trennung vom eigenen Pferd

Plausible Gründe

Ob du dich von deinem Pferd trennen könntest? „Nie!", wirst du wohl entrüstet denken. Und doch kann es plausible Gründe geben, die die Trennung vom eigenen Pferd nötig machen.

TRENNUNGSGRÜNDE!
- Ein Pferd kann alt und gebrechlich oder chronisch krank werden, so dass man es nicht mehr reiten kann.
- Du selbst kannst zu groß, zu schwer für dein Pony werden. Vielleicht entwickelst du sportlichen Ehrgeiz, möchtest Turniere besuchen und wünscht dir ein Pferd, das im Wettkampf mithalten kann.
- Oder aber – auch das ist ein wichtiger Grund – du kommst auch nach mehreren Anläufen überhaupt nicht mit deinem Pferd zurecht.

Für jedes Alter das richtige Pferd

In England, dem Mutterland des Ponysports, ist der rechtzeitige Pferdewechsel viel selbstverständlicher als hier zu Lande. Zum Beispiel Janet...: Das Shetlandpony, auf dem sie als kleines Mädchen ihre ersten Reitversuche gemacht hat, ist inzwischen ein älterer Herr geworden und wird für den jüngeren Bruder von Janets Freundin genau der richtige Spielgefährte. Janets Dartmoor-Pony, für das sie allmählich zu groß wird, findet einen guten Lebensabend in einer Gärtnerei, wo es einen leichten Karren zieht, während Janet auf einem Connemara-Pony ihre ersten Turniererfahrungen macht. Als sie einen Studienplatz in London bekommt, findet ihr Turnierpony über den Reitlehrer des Ponyclubs eine glückliche neue Besitzerin. Janet wird sich später ein junges Pferd kaufen, das sie selber ausbildet...

Das eigene Pferd

Beim Reitenlernen ist Umsteigen sinnvoll: vom kleineren aufs größere Pony, vom Pony aufs Pferd.

Pferdeliebe

Trotzdem, wirst du vielleicht sagen, wenn man sein Pferd liebt, dann kann man es nicht einfach jemand anderem überlassen. Nun ja, gegen Liebe lässt sich nicht argumentieren. Nur eines ist mir aufgefallen: Jeder, oder jedenfalls fast jeder Pferdebesitzer, den ich kenne, liebt sein Pferd. Bestimmt nicht, weil jeder auf Anhieb das Traumpferd seines Lebens gefunden hat, sondern weil man das Pferd, mit dem man täglich umgeht, mit dem man viel erlebt und gemeinsame Erfahrungen macht, allmählich lieb gewinnt.

So gewinnt jeder neue Pferdebesitzer sein Pferd lieb – auch wenn es früher dein Pferd war.

Und die Pferde selbst? Klar, sie kennen

Liebe geht übrigens durch den Magen!

ihren Herrn, sie lieben Gewohnheiten und hängen an ihrer vertrauten Umgebung, aber sie sind – leider oder zum Glück – ein bisschen treulos. Sie respektieren den, der mit ihnen richtig umgeht, gewöhnen sich blitzschnell an den, der ihnen täglich Futter bringt, und sind freundlich und anhänglich zu dem, der ihnen ausreichende Bewegung verschafft und die Langeweile des Stalllebens vertreibt.

Hunde trauern ihrem Herrn nach, Katzen weigern sich standhaft, ihre gewohnte Umgebung zu verlassen – Pferde gewöhnen sich ohne Schwierigkeiten an den neuen Besitzer, der sie gut behandelt.

Pferdeverkauf

Wenn die Entscheidung für den Verkauf deines Pferdes gefallen ist, drück dich nicht vor den Folgen. Am liebsten würdest du sicher nichts mit dem Verkauf zu tun haben. Aber das ist feige: Du kennst das Pferd am besten und kannst deswegen auch den besten neuen Besitzer finden. Gib dein Pferd nicht einfach zum Händler! Mach dir die Mühe, nach einem guten Nachfolger für dich zu suchen. Vielleicht ist es sogar jemand, den du schon kennst? Frage in deinem Bekanntenkreis, in deinem Reiterverein, sprich mit deinem Reitlehrer.

Wenn du in einer Tages- oder Reiterzeitung eine Anzeige aufgibst, dann überlege dir sehr genau, für wen das Pferd das Richtige wäre. Es nützt niemandem, wenn du dein Pferd in den Himmel lobst und die Interessenten, die zum Ausprobieren kommen, nachher bitter enttäuscht sind.

Versuche, dein Pferd ehrlich einzuschätzen, dann ist die Chance für einen guten Verkauf am größten. Wenn jemand dein Pferd ausprobieren will, dann hilf ihm so viel wie möglich (und sei nicht eifersüchtig!). Erzähle den Interessenten alles, was du über dein Pferd weißt. Denk daran: Du tust es nicht für dich...

- Lass dich beim Verkauf eines Pferdes nicht von Gefühlen, sondern von Argumenten leiten.
- Übernimm Verantwortung auch für das Lebensende eines Pferdes.
- Suche Rat und Hilfe bei deinem Tierarzt, deinem Ausbilder und Reiterfreunden.

Pferden jederzeit unvorhersehbare Tierarztkosten anfallen.

Ein Pferd, dem jeder Atemzug schwer fällt, dem jeder Schritt Schmerzen zufügt, sollte man von seinen Leiden erlösen. Ein Tierarzt kann bei der Entscheidung helfen. Wenn es wirklich sein muss, dann nimm all deinen Mut zusammen und überlege, wie du dein Pferd vor Qual und Angst bewahren kannst.

Damit du es nur weißt: Ponys werden uralt!

Die letzte Entscheidung

Und wenn dein Pferd nicht mehr geritten werden kann? Wenn es zu alt, zu verbraucht, zu krank ist?

Ich finde es wunderbar, einem alten Pferd einen ruhigen Lebensabend auf der Weide zu gönnen. Aber das lässt sich nicht immer verwirklichen. Eine gute Lösung ist es nur, wenn das Pferd Auslauf, Gesellschaft und fachgerechte Betreuung hat. Ein Pferd allein auf eine trostlose Koppel zu stellen oder den ganzen Winter in eine Box zu sperren, ist keinesfalls artgerecht.

Die Unterbringung auf einem guten Gnadenbrothof hat ihren Preis! Zusätzlich brauchen auch Gnadenbrotpferde Wurmkuren, Impfungen und regelmäßige Hufpflege. Außerdem können bei alten

Der Tierarzt kann das Pferd mit einer Spritze einschläfern. Es sollte dabei auf jeden Fall betäubt werden, damit es die Wirkung der Spritze nicht spürt.

Beim Pferdemetzger wird ein Pferd sekundenschnell und schmerzfrei mit einem Bolzenschussapparat getötet. Allerdings – zum Schlachten bestimmte Pferde werden viel zu oft unter schrecklichen Bedingungen in Länder transportiert, in denen Pferdefleisch als Delikatesse gilt. Erspare deinem Pferd eine solche Quälerei!

Suche jemand, der dir bei diesen schweren Entscheidungen hilft. Wenn du das Nötige veranlasst hast – aber erst dann – kannst du dich in dein Zimmer einschließen und deinen Kummer ausheulen.

Ein neues Pferd wird natürlich nie wieder genauso sein wie das alte – aber ganz allmählich wirst du es auf seine Weise lieb gewinnen.

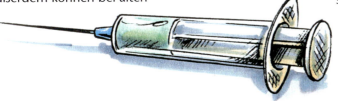

*Mein Hut,
mein Stock...*

39 Zweckmäßige Reitkleidung und Zubehör

Für die ersten Reitstunden

Für die ersten Reitversuche möchte ich dir nicht unbedingt Jeans empfehlen. Je weicher, weiter und bequemer deine Hose sitzt, desto besser kannst du selbst sitzen. Also lieber die Jogging-Hose oder Leggins auswählen! Deine Schuhe sollten bis über die Knöchel reichen, also Gummistiefel, alte Winterstiefel oder Boots.

Die erste und wichtigste Anschaffung für deine Reitversuche ist ein vorschriftsmäßiger Reithelm mit Drei- oder Vierpunktbefestigung. Für solche Helme gibt es in ganz Europa gültige Vorschriften – frage im Reitsporthandel danach. Gewöhne dir an, den Helm immer und ohne Ausnahme zu tragen. Ein verantwortungsvoller Ausbilder lässt dich ohne Helm gar nicht erst an der Reitstunde teilnehmen.

Wenn du eine Reitgerte brauchst, wähle zu Anfang eine mittellange ohne Handschlaufe (80 Zentimeter bis ein Meter) und probiere aus, welche Länge für dich richtig ist. Eine lange Dressurgerte ist zu Anfang eher störend, mit einem kurzen Springstöckchen richtest du nicht genügend aus. Handschuhe sind kein Luxus! Du musst die Finger richtig schließen können, damit dir die Zügel nicht durch die Finger rutschen. Davon bekommt man ganz schnell Blasen, vor allem an der Innenseite des Ringfingers. Spezielle Reithandschuhe haben aus gutem Grund Verstärkungen an den besonders beanspruchten Stellen.

Ausrüstung

Diese Reitbekleidung ist weder zweckmäßig noch sicher: Jeans, Turnschuhe, Schlabber-Oberteil und wehende Haare gehören nicht aufs Pferd.

Die Reithose

Wenn du dich entschlossen hast, bei der Stange, oder besser beim Pferd zu bleiben, lohnt sich die Anschaffung einer Reithose. Wähle sie so, dass sich beim Sitzen keine störenden, drückenden Falten an den Knien und am Po bilden. Lederbesätze an den besonders strapazierten Stellen, vor allem am Knie, verlängern die Lebensdauer deiner Reithose.

Die Stiefel

Reite nur mit Schuhen, die bis über die Knöchel reichen und einen Absatz haben! Lederreitstiefel sind angenehm zu tragen, aber teuer. In preiswerten Gummi- oder Plastikreitstiefeln bekommst du leicht Schwitz- oder Eisfüße.

Eine mögliche Alterntive sind knöchelhohe Stiefeletten in Verbindung mit langen Jodhpurhosen oder knielangen Chaps.

Gefährlich: Der Schuh ohne Absatz rutscht zu weit durch den Steigbügel (links). Wenn der Knöchelschutz fehlt, kann der Bügel gegen den empfindlichen Knöchel schlagen (rechts).

Schutz vor Kälte, Regen, Wind

Deine warme Jacke fürs Geländereiten brauchst du nicht im Reitsportgeschäft zu kaufen. Aber achte darauf, dass sie bis zur Hüfte reicht, aber nicht so lang ist, dass du darauf sitzt. Sie sollte eine Kapuze haben und Schutz vor Wind und Nässe bieten. Auch im Regen kannst du reiten; deinem Pferd wird es vermutlich weniger ausmachen als dir. Reitregenmäntel bieten einen guten Schutz, aber sie sind teuer.

Eine dünne Jacke mit langen Ärmeln leistet übrigens auch im Sommer beim Ausreiten gute Dienste: sie schützt dich vor kratzenden Zweigen, Sonnenbrand und Insektenstichen.

Praktisch sind auch die beliebten Reitwesten: sie halten dich warm, aber du schwitzt nicht so sehr.

Am besten lässt du ein Foto von mir auf dein T-Shirt drucken!

Überflüssig

Mit Hut und Stock, Hose, Handschuhen und Stiefeln ist deine reiterliche Grundgarderobe komplett. Wenn du allerdings mal in ein großes Reitsportgeschäft kommst, wirst du staunen, was sonst noch alles zum Anziehen für Reiter angeboten wird. Viele dieser Sachen sehen sehr chic aus, manche sind praktisch und bequem, alle sind (wie jede Sportkleidung) ziemlich teuer: Lass dich nicht vorschnell in Versuchung führen! Auf das Allermeiste kannst du verzichten, auch auf Sporen (bis dein Reitlehrer sie dir erlaubt).

Denke lieber an ein Paar alte Jeans und Oberteile als Bekleidung beim Putzen.

Für den Turnierstart

Chic und sogar ein bisschen feierlich sehen die Turnierreiter in ihrer traditionellen schwarz-weißen Bekleidung aus. Allerdings – für deine allerersten Turnierstarts reicht zweckmäßige Reitbekleidung in gedeckten Farben aus!

Willst du stilecht auf dem Turnier erscheinen, dann brauchst du zur weißen Hose und zur schwarzen Jacke weiße Handschuhe, ein weißes oder pastellfarbenes Oberteil und einen weißen Schlips oder ein Plastron (ein speziell gebundenes Tuch) mit einer goldenen oder silbernen Nadel.

Korrekt ausgerüstet für den Turnierstart

40 Sattelzeug

Billig oder teuer?
Beim Sattelzeug gibt es große, ja sogar sehr große Preisunterschiede. Leider kann ich dir guten Gewissens nicht den Rat geben, das günstigste Angebot zu wählen. Gutes Sattelzeug ist teuer! Das hat seine berechtigten Gründe: Die Qualität des verwendeten Leders ist für Haltbarkeit, Strapazierfähigkeit und Lebensdauer ausschlaggebend. Gutes Rohleder ist teuer. Das beste stammt von ausgesuchten Rindern.

Es gibt auch preisgünstigeres Leder, zum Beispiel Schafleder, das zu Sattelzeug verarbeitet wird, aber es bewahrt schlechter die Form, dehnt sich aus, ist weniger reib- und reißfest.

Unter Reitern kursiert daher der spöttische Spruch: „Gut Leder längt sich, schlechtes noch mehr..." Beim täglichen Gebrauch wird die Haltbarkeit deines Sattelzeugs ganz schön auf die Probe gestellt.

Gutes Sattelzeug wird in teurer Handarbeit hergestellt. Sattler nähen aber auch besser als Maschinen: Sie kennen nämlich genau die Stellen, an denen zum Beispiel eine Trense besonders beansprucht wird und sorgen durch spezielle Stiche dafür, dass die Nähte sich nicht auflösen. Außerdem vernähen sie alle Fäden so, dass sich die Enden nicht von allein aufribbeln.

Der größte Kostenbrocken, der auf dich zukommt, ist der Sattel. Deswegen möchte ich dir einen Kompromiss vorschlagen: Kaufe lieber einen guten gebrauchten als einen neuen Billigsattel. Reitsportgeschäfte und Sattlereien nehmen oft gebrauchte Sättel in Zahlung. Hier kannst du ein günstiges Angebot finden.

Der Sattel

Zu deinem Pferd muss der Sattel freilich passen – zur Größe und Form seiner Sattellage, zur Höhe und Breite seines Widerristes. Lass dich von einem Sattler beraten und den Sattel, wenn nötig, so aufpolstern, dass er richtig liegt.

Aber auch für dich muss der Sattel passen: Die Sitzfläche darf nicht zu klein sein, sonst reitest du dich leicht auf oder zu groß, dann rutschst du. Die Sattelblätter müssen deiner Beinlänge entsprechen, das heißt, auf jeden Fall deutlich unterhalb des Knies enden.

Es gibt Spezialsättel für den Dressur- und Springsport; den Kompromiss zwischen beiden bildet ein Vielseitigkeitssattel. Er erlaubt dir das Reiten in der Bahn, im Gelände und über dem Sprung, wenn du jeweils deine Bügellänge richtig einstellst. Auf einem Dressursattel kannst du sehr gut mit langen Bügeln reiten, aber im leichten Sitz ist der Knieschluss erschwert. Auf einem Springsattel kannst du nur mit kurzen Bügeln richtig sitzen.

Manche Ponys haben eine unpraktische Sattellage, auf der die üblichen Sättel immerzu nach vorn rutschen. Dagegen leistet ein Schweifriemen gute Dienste. Für Isländer werden sogar Spezial-Trachtensättel angeboten, die unter Umständen auch gut auf andere Ponys ähnlicher Größe passen.

Für mich kann kein Sattel schön genug sein!

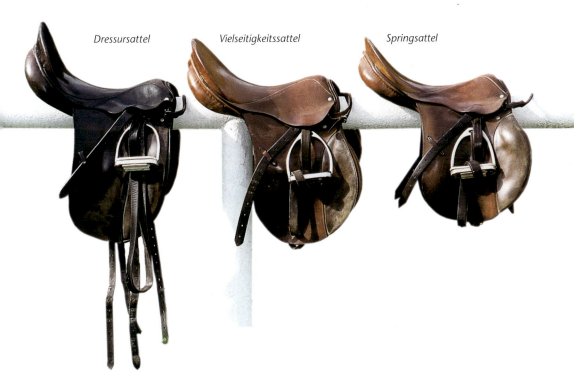

Dressursattel *Vielseitigkeitssattel* *Springsattel*

Zubehör zum Sattel

Ein blanker Sattel ist noch nicht gebrauchsfertig. Es fehlen noch ein Sattelgurt, eine Unterdecke, Steigbügelriemen und Steigbügel. Zusätzlich möchte ich dir einen kleinen „Angstriemen" empfehlen – sozusagen für den Notfall.

Sattelgurte gibt es in verschiedenen Ausführungen und Längen. Stell erst mal mit dem Zentimetermaß fest, wie lang er sein muss. Das Angbot reicht vom preiswerten Schnurgurt über Gurte aus Baumwolle oder Leder bis zum High-Tech-Material Neopren.

Die Bügelriemen werden vor allem durch das Aufsitzen stark belastet; sie müssen extrem strapazierfähig sein. Aus Sicherheitsgründen darfst du keinesfalls an den Steigbügeln sparen. Sie müssen groß und schwer genug sein.

Bei einem Sicherheitssteigbügel besteht keinerlei Gefahr, im Fall eines Sturzes vom Pferd mitgeschleift zu werden.

Ein kleiner Aufwand mit großer Wirkung sind die Gummieinlagen für die Steigbügel. Sie verhindern, dass die Schuhsohle vom glatten Metall des Steigbügels abrutscht.

Aus hygienischen Gründen möchte ich dir eine waschbare Satteldecke empfehlen, die allerdings auch regelmäßig gewaschen werden muss. Es gibt sie in Sattelform oder als eckige Schabracke in vielen Farben. Stoffdecken saugen den meisten Schweiß auf, wenn das Pferd unterm Sattel schwitzt. Bis zum nächsten Reiten muss die Satteldecke trocknen können, sonst riskierst du Druckstellen.

Die Trense

Die Trense muss dem Pferd wie eine zweite Haut passen, damit deine Zügelhilfen richtig ankommen.

Trensen (ohne Gebisse, die gehen extra) gibt es in verschiedenen Größen. Durchschnittliche Warmblutpferde tragen Trensen Größe zwei; Vollblüter, Araber und andere Pferde mit zierlichen Köpfen Größe eins. Für Ponys gibt es Spezialanfertigungen. Kaufe eine Trense nur mit Umtauschrecht und besorge dir auf jeden Fall eine

Sattelgurte

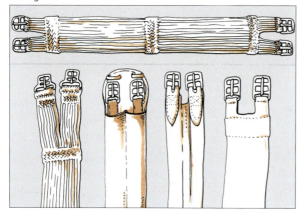

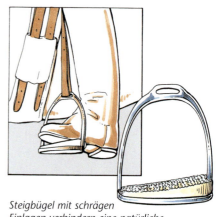

Steigbügel mit schrägen Einlagen verhindern eine natürliche Fußhaltung.

Lochzange, damit du die Passform notfalls verbessern kannst. Zur Trense gehört immer – auch bei Ponys – ein Reithalfter. Die bei uns gebräuchlichsten sind das hannoversche und das kombinierte englische Reithalfter. Frage nach, welche Zäumung dein Pferd gewöhnt ist oder lass dich von deinem Reitlehrer beraten.

Das Trensengebiss musst du extra kaufen. Die Länge richtet sich nach der Breite des Pferdemauls (von Maulwinkel zu Maulwinkel).

Die Trense soll dem Pferd ganz genau passen.

Sitzt alles richtig?

Das Gebiss soll etwa einen halben Zentimeter länger als das Pferdemaul sein, damit es nicht am Maulwinkel klemmt. Die richtige Länge auszumessen ist nicht ganz leicht. Am besten leihst du dir ein passendes Gebiss zum Vergleich aus und stellst daran die benötigte Länge fest.
Für die Wahl des Gebisses gilt: je dicker, desto weicher! Das Gebiss muss am Trensenring mindestens 14 Millimeter dick sein.
Das einfachste Gebiss ist die Ring- oder Wassertrense. Ein Olivenkopfgebiss ist besser im Pferdemaul fixiert, weil du es nicht einseitig herausziehen kannst; so wirkt es möglichen Reiterfehlern entgegen.
Auch bei den Zügeln gibt es Unterschiede. Vielfach bewährt haben sich Gurtenzügel mit quergenähten Lederstegen. Einfache Gurtenzügel oder glatte Lederzügel rutschen dir leicht durch die Finger. Hilfreich gegen Rutschen sind Gummizügel. Umflochtene oder geflochtene Lederzügel sind schön, aber auch teuer.
In einem Punkt kommt es nur auf deinen persönlichen Geschmack an: bei der Wahl der Leder- und Stirnbandfarben (es sei denn, in deinem Reiterverein sind bestimmte Farben üblich). Achte darauf, dass dein Stirnband in der Länge zum Pferdekopf passt.

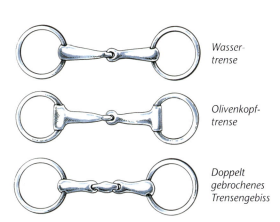

Wassertrense

Olivenkopftrense

Doppelt gebrochenes Trensengebiss

Gemeinsam macht Sattelzeugpflege Spaß.

Sattelzeugpflege

Nicht nur dein Pferd, auch dein Sattelzeug will regelmäßig geputzt werden. Keine Sorge – wenn du das öfters machst, ist es keine große Mühe. Am besten stationierst du Sattelseife, Schwamm und Lappen in der Nähe des Wasserhahns, unter dem du nach dem Reiten das Trensengebiss abspülst. Dann kannst du frischen Schweiß und Schmutz sofort abwischen.

Trotzdem ist ab und zu eine Generalreinigung mit anschließendem Einfetten fällig. Mit Sattelseife und einem gut ausgedrückten, feuchten Schwamm werden alle Lederteile sorgfältig gereinigt; die Innenseite der Trense und die Unterseite des Sattels dabei nicht vergessen. Die Reste der Sattelseife wischst du mit einem Lappen ab.

Wenn das Leder getrocknet ist, kannst du es einfetten. Trage das weiche Lederfett mit einem Lappen, das flüssige Lederöl mit einem Pinsel auf. Wenn du Trense und Sattelzeug dabei auseinanderschnallst, dann merke dir genau die benutzten Löcher (notfalls kennzeichnen), damit alles hinterher wieder passt.

Tausche beim Sattelputzen regelmäßig die Steigbügelriemen aus, dann werden beide gleichmäßig beim Aufsitzen strapaziert.

Ich hätte da noch was zum Putzen: ein Paar Ausbindezügel und ein Halfter und ein Martingal und...

Ausrüstung

Hast du die Farben ausgesucht?

Nützlich, lächerlich oder schädlich?

41 Zubehör rund um das Pferd

Nötig und nützlich

Nicht nur für dich werden im Reitsporthandel viele nützliche und überflüssige Dinge angeboten – das gilt erst recht für dein Pferd. Eine richtig noble Pferdeausrüstung kostet mehr als eine komplette Reitgarderobe für dich von Kopf bis Fuß. Bloß hat dein Pferd Luxuszubehör genauso wenig nötig wie du. An der Grundausstattung dagegen solltest du nicht sparen. Außer Sattel und Trense brauchst du ein Halfter und zwei Anbindestricke mit Panikhaken. Lederhalfter sind haltbarer, hautfreundlicher (und teurer) als Nylonhalfter. Wie ein komplettes Putzzeug aussieht, steht auf Seite 45. Vergiss auch Eimer, Schwämme, Waschbürste, Schweißmesser und Huffett nicht.

Für die Schweifpflege kannst du ein rückfettendes Haarshampoo besorgen. Praktisch – zumindest bei besonderen Anlässen – ist eine Flasche Schweifspray. Es spart viel Zeit.
Zum gelegentlichen Einflechten der Mähne benötigst du kleine Mähnengummis und weißes Klebeband.
Willst du dein Pferd vorschriftsmäßig frisieren, dann brauchst du einen möglichst kleinen Mähnenkamm, um die Mähne zu verziehen. Ein Mähnenmesser kann dabei hilfreich sein. Ein weiteres wichtiges Frisierwerkzeug ist eine Fesselschere.
Für die Sattelzeugpflege brauchst du Sattelseife und Lederöl oder -fett, einen Schwamm, Pinsel und Lappen.

Decken und Halfter gibt es in allen Formen, Farben und Größen.

Decken in allen Formen und Farben

Decken werden in den verschiedensten Formen, Farben und Materialien angeboten. Da fällt die Auswahl nicht leicht!
Die wichtigste Funktion einer Decke ist es, das Pferd vor Zugluft zu schützen. Besonders gute Dienste leistet eine Abschwitzdecke aus einem Material, das die Feuchtigkeit nicht aufsaugt, sondern an die Außenseite transportiert. Legst du diese Decke nach dem Reiten eine halbe Stunde lang auf, kann das Pferd darunter trocknen. Eine solche Decke reicht auch als Schutz bei Transporten.

Soll die Decke längere Zeit oder über Nacht auf dem Pferd liegen bleiben, dann muss sie eine gute Passform haben und mit Gurten, vielleicht zusätzlich auch mit Beinschlaufen befestigt werden. Das Anlegen mancher Decken kann eine kleine Wissenschaft für sich sein!

Hat eine Decke kein fest angenähtes Verschlusssystem, kannst du einen zusätzlichen Deckengurt auflegen.

Pferde frieren sehr selten. Eine Stalldecke dient im Winter weniger dazu, ein Pferd vor Kälte zu schützen, als ein allzu starkes Wachsen des Winterfells zu verhindern. Je kälter es ist, desto länger wächst nämlich das Fell.

Willst du das Pferd im Winter eindecken, so achte auf eine besonders gute Passform der Decke. Rückenlänge und Größe des Halsausschnittes müssen passen, sonst sind Druckstellen am Widerrist und vorne am Buggelenk die Folge.

Stalldecken sollten aus robustem, unempfindlichem Material bestehen. Eine dicke Thermodecke braucht dein Pferd nur, wenn es im Winter geschoren wird.

Ich hätte gern eine lila-grün-schwarz-rot-gelb-karierte Decke! Und mein Name soll rosa eingestickt sein!

Ausrüstung

Schutz für die Pferdebeine

Gamaschen aus Leder und Kunststoff oder elastische Bandagen schützen die empfindlichen Pferdebeine vor äußeren Verletzungen. Was sie sonst noch bewirken, ob sie die Sehnen schonen, die Gelenke stützen und die Durchblutung fördern oder hindern, darüber streiten sich noch die Gelehrten. Schaden können sie jedenfalls nicht, es sei denn, sie passen oder sitzen nicht korrekt und verursachen Druckstellen.

Richtig zu bandagieren ist eine Kunst. Auf der Seite 246 kannst du dir anschauen, wie es gemacht wird.

Guten Schutz gegen Stöße von außen bieten Bandagen nur, wenn sie über gepolsterte Unterlagen gewickelt werden. Eine Bandage wird wie eine Binde angelegt, an den rechten Pferdebeinen rechtsherum, an den linken Pferdebeinen linksherum. Gewickelt wird von der halben Höhe des Pferdebeins aus nach unten und dann in kleineren Touren wieder nach oben. Die Verschlüsse sollen möglichst außen sitzen

Mit Bandagen komme ich mir gleich viel edler vor!

und nicht auf die Sehnen drücken.
Leder- oder Kunststoffgamaschen sind einfacher anzubringen und lassen sich leichter sauber halten.

Die Verschlüsse aller Gamaschen liegen an der Außenseite der Pferdebeine und werden von vorne nach hinten geschlossen. So kannst du erkennen, welche Gamasche zu welchem Pferdebein gehört. Gamaschen für die Hinterbeine sind etwas länger als für die Vorderbeine. Üblich sind für die Hinterbeine allerdings auch kurze Streichkappen, die nur bis knapp über den Fesselkopf reichen.

Gamaschen müssen nicht unbedingt sein, es sei denn, dein Pferd streift regelmäßig mit einem Vorder- oder Hinterbein an das andere oder greift sich mit einem Hinteram Vorderbein. Beim Springen möchte ich dir einen Schutz der empfindlichen Pferdebeine allerdings sehr empfehlen.

Vorne: Offene Spring-Gamaschen
Hinten: Streichkappen

An allen vier Beinen: Weiche Neopren-Gamaschen

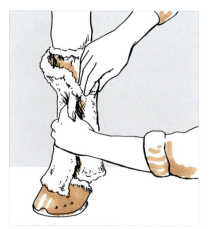
Zuerst wird die Unterlage möglichst faltenfrei angelegt.

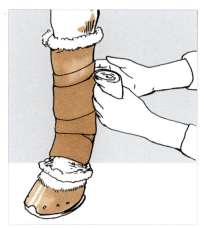
Gewickelt wird von oben nach unten und wieder nach oben.

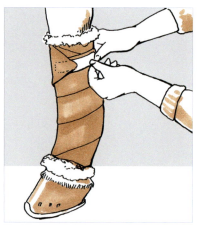
Der Verschluss soll oben an der Außenseite des Beins liegen.

Korrekt, überflüssig, schädlich
Natürlich wird dir noch sehr viel mehr für dein Pferd angeboten, vor allem jede Menge verschiedene Gebisse und Hilfszügel. Sie sollen dazu gut sein, Probleme beim Reiten zu lösen. Experimente mit solchen Wundermitteln können aber auch ins Auge gehen! Viele Pferde reagieren heftig auf schärfere Zäumungen oder bekommen Angst davor; beides macht die Sache nicht besser. Spar das Geld lieber für guten Reitunterricht!

Das hilfreichste Zubehör sind Ausbindezügel und ein richtig verpasstes Martingal. Die Ausbindezügel ersetzen eine stetige Verbindung zwischen Reiterhand und Pferdemaul, wenn deine eigenen Hände noch zu unruhig sind. Sie werden so eingeschnallt, dass sich die Nase des Pferdes kurz vor der Senkrechten befindet. Den gleichen Dienst leisten Dreieckszügel (auch Schlaufenausbinder oder Laufferzügel genannt).

Das Martingal hilft beim Springen und im Gelände, die Kontrolle über ein Pferd zu bewahren, wenn es den Kopf hochnimmt. Es muss so lang verschnallt sein, dass es völlig ausgeschaltet ist, wenn das Pferd den Hals fallen lässt. Schiebeschlaufen auf den Zügeln verhindern, dass sich die Martingalringe in den Schnallen verhaken, mit denen die Zügel im Gebiss eingeschnallt sind.

Martingal und Ausbindezügel müssen in der Größe oder Länge zum Pferd passen; für ein Pony sind die regulär angebotenen Ausrüstungsgegenstände meist zu groß. Was du mit Sicherheit nicht brauchst, sind Schlaufzügel, andere Hilfszügel, eine Kandare, ein Hackamore oder Spezialsättel.

Ausrüstung

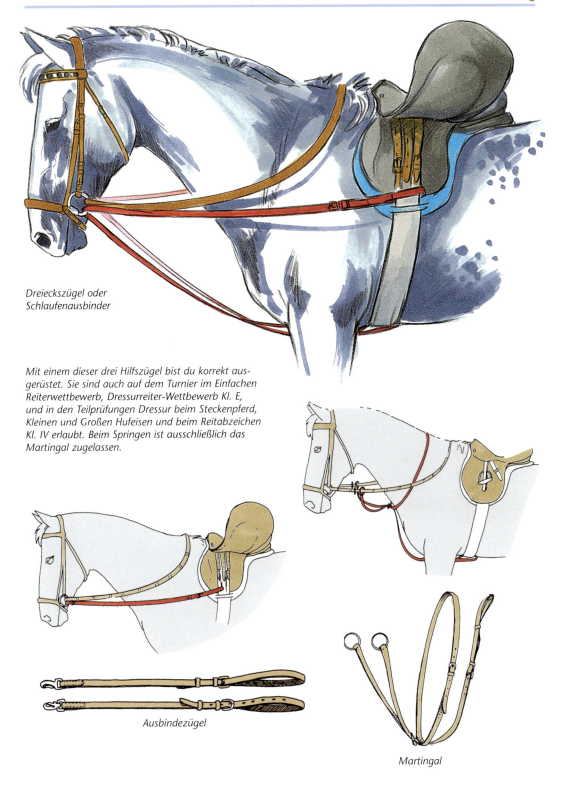

Dreieckszügel oder Schlaufenausbinder

Mit einem dieser drei Hilfszügel bist du korrekt ausgerüstet. Sie sind auch auf dem Turnier im Einfachen Reiterwettbewerb, Dressurreiter-Wettbewerb Kl. E, und in den Teilprüfungen Dressur beim Steckenpferd, Kleinen und Großen Hufeisen und beim Reitabzeichen Kl. IV erlaubt. Beim Springen ist ausschließlich das Martingal zugelassen.

Ausbindezügel

Martingal

Longe und Longierpeitsche

Damit dein Pferd auch einmal ohne Reiter bewegt werden kann, brauchst du eine Longierausrüstung. Dazu gehören Longe, Peitsche und seitliche Ausbindezügel oder Dreieckszügel.

Wähle eine weiche Longe aus, die sich gut anfassen lässt. Je länger deine Longierpeitsche ist, desto besser – aber sie darf nicht zu schwer sein. Du musst sie mühelos waagerecht halten können.

- Achte beim Zubehör auf Material, Verarbeitung, Pflegeeigenschaften!
- Keine Experimente mit Gebissen und Hilfszügeln!

Pflege des Zubehörs

Nicht nur das Sattelzeug, auch das Zubehör braucht regelmäßige Pflege. Groben Schmutz kannst du mit Wasser entfernen. Alle Teile aus Leder werden wie Sattel und Trense (Seite 242) mit Sattelseife und Lederöl behandelt. Sattelunterdecken und Bandagen sind waschbar. Alle Kunststoff-Gamaschen kannst du gründlich mit Wasser säubern, manche sogar nach Anleitung in der Waschmaschine waschen.

Gefütterte Stalldecken sind meist so groß und sperrig, dass sie nicht in die Waschmaschine passen. Viele Reitsportgeschäfte bieten die Reinigung von solchen Decken in einer Spezialfirma an. Erkundige dich danach!

Deine Abschwitzdecke dagegen kannst du regelmäßig in die Maschine stecken. Für das Waschen aller Zubehörteile aus dem Pferdestall gilt: Entferne vorher allen groben Schmutz und Reste der Einstreu. Bürste eventuell vorhandene Pferdehaare mit einer Wurzelbürste aus. Reinige nach dem Waschen das Flusensieb der Waschmaschine von Pferdehaaren.

Sind trotz all dieser vorbeugenden Maßnahmen Pferdehaare in der Waschmaschine geblieben, dann lass die Trommel bei geöffneter Tür zwei Tage lang gründlich trocknen. Die restlichen Pferdehaare kannst du dann mühelos mit dem Staubsauger entfernen.

Longierpeitsche

Longe

Die ersten Prüfungen

Herzlichen Glückwunsch!

Prüfungen, die Spaß machen!

42 Steckenpferd, Hufeisen-Prüfungen, Basispass und Reitpass

Eine ganze Handvoll Reitabzeichen

Wie in vielen anderen Sportarten auch – zum Beispiel beim Schwimmen – kannst du im Reitsport Prüfungen ablegen. Wenn du sie bestanden hast, bekommst du – je nach Schwierigkeitsgrad – ein Reitabzeichen verliehen. Es gibt eine ganze Handvoll verschiedener Reitabzeichen. Allen gemeinsam ist, dass du nicht nur deine reiterlichen Fähigkeiten, sondern auch deine Können im Umgang mit dem Pferd und dein theoretisches Wissen unter Beweis stellen musst. Nach bestandener Prüfung erhältst du eine Urkunde und eine Anstecknadel. Mit genügend Ehrgeiz und Fleiß kannst du dich so von den leichteren zu den schwierigeren Abzeichen hocharbeiten.

Deine ersten Ziele könnten die Prüfungen „Steckenpferd" und „Kleines Hufeisen" sein. Im „Basispass Pferdekunde" kannst du dein gutes Wissen über Pferde und den Umgang mit ihnen unter Beweis stellen. Wenn du von der Teilnahme an schwierigen Turnierprüfungen träumst, musst du auf ein „Deutsches Reitabzeichen" hinarbeiten. Wenn du gerne ausreitest, sollte dein Ziel das Abzeichen „Deutscher Reitpass" sein. Für alle Abzeichen gilt: Ohne Vorbereitung in einem Lehrgang keine Prüfung! Solch ein Lehrgang wird vielleicht auch in deinem Reitstall oder in deinem Reitverein angeboten. Oder du wünscht dir Reiterferien in einem Betrieb, der Abzeichenprüfungen durchführt.

Kapitel 42

Steckenpferd und Hufeisen

Den besten Einstieg in die Reitabzeichen bieten die verschiedenen „Hufeisen"-Prüfungen. Es gibt sie mit ganz unterschiedlichen praktischen Anforderungen – du findest bestimmt auch genau die richtige Herausforderung für dich.
In allen „Hufeisen"-Prüfungen und beim „Steckenpferd" wirst du von den Prüfern nach deinem Grundwissen über Pferde befragt. Führen, Anbinden und Putzen musst du auch praktisch vormachen. Beim Auflegen der Ausrüstung darfst du dir helfen lassen.
In der Prüfung „Kleines Hufeisen" sollst du Grundkenntnisse im Reiten zeigen. Zum Beispiel musst du in allen drei Grundgangarten und mit sicherem Abstand hinter einem Vorderpferd her reiten können. Möglicherweise wird dabei um Tonnen, Kegel oder Ständer herum geritten.
Wer noch nicht frei galoppieren kann, entscheidet sich am besten für die Prüfung „Steckenpferd". Dabei darfst du den Galopp an der Longe – freiwillig – zeigen.

Für ein „Großes Hufeisen" musst du bereits gute Fortschritte im Reiten unter Beweis stellen. In der Reitbahn wird nun schon eine einfache Dressuraufgabe verlangt und auf dem Außenplatz ist das Reiten über Stangen und erste kleine Sprünge gefordert.
Beim „Kombinierten Hufeisen" kommt zum Reiten einer Mannschaftsaufgabe und zum Überwinden eines Geschicklichkeitsparcours noch eine weitere Prüfung aus einer anderen Sportart hinzu – zum Beispiel Schwimmen, Laufen, Radfahren oder Fußball. Die zweite Sportart kann auch Voltigieren sein.

Für Voltigierer gibt es ein eigenes „Steckenpferd Voltigieren" sowie ein „Kleines" und „Großes Hufeisen Voltigieren". Im praktischen Teil der Prüfungen musst du jeweils eine vorgeschriebene Anzahl von Übungen aus einer langen Liste im Schritt oder im Galopp zeigen können. Frage deinen Voltigierlehrer (oder deine Lehrerin natürlich) danach!

Die ersten Prüfungen

Schade, dass es keinen Reitpass für Pferde gibt – die Prüfung hätte ich schon längst bestanden!

Du kannst Hufeisen-Prüfungen sogar im Westernsattel oder auf dem Kutschbock absolvieren: Dafür gibt es das „Hufeisen Westernreiten" und das „Kleine Hufeisen Fahren".

Basispass Pferdekunde

Der „Basispass Pferdekunde" ist ein Reitabzeichen ganz ohne Reiten. Hier sind Pferdekenner gefragt. Zu den Prüfungsthemen gehören das natürliche Verhalten der Pferde und die richtige Haltung, Tierschutz, Fütterung, Krankheiten, die korrekte Ausrüstung und das Verladen eines Pferdes. Führen, Putzen, Satteln und Auftrensen sowie das Verladen muss auch praktisch gezeigt werden. Den Basispass Pferdekunde, genauer gesagt, den dazugehörigen Anstecker, musst du schon an deiner Jacke tragen, bevor du eines der grundlegenden Abzeichen im Reitsport in Angriff nehmen kannst: den „Reitpass" oder das „Deutsche Reitabzeichen".

Deutscher Reitpass

Das Abzeichen „Deutscher Reitpass" ist eine Art freiwilliger Führerschein für das Geländereiten. In dieser Prüfung musst du unter Beweis stellen, dass du ein Pferd beim Ausreiten in der Gruppe in Schritt, Trab und Galopp sicher unter Kontrolle hast. Eine besondere Herausforderung dabei ist die Verantwortung für ein Pferd im Straßenverkehr. Zur praktischen Prüfung gehören auch Einzelaufgaben wie das Wegreiten von der Gruppe im Galopp. Du musst natürliche Geländehindernisse wie zum Beispiel einen Kletterhang oder eine Wasserstelle überwinden können; das Springen von Geländehindernissen dagegen ist freiwillig. Für die theoretische Prüfung musst du alles wissen, was für das Ausreiten entscheidend ist: von den wichtigen gesetzlichen Bestimmungen für das Geländereiten bis hin zu Giftpflanzen, von typischen Problemen unterwegs bis hin zum Verhalten bei Unfällen. Für Spezialisten im Geländereiten gibt es weitere Abzeichen, zum Beispiel für Wander- oder Distanzreiter.

Deutsche Reitabzeichen

Alle, die gerne auf Turnieren reiten wollen, müssen die Prüfung zum „Deutschen Reitabzeichen Klasse IV" geschafft haben, bevor sie an schwierigeren Turnierprüfungen teilnehmen dürfen. In fast allen Reitabzeichen werden eine Dressuraufgabe, eine Springaufgabe und eine theoretische Prüfung gefordert. Der Schwierigkeitsgrad ist dabei an die unterschiedlichen Turnierklassen angelehnt; das Reitabzeichen Kl. IV entspricht Anforderungen der Einstiegsklasse E.

Ein Turnierstart erfordert gute Vorbereitung und volle Konzentration.

Der erste Turnierstart

Träumst du manchmal heimlich von einer goldenen Schleife? Dein Ausbilder (deine Ausbilderin) berät dich!
Der bekannteste Wettbewerb auf Turnieren für Kinder und Jugendliche ist der Einfache Reiterwettbewerb.

Ich höre immer nur „Prüfung"... Darauf bin ich gar nicht gut zu sprechen!

In einer Gruppe zusammen mit Gleichaltrigen wird Sitz und Einwirkung geprüft.

Auf Turnieren, die nach der WBO – der „Wettbewerbsordnung für den Breitensport", herausgegeben von der Deutschen Reiterlichen Vereinigung e.V. (FN) – stattfinden, kannst du noch viel mehr spannende Wettbewerbe finden. Hier ist alles erlaubt, was pferdegerecht ist und Reitern Spaß macht. Sicher ist auch für dich die richtige Herausforderung dabei!

Die siegreichen und platzierten Pferde erhalten die begehrten Turnierschleifen.

Gold	=	Sieg,
Silber	=	2. Platz
Weiß	=	3. Platz
Blau	=	4. Platz
Rot	=	5. Platz
Grün	=	6. und alle weiteren Plätze

Noch mal von vorn

Möchtest du dir auch eine Nadel vom Kleinen, Großen oder Kombinierten Hufeisen oder auch eine Reitpass-Nadel an den Kragen stecken können? Das ist gar nicht so schwer.

Eine Prüfung für diese Abzeichen kann in jedem Reiterverein abgehalten werden. Jeder von der FN anerkannte Ausbilder kann die Prüfungen für die Hufeisen abnehmen. Für die Prüfungen zum Basispass Pferdekunde und Deutschen Reitpass werden qualifizierte Prüfer eingeladen. Teilnehmen darf nur, wer an einem Vorbereitungslehrgang teilgenommen hat. Wenn du wissen willst, wann und wo ein solcher Lehrgang mit abschließender Prüfung abgehalten wird, dann frage deinen Reitlehrer. Noch ein heißer Tipp: So ein Abzeichenlehrgang ist ein prima Ferienprogramm. Und wenn du dich auf die Theorie schon vorbereiten willst, dann fang am besten dieses Buch noch einmal von vorne an zu lesen! Es enthält nämlich alles, was du für die Prüfungen zum Steckenpferd, Kleinen, Großen und Kombinierten Hufeisen, zum Basispass und zum Reitpass wissen musst.

Hast du eine Frage – über Pferdesport, Zucht, Reitervereine oder Reitställe? Hier bekommst du Auskunft!

Deutsche Reiterliche Vereinigung e.V. (FN)
Postfach 11 03 63 · 48205 Warendorf
Telefon 02581 6362-0 · Fax 02581 62144
E-Mail fn@fn-dokr.de · Internet www.pferd-aktuell.de

Abteilung FN-Service
Telefon 02581 6362-222 · Fax 02581 6362-333
E-Mail pschaffer@fn-dokr.de

Bücher der Autorin

Isabelle von Neumann-Cosel ist Amateurreitlehrerin FN und Turnierrichterin FN, im Hauptberuf Journalistin und Autorin. Sie lebt mit Ihren drei pferdebegeisterten Töchtern in der Nähe von Mannheim. Seit vielen Jahren hält sie nicht nur eigene Pferde, sondern gibt auch mit Begeisterung Reitunterricht. Wenn sie nicht gerade an ihren zahlreichen Artikeln, Büchern und Filmen für alle Altersstufen rund um das große Thema „Pferde und Reiten" arbeitet, schreibt sie Theaterkritiken über Ballett und zeitgenössischen Bühnentanz.

Wenn Pferde sprechen könnten ... sie können!
Eine Anleitung zur besseren Kommunikation

Pferde sind leise Tiere – ihr unverkennbares Wiehern ist selten zu hören. Dennoch können sie sich bestens verständigen: durch Mimik, Gestik und Bewegung. Die Sprache der Pferde lässt sich nicht von ihrem Verhalten trennen; wer die Pferdesprache besser verstehen will, muss lernen, das Pferdeverhalten zu beobachten und richtig zu deuten.

Dieses Buch leistet Übersetzungshilfe: Es erklärt die vielen Facetten des Pferdeverhaltens in der modernen Pferdehaltung und im Reitsport auf der Grundlage der arttypischen, instinktiven Reaktionen, die allen Pferden gemeinsam sind.
Es zeigt mit Witz und Wärme typische Missverständnisse zwischen Mensch und Pferd auf und gibt zahlreiche praktische Hinweise dafür, die Sprache der Pferde so zu beantworten, dass sich Zwei- und Vierbeiner gegenseitig besser verstehen.
Mit einem Vorwort von Hubertus Schmidt.

ISBN: 978-3-88542-468-0
2. Auflage 2008
144 Seiten mit 40 Comics,
6 Zeichnungen und 165 Fotos
Format 190 x 250 mm, gb.

Die etwas andere Reitlehre

Reiten kann man tatsächlich lernen
Für alle Lernwilligen und Zweifler, Einsteiger und Wieder-Einsteiger in den Reitsport

Diese „Reitlehre für erwachsene Reiter" bietet keine Patentlösungen, ganz im Gegenteil: Die Autorin macht stattdessen begreiflich, warum Reiten so schwer zu lernen und so schwierig zu lehren ist. Sie packt die vielfältigen Probleme zwischen Reiter und Pferd mit Witz und Wärme an der Wurzel. Mit Erfahrung und Fachkompetenz nimmt sie ihre Leser mit auf den Weg der 1000 kleinen Lernschritte hin zum großen Ziel: ein guter Reiter zu werden.

Besser Sitzen – Besser Reiten

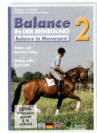

Balance in der Bewegung
Der Sitz des Reiters

Susanne von Dietze hat mit dieser Neuauflage eine neue und faszinierende Perspektive auf die klassische Reitlehre gegeben. Sie betrachtet die überlieferten Vorgaben für den korrekten Sitz und die effektive Einwirkung einerseits mit dem geschulten Blick der Krankengymnastin, andererseits mit dem erfahrenen Auge der Ausbilderin. Isabelle von Neumann-Cosel (die Cousine von Susanne von Dietze) hat für dieses Buch das Lektorat übernommen und stand während der gesamten Produktionszeit als fachliche Beratung zur Verfügung.

Schonen – Schützen – Stärken

Rücksicht auf den Reiterrücken
• Schonen • Schützen • Stärken

Den beiden Autorinnen Susanne von Dietze und Isabelle von Neumann-Cosel ist es gelungen, die klassische Reitlehre in praktische Hinweise zum verantwortungsvollen Umgang mit dem eigenen Rücken zu übersetzen. Aus der Fülle von Hinweisen und Übungen kann sich jeder anspruchsvolle, mitdenkende Reiter seine eigenen rückenfreundlichen Lösungen für die Praxis zusammenstellen: in Freizeit, Leistungssport und Ausbildung.

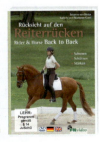
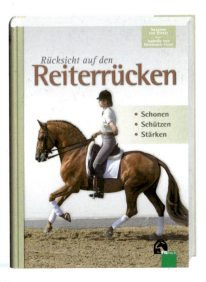

Offizielle Prüfungsbücher der FN

Deutsche Reiterliche Vereinigung e.V. (FN)
Basispass Pferdekunde
bearbeitet von Isabelle von Neumann-Cosel

Diese Broschüre bietet als erster Band in der neuen FN-geprüften Sachbuchreihe „FN-Abzeichen" unverzichtbares Grundlagenwissen rund um das Thema Pferd, das im neuen Reitabzeichen Basispass Pferdekunde verlangt wird. Der Basispass Pferdekunde muss seit dem 1. Januar 2000 vor allen übrigen Abzeichen im Pferdesport erworben werden.

Deutsche Reiterliche Vereinigung e.V. (FN)
Deutscher Reitpass
bearbeitet von Isabelle von Neumann-Cosel

Dieses offizielle Prüfungslehrbuch aus der Reihe „FN-Abzeichen" vermittelt die theoretischen Kenntnisse, die ein Reiter benötigt, um im Zusammenspiel mit seinen reiterlichen Fähigkeiten optimal für Ausritte ins Gelände vorbereitet zu sein. Somit ist dieser Band für alle Reiter unverzichtbar und hilfreich, die sicher und gut ausgebildet ins Gelände reiten und sich auf die Prüfung zum Deutschen Reitpass vorbereiten wollen.

Isabelle von Neumann-Cosel
Kleines Hufeisen, Steckenpferd, Großes Hufeisen, Kombiniertes Hufeisen. So klappt die Prüfung

Dieses Sachbuch wurde von der Deutschen Reiterlichen Vereinigung (FN) zur Vorbereitung auf die Prüfungen zum Kleinen, Großen und Kombinierten Hufeisen herausgegeben. Es vermittelt in kindgerechten Texten und zahlreichen farbigen Illustrationen und Fotos das Grundwissen für die Teilprüfungen Umgang mit dem Pferd, praktisches Reiten und Theorie.

Erzählbuch

Die Zügel in der Hand
Pferdegeschichten: lustig – spannend – nachdenklich

Fünfzehn aktuelle Geschichten und Texte in diesem Band erzählen von Begegnungen mit Pferden: witzigen, spannenden, hintergründigen und manchmal auch traurigen. Jeanne Kloepfer hat den Band einfühlsam illustriert.

Informationen zu Sonderpreisen und Lieferbarkeit der einzelnen Titel erfahren Sie im Internet unter www.fnverlag.de und Infos zur Autorin Isabelle von Neumann-Cosel unter www.ineuco.de